Stefan Zweigs »Wanderlust«, sein Bedürfnis, »in der Luft« zu leben (wie er es, Beethoven zitierend, nannte), wurzelte tief in dem Wunsch, möglichst anderes, ihm noch Unbekanntes zu entdecken und zu erobern – er wußte um »alle Wollust, die darin liegt«. Aber er hatte nicht zuletzt auch stets das unbestimmte Gefühl, nicht zu Hause bleiben zu können, wo alles Alltägliche ihn zu »verschütten« drohte. Jahreszeiten und Klima bestimmten auf Zweigs Reisen durch Europa in den Jahren bis zum Exil 1934 nicht selten die Ziele: »Mit dem Frühling, dem holden Geleiter zusammen« durch die Provence oder nach Italien, mit dem Sommer in die Bretagne oder an die Nordsee, mit dem Übergang des »Herbstwinters« nach Meran, mit den Vorboten des März nach Spanien und auf die Balearen.
Ende November 1908 reiste er nach Indien, im Februar 1911 – »Meine Koffer gähnen mich leer an: ich muß ihnen jetzt das Maul stopfen« – brach Stefan Zweig zu seiner ersten Reise durch Nord- und Mittelamerika auf. Während des Ersten Weltkriegs waren ihm nur Inspektionsfahrten in umkämpftes Gebiet möglich, danach, in den zwanziger Jahren durchreiste er wieder Europa und folgte einer Einladung nach Rußland. 1934 emigrierte er nach England und ging von dort ins südamerikanische Exil. Die vielfältigen Eindrücke von seinen Reisen fanden ihren Niederschlag in Feuilletons und Berichten; sie zeigten in ihrer Chronologie Stefan Zweigs sich immer stärker entwickelndes Empfinden der eigenen Zeit und das daraus wachsende Bedürfnis des Rückblicks.

Stefan Zweig wurde am 28. November 1881 in Wien geboren, lebte 1919 bis 1935 in Salzburg, emigrierte von dort nach England und 1941 nach Brasilien. Früh als Übersetzer Verlaines, Baudelaires und vor allem Verhaerens hervorgetreten, veröffentlichte er 1901 seine ersten Gedichte unter dem Titel ›Silberne Saiten‹. Sein episches Werk machte ihn ebenso berühmt wie seine historischen Miniaturen und die biographischen Arbeiten. 1944 erschienen seine Erinnerungen, das von einer vergangenen Zeit erzählende Werk ›Die Welt von Gestern‹. Im Februar 1942 schied er in Petropolis, Brasilien, freiwillig aus dem Leben.

Stefan Zweig

Auf Reisen

Fischer Taschenbuch Verlag

Herausgegeben und mit
einer Nachbemerkung versehen
von Knut Beck

9.–11. Tausend: Juli 1994

Ungekürzte Ausgabe
Veröffentlicht im Fischer Taschenbuch Verlag GmbH,
Frankfurt am Main, Juni 1993

Lizenzausgabe mit freundlicher Genehmigung
des S. Fischer Verlags GmbH, Frankfurt am Main
© 1987 S. Fischer Verlag GmbH, Frankfurt am Main
Umschlagentwurf: Buchholz / Hinsch / Hensinger
Druck und Bindung: Clausen & Bosse, Leck
Printed in Germany
ISBN 3-596-10164-6

Gedruckt auf chlor- und säurefreiem Papier

Inhalt

1902
Saisontage in Ostende 11
Das nordische Venedig 17

1904
Brügge 25

1905
Frühlingsfahrt durch die Provence 35
In König Titurels Schloß 39
Die Stadt der Päpste 43
Arles 47
Frühling in Sevilla 51
Abendaquarelle aus Algier 58
Stilfserjoch-Straße 65

1906
Hydepark 73

1907
Oxford 85

1908
Sehnsucht nach Indien 97

1909
Gwalior, die indische Residenz 105
Die Stadt der tausend Tempel 111
Montmartrefest 121

1911
Bei den Franzosen in Canada 129
Der Rhythmus von New York 135
Parsifal in New York 144
Die Stunde zwischen zwei Ozeanen 147

1913
Herbstwinter in Meran 161

1914
Lüttich 173
Löwen 176
Antwerpen 179

1915
Galiziens Genesung 189
Aus den Tagen des deutschen
   Vormarsches in Galizien 202

1917
Donaufahrt vor zweihundert Jahren 211

1918
Die Schweiz als Hilfsland Europas 221
Nekrolog auf ein Hotel 226

1921
Wiedersehen mit Italien 235

1924
Die Kathedrale von Chartres 243

1925
Die Kirchweih des guten Essens 253

1926
Reisen oder Gereist-Werden 259

1928
Ypern   267
Reise nach Rußland   277

1932
Besuch bei den Milliarden   323
Festliches Florenz   338

1933
Salzburg   347

1937
Das Haus der tausend Schicksale   359

1939
Bilder aus Amerika   367

1940
Die Gärten im Kriege   387
Das Wien von Gestern   392

Nachbemerkung des Herausgebers   413
Bibliographischer Nachweis   423

1902

Saisontage in Ostende

Saisontage in Ostende bedeuten einen ununterbrochenen, farbigen Wechsel von Festen und öffentlichen Veranstaltungen. Bei allen, die gerade dieses größte und eleganteste der belgischen Seebäder aufsuchen, tritt eben jenes Verlangen am meisten in den Hintergrund, das sonst die meisten zum Besuch der Seebäder veranlaßt, nämlich das Bedürfnis nach Ruhe und Erholung. Wer das ganze Jahr sich inmitten des hastigen und erregenden Reigens großstädtischer Vergnügungen fühlt, wer sonst den Pulsschlag des Lebens und seine ganze Spannkraft auf das äußerste gereizt fühlt, gleichsam übersättigt ist mit Kultur und Raffinement, pflegt sonst seine Sommerwochen durch Ausschaltung aller dieser Kräfte, durch harmonische und stillbeschauliche Erholung in der Natur zu genießen. Aber so ist das Publikum in Ostende nicht. Ihm ist ihr Sommeraufenthalt nicht eine Pause, ein Ausschalten, sondern gerade im Gegenteil nur ein schimmerndes Glied in der endlosen Kette mondäner Vergnügungen, ein Ersatz für die sonnenglühenden Boulevards der Großstädte, für ihre Theater, ihre Feste und Gärten, die ihnen der Sommer unzugänglich gemacht. Nach und nach ist Ostende der unverabredete Treffpunkt jener echten und falschen Aristokratie[n] geworden, die wie ein flimmernder Schaum über den Wogen der Residenzstädte immer sichtbar schwimmen, die sich überall begegnen und erkennen, für die eine Heimatsstadt eigentlich nur eine Durchgangsstation ist, von der sie zu den großen internationalen Zentren der Vergnügungen streben. Ostende birgt diese gerngesehenen Gäste in den Hochsommermonaten, von Juli bis zu den späten Augusttagen.

Von diesen Tagen nun könnte man lange und viel erzählen, ohne auch nur mit einem Wort zu gedenken, wie herrlich die Lage Ostendes ist, denn in dem Gesamtbild ist die Natur dort mehr Staffage. Es ist, als wäre die Natur dort nur so verschwenderisch schön, um den Triumph moderner Kultur zu verherrlichen und einen würdigen Rahmen für die Vollendung zu geben, den dort die menschliche Schönheit und die Errungenschaften menschlicher Kunstfertigkeit feiern. Hier wirkt der Strand weniger als weithinreichender Überblick auf das Meer, das mit seiner würzigen, gesunden Luft entgegenströmt, sondern hier muß man zuerst die erstaunliche Eleganz der Strandhotels und die Pracht der Toiletten der Damen bestaunen, die sich hier wie auf einer großstädtischen Promenade einfinden. Der Pier, der weit ins Meer hinausführt, weist sie auf die grandiosen Errungenschaften moderner Technik, auf den Hafen mit den eleganten Dampfern und Jachten, das Bad selbst interessiert mehr durch die aparten Badetoiletten und ziemlich weitgehende Freiheit der Sitten als durch die Wirkung selbst. Wie gesagt: hier wird die Natur fast klein gegenüber Menschenwerk, weil sich hier die Kultur mit ihren letzten, größten und raffiniertesten Errungenschaften ihr gegenüberstellt.

Die Physiognomie Ostendes spiegelt natürlich die Charakteristik seiner Besucher zurück. Menschen, die im Jahr viel arbeiten, empfinden im Sommer das Bedürfnis nach Untätigkeit; Leute aber, die beruflos sind oder denen ihr Beruf nie eigentlich auf den Leib rückt, haben immer ein Verlangen nach oberflächlicher Beschäftigung, dem hier Sport und Spiel Genüge tun. Wie sehr für Ostende das Spiel Existenzbedingung geworden ist, hat nun jene Tatsache gezeigt, daß der belgische Staat im vergangenen

Jahr, da die Spielsäle in Ostende und Spaa gesperrt werden sollten, den beiden Städten eine Entschädigung von sieben Millionen Franc zusichern wollte, ein Gesetz, das aber vorläufig nicht in Kraft getreten ist. Jedenfalls gibt aber die Entschädigungssumme einen annähernden Begriff von den erstaunlich hohen Umsätzen, die jede Saison allein im Spiel veranlaßt.

Den Mittelpunkt der eleganten Welt bildet in Ostende der Kursaal. Das prächtige, umfangreiche Gebäude erhebt sich am Digue, zu beiden Seiten von der Reihe elegantester Häuser flankiert, nach rückwärts hin mit dem Blick auf den Park Leopold und die Stadt. In seinem großen Saal findet sich nachmittags und abends das vornehme Publikum Ostendes zum Konzert ein; insbesondere des Abends, da die Herren nur in Gesellschaftsanzug oder Balltoilette erscheinen dürfen und die Damen aller Nationen in Toilettenpracht und Juwelen miteinander wetteifern, da der ungeheure Saal bis auf das letzte Plätzchen gefüllt ist mit den erlesensten Vertretern der vornehmen Welt und allerdings auch der vornehmen Halbwelt – in solchen Stunden wirkt Ostende geradezu überwältigend, selbst für den Großstädter. Nach dem Konzert ist tagtäglich Ball; die meisten der Besucher ziehen sich dann aber in die andern Säle zurück, die den rückwärtigen Teil des Kurhauses bilden. In den ersten ist das Spiel öffentlich und allgemein zugänglich, allerdings ist auch hier der Umsatz beim Rouge et noir nicht sehr hoch, und als die gewagtesten Einsätze sind 300 Franc fixiert; das eigentliche Spiel findet erst im cercle privé statt, dem größten Spielklub Ostendes, der eine allerdings nicht allzu peinliche Ballotage und ein Entree von 20 Franc verlangt. In diesen Sälen spielen sich nun jene interessanten Szenen ab, von denen am nächsten Tag gewöhnlich schon das ganze Publikum Ostendes weiß: die Verluste und Gewinste von vielen tausend Franc beim Roulette und Rouge et noir; die prunkvollsten Toiletten finden sich da schwesterlich beisammen, deren Besitzerinnen bald echte, bald nur Variétéprinzessinnen sind, auch jene internationalen Figuren sind zahlreich vertreten, von denen niemand mehr weiß, als daß sie in allen Spielsälen der Welt gewesen sind und nie fehlen werden, so lange Spielsäle geöffnet sein werden. Und dieses Bild dauert unverändert vom Morgen bis wieder zum frühen Morgen fort.

Von den zahlreichen andern Vergnügungen sind vor allem die Blumenfeste zu nennen, die Geschmack, Reichtum und Schönheit in gleicher Weise zum Wettkampf herausfordern. In dieser Saison haben sie sich etwas verändert im Vergleich zu den früheren Jahren, sie sind nämlich nur in abgesperrten, gegen Entree zu besuchenden Straßen zu sehn. Dadurch haben sie viel von ihrer einstigen Pracht eingebüßt, denn damals beteiligte sich die ganze Stadt mit ungemeinem Interesse an der Konfetti- und Blumenschlacht, die so ziemlich alle eleganten Straßen in ihr Bereich zog; jetzt allerdings gewinnt der Aufzug der reichgeschmückten Wagen an Intimität, der Kampf atmet mehr Noblesse und entbehrt jener unliebsamen Übertreibungen, die dem vornehmen Publikum in den letzten Jahren die Betätigung erschwert hatten. Jedenfalls hat der Wettbewerb um den schönsten Wagen und den bestgeschmückten Balkon sehr günstige Resultate erzielt.

Der Sport fehlt in Ostende selbstverständlich auch nicht. Ein Automobilrennen wechselt mit Jachtsegeln, Wettlaufen, Taubenschießen, Hunderennen ab, und es vergeht wohl kein Tag, wo insbesondere dem Engländer nicht Gelegenheit zu Spiel und Wette geboten wäre. Am meisten besucht sind die Pferderennen, bei denen Preise im Gesamtwert von 400 000 Franc zum Austrag kommen und die, insbesondere am Tage des »Grand prix d'Ostende«, einen wundervollen Anblick geben durch die Zusammensetzung des Publikums, das bei entscheidenden Tagen nicht nur aus den Reihen der Kurgäste sich rekrutiert, sondern auch die erlesensten Sportsmen aus dem nahen Brüssel, aus London und selbst auch Paris vereinigt. An diesen Tagen, denen auch der König fast immer beizuwohnen pflegt, entbreitet Ostende seine ganze Pracht, die Millionen der verschiedensten Nationen und ihre Schönheiten unter seinem Zepter vereinigend, und an Großartigkeit sind ihnen nur die Nachtfeste zu vergleichen, wenn das Meer und der Hafen aus tiefer Dunkelheit mit tausend farbigen Lichtern aufzuglühen beginnt und aus der Nacht die Raketen emporsprühen gegen den leuchtenden Digue, den die Scheinwerfer des Leuchtturms magisch erhellen.

Als Trumpf der Saison aber gilt das große Offiziersreiten, zu dem Anmeldungen aus fast allen Armeen in überreicher Fülle ergehen und das sicherlich den interessantesten Veranstaltungen des Jahres beizuzählen ist. Dann kommt der September und damit das langsame Verblassen dieser leuchtenden Farben. Die Hotels schließen sich, Ostende, die Stadt, tritt mehr und mehr hervor, die Fischer, die sich vom Fang der Seefische recht und schlecht ernähren, der Hafen, von dem die Schiffe nach London und Holland auslaufen, und vor allem die Armut und Dürftigkeit, die man während der Saison, geblendet vom Glanz und Luxus, zu übersehen pflegt. Auch das Sommerpalais des Königs Leopold von Belgien, der seine Vorliebe für internationales Badeleben während des Sommers in Ostende, während der Wintermonate an der französischen Riviera so gern betätigt und der während der letzten Saison einem sehr exotischen Gast, dem Schah von Persien, die Honneurs von Ostende machte, schließt seine Pforten und Rolljalousien wie die Hotels, die nur Sommerverkehr haben. Der kühle Herbstwind bläst von der Nordsee her. Dann kommen acht bis neun traurige Monate, da alles wie in bleiernem Schlaf liegt, bis dann wieder jenes einzige unvergeßliche Spiel menschlicher Schwächen, Leidenschaften und Vergnügungen beginnt, die sich zur Saison in dem belgischen Bad alljährlich vereinen.

Das nordische Venedig

Wenn man in Brügge hoch oben vom vielhundertjährigen Belfried hinabschaut auf die alte wundersame, fast wie verzauberte Stadt, die weit hinausreicht in das flache belgische Land, das schon der würzige Atem des nahen Meeres überweht, da kann man sich kaum des Eindrucks erwehren, daß die Stadt ausgestorben sei. So still ist es auf dem alten Turm, vom dem einst die Glocken die streitbarste und reichste Bürgerschaft von Flandern zum Kampf gerufen, so ganz fern ist hier das geschäftige, unverständliche Summen der Menschen, das sonst zu den Türmen der großen Städte aufbraust wie die verbrandenden Wellen eines fernen Meeres, und nur wenn dann die große Glocke zu wuchtigem Schlag anhebt und das Glockenspiel seine silbernen Töne in das dumpfe Brausen mengt, dann werden ferne Stimmen wach, und die vielen Kirchenglocken rufen sich Gruß und Antwort zu. Und dann liegt wieder jenes schwere Schweigen über der alten toten Stadt, wie vordem.

Und selbst wenn man dann hinabsteigt und durch die engen, altväterischen Straßen geht, so bleibt dieser Eindruck des Verzauberten und Verwunschenen. Es ist wie in jenem Märchen, da die Menschen im Königreich mit einem Mal ihr Lachen verloren haben; nirgends sieht man Leute mit fröhlichen Gesichtern, Frauen mit hellen, leuchtenden Gewändern, ja selbst die Kinder lärmen nicht und schreien wie sonst; aber in jeder Straße begegnet man Priestern im Ornat, Nonnen und den Beguinen, alten Frauen, die nicht mehr an das Leben glauben, und mürrischen, abgearbeiteten Menschen, die gehen, als ob sie gar nicht zusammengehörten; wie ein großes Kloster mit tausend grauen Nischen und versteckten Gängen ist diese Stadt, wie ein Kloster, in dem die Bewohner die Welt ringsum vergessen haben und an die eilige, vorwärtshastende Zeit nicht mehr denken.

Brügge ist eine jener so seltenen Städte, an denen die Zeit und die moderne Kultur fast spurlos vorübergegangen ist, und es gehört nicht allzuviel Phantasie dazu, sich an manchen Orten ganz ins Mittelalter zurückzudenken, denn die alten Häuser sind ganz unverändert geblieben, und die spärlichen Neubauten (unter ihnen der Bahnhof) schließen sich peinlich dem Stil der älteren Architektonik mit den dreizackig aufsteigenden Backsteingiebeln an. Nur die Bewohner haben sich gewandelt; in den prunkvollen Gebäuden, da einst die reichsten Kaufleute der Welt, die Faktoreien der nordischen Hansa, der verschwenderischste Prunk des Abendlandes zu finden war, wohnen heute Arme und schlichte, bigotte Menschen. Die Stadt, die zur Zeit ihrer Blüte als Schwester Venedigs galt und neben ungezählten Schätzen und Kostbarkeiten 200 000 Bürger mit ihren breiten Mauern umschloß, zählt heute kaum ein Viertel jener Summe mehr als Einwohner, und Antwerpen hat ihr seit jener Zeit, da der Hafen langsam zu versanden begann, die Schiffahrt und damit den Reichtum gänzlich entrissen. Langsam, ganz langsam begannen die Pulse schwächer zu schlagen, immer stiller wurde es auf den Märkten, immer seltener kamen die Meeresschiffe herein, und mit der Entfernung vom Meer, die heute über zehn Kilometer beträgt, hat Brügge ganz den Charakter einer Handelsstadt verloren, und langsam ist sie die Stadt der Klöster und Kirchen geworden.

Dieser spirituelle und symbolische Charakter der Stadt, die so gänzlich aller störenden Requisiten moderner Technik entbehrt, hat ihr von je die Künstler zu Freunden

gemacht. Kein elektrisches Tramwayklingeln lärmt in den Straßen, keine Dampfbarkassen mit neugierigen Fremden schießen durch die Kanäle, sondern nur weiße Schwäne, die der Sage nach die Sühne für einen in Brügge geschehenen Herzogsmord bedeuten sollen, ziehen langsam durch das unbewegte, tiefdunkle Wasser, das alle Konturen der Ufer mit wundersamer Schärfe wiederspiegelt. Für Maler gibt es hier ungezählte Stimmungspartien am Kanal, vor den Toren Brügges und in den engen Straßen, wo die alten Frauen vor den Türen ihre berühmten Spitzen verfertigen; und auch die Dichter hat es stets hierhergezogen. Georges Rodenbach, der zarte französische Künstler, der in jungen Jahren hier gestorben ist, schuf mit seinem Roman ›Bruges la morte‹ ein erlesenes Kunstwerk, das selbst wie eine Schöpfung dieser romantischen, wehmütigen Stadt anmutet. Auch in zahlreichen Gedichten, sowie im Roman ›Le carilloneur‹ hat er den seltsamen Reiz zu halten gesucht, der dieser alten flandrischen Stadt entströmt, während sein großer Gefährte Camille Lemonnier im Brügger Roman ›Les deux consciences‹ das seltsame soziale Verhältnis der Stadt zu unserer Zeit, ihre Bigotterie und ihren extremen Puritanismus zeichnete. Und so noch viele andere, denn – es ist nicht abzuleugnen – durch diese beiden Künstler ist Brügge für die jungen französischen Literaten ein wenig Modesache und Wallfahrtsort geworden, wie einst Venedig für Deutschland nach Goethe und Platen.
Aber nicht nur in der künstlerischen Stimmung birgt Brügge Schätze, sondern auch in Kunstwerken. Gerade jetzt stellt eine recht gelungene Ausstellung ›Les primitifs flamands‹ eine schöne Sammlung Gemälde der frühesten flämischen Schule zusammen, die zum großen Teil aus Brügge selbst stammen. Die beiden Van Eyks, Thierry Bouts, Van der Weyden, Quentin Metsys sind gut vertreten, in prächtiger Weise aber insbesondere die beiden Ma-

ler, die in Brügge lebten, Gérard David und Hans Memling, denen ein eigener Saal gewidmet ist. Die Bilder Memlings, die sonst im Hospital St. Jean zu sehen waren – eine schöne Sage erzählt, er habe sie als Dank für die Aufnahme, die er dort als verwundeter Krieger gefunden habe, gemalt und dem Hospital gestiftet – sind sämtlich zu sehen, also seine reifsten und berühmtesten Schöpfungen, deren Krone jener berühmte Ursulenschrein ist, der in wundersam peinlicher und vollendeter Wiedergabe das Martyrium der heiligen Ursula verherrlicht. Der zweite Teil der Ausstellung, der die angewandte Kunst im Mittelalter darstellt, befindet sich im Hotel Grunthuuse, einem alten Haus aus dem Jahr 1465, das auch sonst Spitzen und Antiquitäten zu einem Museum vereinigt.

Außer den wundervollen Gebäuden selbst, dem Stadthaus, der Notre-Dame-Kirche, dem Belfried sind in dieser Stadt drei kleine Denkmäler mittelalterlicher Kunst erhalten, denen wohl wenige Städte Gleiches zur Seite zu setzen haben. Es sind dies vor allem der berühmte Kamin im Audienzzimmer des Franc-de-Bruges aus dem Jahr 1530 im Justizpalast, der zum Andenken an die Schlacht von Pavia und den darauffolgenden Frieden errichtet wurde. Er ist im unteren Teil ganz aus schwarzem Marmor und von ganz ungeheuren Dimensionen; der obere Teil mit den Schnitzereien stammt erst aus viel späterer Zeit. Die zweite Kostbarkeit ist der Reliquienschrein in der Chapelle du St. Sang, der einige Tropfen vom Blut des Heilands enthält; die allwöchentliche Ausstellung dieser Reliquie versammelt immer eine große Anzahl Gläubiger nach Brügge, insbesondere am Tage der Prozession, der für die ganze Stadt als religiöser Festtag gilt. Den dritten Schatz birgt die Kirche Notre-Dame, das Grabdenkmal Karls des Kühnen und seiner Tochter Maria von Burgund, vergoldete porträtähnliche Bronzestatuen in Lebensgröße, die auf Marmorsarkophagen gebettet sind. Endlich enthält diese Kirche auch die Marmorgruppe Michelangelos ›Maria mit dem Kind‹, jenes Werk, das Albrecht Dürer als die erste Schöpfung des großen Meisters bestaunen durfte, bevor es ihm vergönnt war, selbst nach Italien wandern zu können.

Nicht unbekannt, aber auch nicht umlärmt von einer unablässigen Reihe mehr oder minder verständiger Besucher ruhen diese Kunstwerke in Brügge; nur wer sie sucht, wird sie finden, sowie die alte Stadt selbst, die sicherlich nicht uninteressanter ist, als ihre südliche Schwesterstadt Venedig, die zu einem Vergleich nicht nur durch die Eigenart, sondern auch durch das gleiche Schicksal auffordert. Und es ist sicherlich besser so; allerdings auch diese Stille wird nicht lange mehr dauern, denn der belgische Staat nimmt sich jetzt der Stadt an, und wenn der Staat und die Ästhetik sich eines Dinges annehmen, so ist das gewöhnlich nicht im gleichen Sinn. Für Brügge wird jetzt ein Kanal gegen Blankenberghe hin gebaut, der auch für Meeresschiffe fahrbar sein soll; der Erfolg wird nicht ausbleiben, der Hafen wird sich wieder beleben, ein Abglanz früheren Schimmers wird in die dämmergraue alte Stadt fallen, vielleicht wird Brügge ihre Schwesterstädte Gent und Ostende wieder überflügeln. Eine neue Handelsstadt wird auferstehen, eine zu vielen, aber mit ihr wird auch einer jener so seltenen stimmungsvollen Orte untergehn für alle die, die die »tote Stadt« geliebt eben um ihrer Stille und verträumten Feierlichkeit willen.

1904

Brügge

Es ist schwer, des Abends durch die dunkelnden engen Straßen dieser träumerischen Stadt zu gehen, ohne sich in leise Melancholie zu verlieren, in jene süße Wehmut der letzten herbstlichen Tage, die nicht mehr die lauten Feste der Früchte haben, sondern nur das stille Schauspiel willigen Hinsterbens und verlöschender Kraft. Getragen von der steten Welle frommer Abendglockenspiele flutet man mählich hinein in dieses uferlose Meer rätselhafter Erinnerungen, die hier an jeder Türe und jedem verwitterten Walle aufrauschen. Lässig pilgert man so, bis man sinnend plötzlich die ganze Größe des Schauspiels fühlt, darin der eigene sorgsam gedämpfte Schritt das Wirkende und Lebendige scheint, während die großen Gewalten stumm als finstere Kulissen stehen. Und keine Stadt gibt es wohl, die die Tragik des Todes und des noch mehr Furchtbaren, des Sterbens, mit so zwingender Kraft in ein Symbol gepreßt hat, wie Brügge. Dies fühlt man so ganz in den Halbklöstern, den Beguinagen, dahin viele alte Leute sterben gehen, denn was einen die herben Konturen der Straßen am Abend nur ahnen lassen, das zeichnet sich hier in müden, stumpfen, vom Widerglanz des Lebens nur matt erhellten Blicken: daß es ein Leben ohne Hoffnung und Sicht in die Ferne gibt, ganz versunken in gleichgültiges Zurückstarren zur Vergangenheit. Und unvergeßlich ist die Art dieser Menschen, die das matte Blühen der kleinen Klostergärtchen unbewegt überschauen, ohne sich fragend einem Fremden zuzuwenden. Und gleich wunderbar ist das Dämmerbild der untätigen uralten Straßen.

Was aber seltsam ist: diese Stille ist hier nicht nur dem Abend gegeben, der sie mit seinen vielen Träumen und sehnsüchtigen Erinnerungen durchflicht, sondern unablässig scheint ein grauer Schleier über diese alten Giebeldächer gebreitet zu sein, darin sich alles Laute und Derbe verfängt, eine Sordine, die Lärm zu Raunen, Jubel zu Lächeln und den Schrei zum Seufzer dämpft. Wohl ist das Leben nicht ganz erloschen in der Mittagshelle der Straßen: Karren und Wagen stolpern über das Pflaster, Menschen mühen sich um das tägliche Brot, Cafés, Restaurants und Estaminets erweisen sogar sehr zahlreich das Bemühen nach irdischem Wohlergehen, aber dennoch liegt kein Lächeln über Stadt und Menschen. Nirgends diese dörflerische Fröhlichkeit der flandrischen Städte, der klappernde Holzschuhtanz singender Kinderscharen hinter dem aufspielenden Leierkasten, nirgends das bunte Flackern prahlerischer Gewandung. Und immer diese Dämpfung der Laute. Ist man das kühle und dunkle Treppengewinde des Beffrois, der breitschultrig und nackensteif wie Roland der Riese am Hallenplatze steht, hinaufgestiegen, leise beklommen durch das dumpfe Dunkel, und sieht man dann in freudigem Erschrecken das in leuchtenden Farben ergossene Licht, so fehlt doch in dem hellen Umkreis des tiefruhenden Treibens die Stimme. Von der weitgebreiteten Stadt und ihrer holden Umkränzung weht nur ein summendes Brausen empor, undeutlich und zauberisch wie die Vinetaglocken über dem sonntäglichen Meere. Und so scheint dieses bunte Gewimmel ziegelroter Dächer, zackiger Giebel und weißglitzernder Fensterborde nichts als ein Spielzeug, von lässiger Hand ins grüne Gelände geschüttet. Lieblich und leblos mutet dieses Schachtelwerk getürmter Häuser und runder Klöster an, geschickt untermischt mit kleinen Bezirken grünüppiger Gärten und breiter Alleen, die allmählich hineinführen ins blühende flandrische Land, darin schon die großen Mühlen – der holländischen Landschaft unentbehrliches Requisit – mit wirbelnden Flügeln stehen. Aber auch von dieser Höhe, die das Spielerische und Ziervolle der Stadt hervorhebt, kann man nicht die tragische Gebärde übersehen, die einen die stumme Traurigkeit der Straßen verstehen läßt. Das ist jener sehnsüchtig zum fernen Meere ausgestreckte Arm, der breite Kanal, mit dem der versandete Hafen die segenbringende Flut zu erreichen strebt. Die tragische Geschichte Brügges fällt einem ein: die blühende Jugend, da alle Reeder hier ihre Kontore hatten, Hunderte bewimpelte Schiffe den Hafen durchsegelten, da Könige demütig mit den Schöffen verhandelten und Königinnen, heimlichen Neides voll, die prunkvollen Gewandungen der Bürgerinnen bestaunten. Und dann der langsame Niedergang: die langjährigen Kriege, Seuchen und Streitigkeiten und schließlich das Meer, mit dem alles Glück langsam von den Mauern zurückwich. Nun liegt es weit, an klaren Tagen ein silberner Streif am Horizont. Und in der Stadt sind die Farben verblaßt; nur noch die Altardecken haben die purpurne Glut schwerer Brokate bewahrt, sonst ist der Nonnen Kleidung auch die der Stadt geworden, in der das Gelärme des Hafens und das Getöse menschenvoller Tavernen für immer verstummt ist. Jählings versteht man die abwehrende Gebärde, mit der sich diese Stadt einsam mit ihrer älteren Schwester Ypern abseits von allen andern stellte, die im Zeichen neuer Zeit Gewalt und Ehrengaben der Kultur an sich gerissen hatten. Während Antwerpen, Hamburg, Brüssel und die andern Schwesternstädte in kriegerischen Mühen die Fahne des Lebens entfalteten, hat sich Brügge immer fester eingehüllt in die dunkle Kutte seiner Einsamkeit und umgürtet mit dem alten Bande seiner Mauern. Und Jahrhunderte so finster und unbeweglich stehend, ganz der Vergangenheit gehörend, hat es jene majestätische und finstere Attitüde eines mönchischen

Riesen gewonnen, die zugleich Wehmut erweckt und ungemeine Ehrfurcht gebietet, und die das Wunderbare und Verlockende dieser Stadt bedeutet.

Das Gefühl des Ephemeren und Unbeständigen, das den einzelnen hier befällt, wenn er sich von so großen Vergangenheiten überschattet sieht, hat in diesen Mauern in langem und unablässigem Walten jenes Abhängigkeitsbewußtsein unter den Menschen erzeugt, darauf alle Religion beruht. Die Straßen mit den vielen Denkmälern verschollenen Lebens mahnen zu heftig zur Demut, als daß sich die einzelnen, aufwachsend in diesem Banne, dem Glauben entziehen könnten. Und so hat hier alles Wunderbare nicht die Wendung ins Ewige zurück, sondern zu Gott und den Symbolen der katholischen Kirche. Ein Glaube waltet in dieser Stadt, finster, stark und herbe wie die Kirchen selbst, die schmucklos in unerschütterlicher Starre vor Gott stehen, ganz ohne den gewohnten spielerischen Schmuck gotischen Spitzenwerks und koketter Türmchen. Meßbücher und Heiligenbilder zieren die Läden, fromme Rufe zum Gebet hallen fast unablässig in Glockentönen herab. Jeden Augenblick huschen Mönche und Nonnen mit leisem Gruß aneinander vorüber, schaurig im ersten Augenblicke wie Boten des Todes in ihrem leisen schwarzen Hasten; kommen sie aber langsam näher, die langen Reihen anvertrauter Kinder behütend, und sieht man unter den weißen Hauben oder dem Schatten der breiten Hüte die ruhigen, friedlichen Gesichter, so fühlt man, daß nur die Mahnung der Größe und des Todes so unablässigen Ernst schaffen konnte und ein so herbes Bild des Lebens in die Züge zu zeichnen vermochte. Und immer wieder Glockenklingen und Heiligengestalten an stillen Brücken. Doch auch in dem schweren Dunkel dieses Glaubens zittert ein purpurnes mystisches Licht. Das ist die hingebungsvolle Feier der großen Mirakel, die innige Zärtlichkeit des Mariendienstes und jene leise Poesie der heiligen Dinge, die nur die einfältige Glut schlichter Menschen dichtet. Unendlich wirkungsvoll muß der Tag sein, da der edelsteinbesetzte Schrein mit den Tropfen des Erlöserblutes feierlich aus der Kapelle getragen wird und die stumme Stadt mit Begeisterung durchfunkelt und in allen diesen Menschen, die für irdische Dinge ohne Lächeln sind, die große, stille Glückseligkeit spendende Gnade auslöst. Ist es nicht schon lieblich, jene Wege zu gehen, die alle so weiche, zärtlich klingende Namen haben, den unvergleichlichen Quai de Rosaire entlang, vorbei an den »mildtätigen Schwestern«, an Notre Dame, der Beguinage, dem Hospital zum »Minnewater«, dem Liebessee? Es ist dies ein dunkler, still ruhender Teich, an dessen Ufer ein finsterer runder Turm sich lehnt wie ein entschlafener Wächter. In der schwarzen Flut scheint der Himmel zu ruhen, und weiße Wolken wandern darüber hin wie Boten des Paradieses. Ein wie Feierliches und Großes muß diesen Menschen die Liebe sein, da sie dieser träumerischen und seraphischen Landschaft den wundervollen Namen gegeben!

Überhaupt läßt sich schwer etwas Traurig-Schöneres ersinnen als die Kanäle von Brügge. Ergreifend ist ihr Anblick, und sie rühren in ihrer Stummheit, ganz ohne die geschwätzige Romantik der Kanäle Venedigs wirken sie, die vom nächtlichen Gleiten schwarzer Gondeln raunen, vom Blitzen mondlichterhellter Dolche, von heimlichen Tribunalen, versteckten Türen, einsamen Serenaden –, diesem ganzen verblichenen Requisit der Novellen um 1830. Ein paar Verse von George Rodenbach gibt es, die so vollkommen ihre melancholische Schönheit gefeiert haben, daß man sie sich im Hinschreiten langsam vorsagt, als wären sie die heimliche Melodie dieser schwarzen umschatteten Gewässer. Das ist jene wehmütige Elegie »Au lieu des vaisseaux grands, qui agitaient en elles«, leise zärtliche Verse, die Rodenbachs Wirken so ganz mit Brügge verknüpft haben, daß man dem Maler recht geben muß, der sein Portrait (im Luxembourg) auf dem Hintergrunde dieser träumerischen Landschaft schuf. Aber auch viele andere ernste, milde, feierliche Bücher wären schön zu lesen auf den steinernen Uferbänken, im Schatten der großen Kastanienbäume, die ihr Bild im dunklen Wasser sinnend zu betrachten scheinen; denn die Kanäle sprechen nicht und rauschen nicht, sie lauschen nur. Getreulich tragen sie das Bild der Häuser, deren efeuumsponnene morsche Mauern sich an ihr Ufer lehnen, sie spiegeln den traurigen Glanz der gewölbten Brücken und der hohen Türme, aber sie wissen nicht einmal das zage Plätschern anschlagender Zitterwellen zu sagen. Schweigen und Schweigen. Sie sind das Ewig-Finstere, aber in ihrem schwarzen Spiegel liegt der Himmel gefangen, sie tragen das Transzendente, das Unirdische und Sternenhelle hinab in die Stadt des Grauens und der Stille.

Und zwischen dem widerflimmernden Wolkenflug ziehen manchmal die leisen Reihen weißer Schwäne, dieser wundervollen, ernsten Tiere, in deren Schweigen und Sterben auch ein Mirakel sich birgt. Unbeschreiblich ist die Wirkung dieses lichten ernsten Gleitens in dem todesschwarzen Gewässer: kein Dichter wüßte eine so blendende und doch so harmonische Antithese, wie sie hier der Zufall schuf. Und man bestreitet auch dem Zufalle dieses Recht: ein paar Legenden erzählen über die Herkunft dieser wilden, stillen Schwäne. Nach der einen sollten sie für einen Herzogsmord Sühne sein, nach der andern waren sie bestimmt, die in Streitigkeit sich verlierenden Bürger an die einstmalige, leichtsinnig vergebene Kraft der dahinschwebenden Segel zu erinnern. Doch es scheint vergebliches Mühen, dieser überraschenden Schönheit Willen und Sinn zu verleihen und sie mit dem faltigen Gewand der Legende zu umhüllen.

Denn alles in dieser Stadt der Träume und des Todes

lockt leise in seinem Dämmer den Sinn der Mystik an. Hat sie selbst schon etwas der Wirklichkeit Entrafftes, so spinnen sich leicht um ihre Schicksale, die im Schoße ferner Jahrhunderte ruhen, romantische Ranken und blühende Gedichte. Und diese Dichtung wird, wenn sie eine lebendige Gestalt umflicht, eine Legende, und nicht selten eine Legende, die in ihrer Schönheit droht, Geschichte zu verbessern. So hat sich auch eine rührende Legende um den größten Schöpfer dieser Stadt bemüht, um Hans Memling, der selbst in seinem frommen Gemüte nichts sann, als das Wirkliche fromm und lieblich zu machen und dem Unerreichbaren einen Abglanz in der Sehnsucht zu geben, die seine Seele durchzitterte. Trotz aller Dementis der Kunstgeschichte will man hier wissen, daß Hans Memling, aus der Schlacht bei Nancy schwerverwundet zurückkehrend, im Hospital St. Jean treue Pflege gefunden und zum Danke jene berühmten Bilder geschaffen habe, die – ein unvergleichlicher Schatz – in dem verwitterten alten Hause sich bergen. Und, leise bedrückt von der steten Traurigkeit der Straßen, ging ich wieder hin, um an ihrer knospenhaften Lieblichkeit und innigen Reinheit jenen Duft des Frühlings zu genießen, der in dieser Stadt wie eine Unmöglichkeit scheint. In einer kleinen Stube stehen sie alle beisammen – viel stärker wirkend in dieser Vereinigung, als in der Ausstellung der Primitiven – ein lichter Streif gewebt in das trauervolle Tuch dieser Stadt. Schwer fällt es, einem den Vorzug zu geben, sei es jener Madonna, die dem Jesusknaben ernstlieblich den Apfel niederreicht, sei es dem vielberühmten Altarschreine, der die Geschichte der heiligen Ursula mit frommen, noch ein wenig kindlichen Lippen erzählt. Ganz zart muß diese Künstlerseele gewesen sein – ein wenig erinnernd an die des zweiten Verkünders von Brügge, an George Rodenbach, nur nicht so bewußt, sondern schlicht der Himmelsliebe hingegeben und erfüllt von zärtlichen Visionen.

Mag nicht dies vielleicht der Sinn der Legende sein, daß dieser Zarte, vom Leben verwundet, in die klösterlichen Mauern der schon damals frommen Stadt kam und hier sein heimliches Schaffensglück fand?

Vor dem Zurückwandern durch die abendlich drohenden Straßen der stillen Stadt ging ich von den Bildern noch für einen Augenblick, das eigentliche Spital zu besehen. Ein enger Hof führt hin zwischen Heiligengestalten, die sich zu neigen scheinen. Kleine Beete sind darin mit zarten, ein wenig matten Blumen. Von den kühlen Gängen aus kann man hinter den grauen Vorhängen die weißen Krankenbetten in schmalen Reihen sehen. Auch hier diese schwere Stille. Nonnen mit weißen Hauben gehen leise vorüber. Im Garten draußen aber ein paar Genesende in den langen grauen Spitalsgewändern, ruhende Frauen und ein paar spielende Kinder. Und dazwischen ein paar funkelnde Flecken der sinkenden Sonne. Die Kinder waren nicht sehr laut, doch sprangen sie haschend aneinander vorbei, während die Genesenden mit jener eifrigen Neugier ihnen nachstaunten, die nur das erwachende Leben schenkt. Und als ich hier nach den vielen Stunden stillen Wanderns das helle silberne Kinderlachen hörte, wenn auch widerhallend von den Wänden des Todes, war mir, als sei mir ein Glück geschehen. Eine leise Angst befiel mich, in diese große, grabeskühle Stadt zurückzugehen, deren Symbole mich mit so wundervoller Gewalt umfingen, und ein unendliches Mitleid mit den Menschen, die hier im Dunkel leben und dem Unbegreiflichen entgegensterben. Und selten habe ich so stark die abgenutzte Weisheit der Schulfibeln empfunden, daß der Tod etwas sehr Trauriges sein muß und das Leben eine unendliche Gewalt, die auch den Unwilligen zur Liebe zwingt.

1905

Frühlingsfahrt durch die Provence

Muß man sie nicht doch einmal schelten, die verbissenen Tadler der Eisenbahn, diese melancholischen Träumer verblichener Postwagenpoesie, diese heimlichen Biedermaier, die die Schönheit der Reise nur noch in den unmodischen Kostümen unseres alten Eichendorff verstehen wollen? Als ob nicht jede Zeit ihre Schönheit hätte, als ob nicht in dem großen Umschwung der Zeit neue und grandiose Linien der Betrachtung sich gezeichnet hätten. Gibt es denn ein lieblicheres Wunder als unsere Eisenbahn von heute? Besinne Dich nur an Deine vielen Sehnsuchtstage zum Frühling hin! Wochen hast du gewartet: wenn der Schnee, von einem linderen Wind gestreift, niederstäubte von den Bäumen, wenn die Dächer feucht in einer falben Sonne glänzten, wenn die Luft nur etwas wärmer wehte, war Dir schon, als sei ein Glück geschehen. Du glaubtest, ihn schon zu fühlen in Deinen Händen, wenn Du die mildere Luft streiftest, meintest, ihn schon zu trinken mit Deinem Atem, dachtest, ihn zu sehen in dem Flimmern der glänzenden Äste, ihn, dem Du entgegenbangtest mit all Deiner Sehnsucht: den Frühling. Und Wochen und Wochen so zwischen Hoffnung und Enttäuschung.

Und nun – sieh' das Wunder – da ist ein Ding, das bringt Dir den Frühling oder bringt Dich zu ihm in einem Tag, in einer Nacht. Wie Du es willst: Du kannst Dich hinlegen und ihn fertig, blühend und warm des Morgens empfangen, oder Du kannst ihn aufblühen und werden sehen in einer einzigen Fahrt, kannst sein langsames Nahen, seine stets stärkere Gewalt mit immer neuen Schauern der Beglückung verspüren. Habt Ihr das bedacht, Ihr Tadler, die Ihr die Eisenbahn »unpoetisch« findet, weil sie eisern rasselt und schwarzen Qualm durch die Landschaft jagt?

Abends noch in Paris. Ein letzter Gang über die Boulevards: die Bäume sind kahl und grau, an manchen hängt noch, ganz schwach und zitternd, ein letztes falbes Blatt, das der Herbstwind zu nehmen vergessen. Mild und klar ist der Abend, aber – Du fühlst es – es fehlt ihm die Frische, der Duft. Es ist trotz Schnee und Stürmen abgelebte Luft; schmacklos und leer, denn sie hat nicht jenes Quellen der aufbrechenden Erde, wenn sie die Sonne fühlt, nicht den Pollenduft der vielen werdenden Blüten. Wochen und Wochen noch ist es bis zum Frühling. Nachts dann im Zuge. Durch Stunden nur Dunkelheit und das Gestampf der Räder durch unbekanntes Land. Morgens, ganz früh, wenn das Morgenrot noch wie ein ungeheurer Brand am Horizonte flammt, siehst Du hinaus. Leer liegen die Felder, brandrot und erdig, unbelaubt stehen die Bäume. Aber doch ist etwas in der Landschaft – Du weißt es nicht zu sagen, was es ist – das schon vom Frühling spricht, eine Ahnung, daß die Blüten schon ganz nahe am Bast pochen, daß die Saat schon mit den unterirdischen Halmen die letzte Schichte der Erde berührt. Das Zittern der Äste im Wind scheint Dir halb noch Bitte und halb schon erfüllte Seligkeit. Und hier – ja hier, sieh' es nur, hier ist schon ein erstes Grün, das die Erde umflicht, ein helles, unsäglich zartes Grün. Und mehr und mehr: zwischen den leeren Bäumen hier und da solche, an denen schon die kleinen Schößlinge sprießen, manche schon mit großen, leuchtenden Blüten. Und immer mehr und mehr! Jenen wundervollen Augenblick eines vielfältigen Geschehens fühlst Du, jene Tage und Wochen, in denen ein Frühling wird, zusammengepreßt in eine prächtige Stunde. Denn immer lebendiger wird das Bild, farbig belebt nun durch die ersten immergrünen Bäume, durch das steigende Licht, durch Wärme und Sonnenfeuer. Und mit dem Morgen bist Du in des Frühlings Land.

Hat der Frühling ein schöneres Land als die Provence? Kaum läßt es sich denken, wenn man sieht, wie in den Rahmen der Fensterscheibe sich in buntem Wechsel die blühenden Bilder stellen. Und denke der provenzalischen Lieder. Ist denn das nicht unendlich frühlingshaft, dieses zarte Minnen der Ritter um die geliebte Dame, die Pagenlieder und Aventiuren, dieser Eindruck, den wir aus Lied und Geschichte von dem blühenden Lande haben? Und so wunderbar eint sich dies alles: kaum staunte man, würde man auf weißem Zelter einen schmucken Ritter durch diese milde, sonnige Landschaft traben sehen. Er ist hier sanft und doch groß, der Frühling, groß auch ohne jenes ungeheuere Geschehen seiner Leidenschaft, ohne den Mistral, jenen furchtbaren Föhn, der im Lande wühlt, der wie Fieber in das Blut schießt und wie Gottes Zorn in den Bäumen wettert. Norden und Süden eint sich hier wie in flüchtigem Kuß. Neben den immergrünen Sträuchern und Bäumen, die ohne Blüte und Frucht nur als Wächter der Schönheit im Lande warten, stehen friedlich jene Kulturen des Nordens, manche noch nackt und frierend, manche in dünnem Farbenflor. Und so weiß der Frühling hier doch noch zu beglücken, so gütig dem Anblicke auch der Winter ist.

Helle, freundliche Städte, Valence, Nîmes, Orange – in welcher wollte man nicht rasten? Aber der Zug wettert und eilt. Doch hier mußt Du bleiben, in dieser Stadt, die so wunderbar weiß leuchtet wie ein Traumschloß, die so breit und groß sich um die Rhone schmiegt, in Avignon, der Stadt der Päpste. Linien, wie mit lässiger Künstlerhand in das weite Gelände eingezeichnet, fesseln Deinen Blick: die weißen Straßen, flimmernder, glühender Kalk, und dazwischen jener blaue, flutende Streifen des Stromes, zweimal durchquert, einmal von der weißen Brücke, das andere Mal von den Überresten jenes stolzen Bogens, mit dem Papst Benezet die Umschließung der Stadt vollkommen zu machen hoffte. Ein grandioser, düsterer Anblick muß es an Herbsttagen sein, diese hohe, herrische Papstburg, die wie ein gaharnischtes Haupt hoch über der niederen Stadt droht, und die Festungswälle, mit denen diese Gewaltigen gleichsam wie mit gespreiteten, geschienten Armen den ganzen Umkreis festhielten. Aber der Frühling nimmt sacht alles Tragische dieser Zwingburg: weiß glänzen ihre Kalkmauern ins Land, scharf in den tiefblauen Himmel eingeschnitten, ein edler Anblick ohne Strenge: Wer denkt an die Folterkammern, wer will sich daran erinnern, daß von jenem viereckigen Turme im Revolutionsjahre die Opfer in die entsetzliche Tiefe hinabgeschleudert wurden, wer will sich dessen entsinnen, wenn die Sonne so sanft und zärtlich ist? Jetzt sind grüne Gärten mit schönen Gängen zwischen den herben Mauern, und von blühenden Terrassen sieht man in das Land hinab. Und Frühling, Frühling überall.

Weiter mit dem eilenden Zuge. Vorbei an kleinen, reizenden Städtchen, vorbei an Tarascon – bonjour, monsieur Tartarin! –

In König Titurels Schloß

Auf Parsifals Fahrt zum heiligen Gral. Nur führt der Weg nicht mehr durch maurisches Land, nicht locken mehr zauberische Gärten mit Blumenmädchen den Wanderer; und nicht mehr, Schild und Schwert an Treyvazents frommer Abtei hinterlassend, auf mutigem Rößlein in einsamem Wege trabt man dahin, sondern in einer Stunde saust von Barcelona der Zug zum Montserrat, dem heiligen Traumschlosse Montsalvatsch des deutschen Liedes. Aus sanften Hügelwellen steigt man zu sonderbarer Landschaft empor, unruhig und gleichsam erwartungsvoll bäumt sich die lehmige Erde. Und mit einem Male steigen heroisch aus den Nebeln der Frühe die grauen Schroffen einer Riesenburg, gigantischer Granit, geformt zu zerklüfteten Türmen, jähe und schreckhafte Größe inmitten des geruhigen Landes. Wie von einem starken Willen scheint dieses Massiv mit seinen schwarzen, deutsamen Formen in das Land gestellt, Wächter eines großen Werkes, zauberischer und unbekannter Zweck. Man versteht, wie ein Volk beim Anblick dieses mystischen Schlosses, das wie der Olymp mit seinen Höhen oft in die Unendlichkeit des Himmels taucht, um ein Symbol gerungen haben muß, bis sich Dichtung und frommer Glaube in eine Deutung einten. Der Berg, von Engeln Gottes zu einer Burg gesägt – ein alter Stich zeigt diesen Glauben –, war wohl die erste Sage des Montserrat, des »gesägten Berges«. Und was gab es Ehrwürdigeres für diese Zeit zu hüten, als Christi Blut in jener porphyrenen Schale, dem heiligen Gral? Sieht man die Sonnenstrahlen abgeschrägt um die Spitzen glänzen wie einen frommen

Schein, sieht man die schwarzen Reihen der Bäume in langen Reihen wie Mönche den Berg emporklimmen, so kennt man die bunten Fäden, aus denen ein Jahrhundert und unseres Wolfram von Eschenbach weise Hand so wunderbare Dichtung flocht. Und als ob der Zauber der Verjüngung nicht nur dem Grabe, sondern auch seiner Dichtung eigen wäre, so hat sich als vergeistigter Glaube diese mystische Glut in Melodien verströmt, auflebend in jenen zwei Kunstwerken Richard Wagners, in denen die primitive Deutung des Naturschauspiels schon geläutert ist zu den erhabensten Vergeistigungen der Menschlichkeit.

Zu Titurels Schlosse – tragisch ist es zu berichten – führt eine Zahnradbahn; raffinierte Technik geleitet das Legendenland. Aber man muß diesen Aufstieg zu den genußreichsten und grandiosesten aller Bergpanoramen zählen, und diese Stunde von Monistrol nach Montserrat zu den unvergeßlichen einer getreuen Erinnerung. Wie eine blanke Muschel, in der noch das Spiel der letzten Tropfen glänzt, höhlt sich das Tal des Lobregat, je mehr man emporsteigt. Wie Spielzeug blinken die schmucken Häuser, wie helle Kiesel sind einzelne Dächer in das mattfarbene Erdreich verstreut. In sanften Terrassen steigen die Hügel empor und verschließen für Minuten den Blick. Doch rasch übertaucht sie in kühnen Serpentinen die ansteigende Bahn, und schon sind sie nurmehr Wellen, die, durch ein einziges Wellental getrennt – an das finstere Gestein heranzusprengen drohen. Und wie man nun ihre Rücken überschaut, gewahrt man viele andere Wellen hinter ihnen, die heranzuspülen scheinen, manche mit Schaumkämmen von Schnee, manche wie grüne Flut, manche wie dumpfer, erdiger Schlamm. Gleich einer Türkenklinge so krumm und schmal windet sich im Tal der Fluß dem Meere zu, das in ernstem, breitem Streif ferne, ganz ferne erscheint. Frühlingsfreundlich ist der ganze Eindruck. Die Mandelbäumchen und Obstarten winken mit blaßrosa und weißen Büscheln Grüße zum Fenster herein, und schmaler, schwarzer Sammet überwuchert den harten Granit der Schroffen an vielen Stellen. Merkwürdig gewendet ist hier der Eindruck gegenüber den meisten Bergfahrten: während sonst der Anblick vom Tale der ruhige und erst der Ausblick das Grandiose ist, verliert sich hier die Impression des Wuchtigen, Zauberischen, Gewaltsamen und Heroischen langsam ins Liebliche und Sanfte. Es ist wirklich so, als käme man zur großen Stille in die heiligen Säle des Grals. Denn keinen Vogelruf hört man mehr: nur die kurzen, schnaubenden Stöße der keuchenden Maschine und – plötzlich jetzt – leises Orgelbrausen aus der Kirche her. Unendlich ist der Überblick geworden, kaum scheint er mehr einer Steigerung fähig. Da hält die Bahn beim Kloster.

Niemand weiß zu sagen, wie alt diese hochberühmte fromme Niederlassung ist, mit Santiago de Campostela der besuchteste Wallfahrtsort Spaniens. Die Stürme der Mauren und die Napoleons hat es gleicherweise erduldet und von seinen Schätzen vielleicht nurmehr das Marienbild, la Santa Imagen, die Schutzheilige Kataloniens, bewahrt. Aber die Gläubigen sind ihm treu geblieben. Tausende pilgern alljährlich zu diesen Mauern herauf, die wie ein helles Nest in die dunkle Granitmasse eingehängt sind, und in denen ein jeder willige Aufnahme findet. Von den älteren Gebäuden zeugen nur Inschriften und Trümmer; die Kirche selbst, funkelnagelneu und unangenehm mit Gold und Putz überladen, zu hell und klar überdies für die Hüterin eines Mirakels, läßt nicht jenes hölzerne, von Rauch geschwärzte, mit wunderbaren Kleidern und Schmuck überladene Marienbild vermuten, vor dem Ignatius von Loyola seine Waffen aufhängte, um sich nunmehr dem Gottesstreit und der Kirche zu weihen. Man ahnt nichts in diesen hellen Räumen von den vielfachen Legenden, die, jedem Orte und jedem Dinge sich anhaften, den ganzen Berg wie ein Gestrüpp umwuchern, lieblich die eine, tragisch die andere. Nur die Gräber der Mönche sind ungemein ergreifend und nicht minder der Klostergarten mit seinem ernsten, ruhigen Grün, den sinnvollen Reihen und den mahnenden Zypressen. Überall rings sind kleine Kapellen in den finstern Granit gelehnt, Kreuze grüßen von allen Höhen; der ganze Berg ist dem Glauben geweiht. So wird die Legende von der frommen Ritterschaft des heiligen Gral fast Wirklichkeit durch dieses stille, fromme Tun der Mönche hier oben. Freilich – ein Hotel und eine Zahnradbahn...

Noch höher, an die steilste aller Kuppen gelehnt ist die kleine Abtei San Jeronimo, eine entzückende Einsiedelei, lieblich, schlicht und unvergleichlich im Ausblicke über das ganze Land. Das Meer, das vom Wege nur als schmales Band leuchtete, ist hier ein breiter Halbkreis geworden, an dessen Horizont ganz leise die Silhouette der balearischen Insel flimmert. Neue Berge, ganze Gebirgszüge sind aufgetaucht, und wie von einem Riesenturm blickt man nun auf die Zauberburg des Montserrat herab, der mit seinen spitzen und tropfsteinartigen Kuppen steil und fast unnahbar als Wall um den Fuß dieser Höhe ruht. Und das Dorf ist nurmehr ein kleines weißes Steinchen im Tal. Wahrlich eine Zarathustra-Landschaft und nicht die eines Parsifal!

Wie man niedersteigt, hat das Tal keine Sonne mehr. Nur um die hohen Felsen der Burg glüht ein magisches Feuer, als brenne das heilige Blut. Ungeheure Schatten greifen wie Riesenhände hinab in die Ebene, es ist, als wollten die Legenden erwachen und Leben werden. Vielleicht sammelt jetzt Titurel seine Getreuen im hohen flammenden Saal. Denn wie weiße Grals-Tauben umflattern die Abendwolken mit breiten Schwingen den heiligen Berg...

Die Stadt der Päpste

Selten fühlt man es so stark, so zwingend, so unmittelbar wie beim Anblick von Avignon: hier haben Gewaltige geherrscht. Andere Städte haben stolze Bauten, sind oft selbst nur Plan und Zeichen ihres einstigen Gebieters, nirgends aber doch sind die Insignien herrischen Besitzes so kraftvoll ausgedrückt wie in der Stadt der Päpste. Die ganze liebliche provenzalische Stadt liegt lässig und friedlich an der tiefblauen Rhone, eine wunderbare Landschaft, durch die Güte der Natur ganz milde und schönheitsbezwingend. Doch über diese weißen Dächer, die in der prallen Sonne flimmern und glühen, über diese weiße See von Gischt und Schaum ragt stolz und gebietend ein ungeheurer Fels, starrende, wilde, hohe Mauern, der Palast, oder besser gesagt die Burg der Päpste. Und wie ein steinernes Gitter umschließen hohe Festungswälle enge die Stadt, heute noch unverletzt trotz Stürmen und Kämpfen. Und jener breite Steinbogen über die Rhone, den 1177 der heilige Benezet erbaute, und den die Päpste fast zur Festung gestalteten, ist zerbrochen und starrt leer von der Mitte des Stromes zum andern Ufer. Man fühlt, daß eine Zeit des erbittertsten Kampfes diese unzerstörbaren Mauern geschaffen, die Zeit der drei Päpste, die sich nicht nur mit Bannfluch, sondern auch mit Waffen und Burgen bekriegten, jene Epoche der großen Kraftnaturen, deren Brutalität dann in der Renaissance, harmonisiert mit dem Künstlerischen, die grandiosesten Gestalten der Geschichte gegeben hat.

Diese historische Bedeutung hat Avignon in den Zeiten

gewonnen, da die Päpste, aus Italien vertrieben, in Frankreich ihre Heimstätte suchten. In diesen hundert Jahren ist jene ungeheure Feste entstanden, geboten durch die prekäre und von immer neuen Feinden bedrängte Lage der heimatlosen Päpste sowie durch den Mangel an natürlichen Verteidigungsmitteln der flachgelegenen Stadt. Immer stärker wurde der Ring, immer höher und fester die Wälle, eine unerstürmbare Zufluchtsstätte, der sicherste Hort der Tiara. Und als dann die Päpste nach Rom zurückkehrten, nisteten sich die Gegenpäpste ein in dieser Adlerburg, und erst das fünfzehnte Jahrhundert gestaltete Avignon zu einem friedlichen Episkopat der römischen Kirche, der es bis zu den blutigen Tagen des französischen Revolutionsjahres verblieb. Aber trotz jener Jahrhunderte der Stille ist Avignon der Charakter seiner kriegerischen Vorzeit unentwegt gewahrt.

Wie in allen größeren Städten müht sich auch hier die Wirklichkeit sehr, die Empfindungen beim Anblick der großen historischen Denkmäler zu desillusionieren. Die Festung der Päpste ist heute eine französische Kaserne: aus den Luken sieht man lachende Gesichter mit den roten Käppis, auf den Höfen kommandieren unwillige Offiziere Horden von Rekruten. Aber doch sind hier die Dimensionen zu großartig, um den Eindruck des Grandiosen zu verlieren, jene meterdicken Festungswälle, die hohen Türme, von deren flachem Dach im Revolutionsjahr die Gefangenen in die ungeheure Tiefe geschmettert wurden. Und die Kirche Notre-Dame inmitten der Festung, von deren Turm eine vergoldete Gestalt der heiligen Jungfrau überleuchtend und auf Stunden hin sichtbar ins Land flammt, wirkt sehr in ihrer schlichten Art. In ihren Mauern ruht das Grab Johanns XXII., ein schmales, schlank aufsteigendes Denkmal aus weißem Stein ohne Inschrift und Bildnis. Von der Kirche führt dann der Weg durch einen immergrünen Garten hin zu einer breiten Terrasse, von der man mit einem Blick die blühende Landschaft umfaßt. Und da versteht man ganz die Liebe der Päpste zu dieser Residenz, zu dieser ehernen Burg, von der sie geruhig alle Lieblichkeiten eines südländischen Frühlings genießen konnten. Blau und breit strömt unten die Rhone vorbei, in vielen Windungen von der Ferne das helle Land durchschneidend und – gerade vor der Burg – die kleine Insel Barthelasse umfassend. Unten glänzt die weiße Flut der Dächer, die Zinnen der Kirchentürme winken schwisterlich herüber, ein Panorama, wundervoll vor allem durch die klaren, reinen Farben und den Azur des Himmels. Vom andern Ufer des Flusses sieht das Fort St. André, dieser massige Bau aus dem vierzehnten Jahrhundert, herüber, die Neustadt ebenso beherrschend wie die Burg der Päpste Alt-Avignon. Von der Ferne glänzt der Turm, von dem Feuerzeichen eine Verbindung zwischen der alten Stadt und der Papstburg bewirkten und vor Überfällen schützten. Nichts Schöneres kann man sich denken als diesen Rundblick an einem Vorfrühlingstag, wenn noch die Farben der Äcker sich nicht ganz mit dem reinen Grün der immergrünen Gärten vermählen und die Landschaft sich mit scharfen Linien gegen den kühlklaren Himmel abgrenzt.

Viel noch bietet die Stadt: vielfältige Ausblicke, die immer mit neuem Erstaunen die Schönheit der Gegend begreifen lassen, alte Kirchen, wie St. Pierre, St. Didier, Val de Benediction, die den künstlerischen Stil ihrer Entstehungszeit (alle etwa Beginn des 13. und 14. Jahrhunderts, eben zu jener Zeit des Papstinterregnums) getreulich bewahrt haben, und schließlich auch ein hübsches Bild einer provenzalischen modernen Stadt, die sich mehr und mehr zwischen die alten Denkmäler drängt. Aber noch eine zarte Erinnerung birgt Avignon, wenn auch nicht ganz innerhalb seiner Mauern, die berühmte Quelle von Vaucluse, unsterblich durch die Erinnerung an die beiden großen Liebenden, an Laura und Petrarca. Zeigt man doch in Avignon in der Kirche sogar die Stelle, da der Dichter seine Geliebte zum erstenmal sah: wie interessant sind dann erst die wirklich historischen Stätten ihrer Liebe, wo Petrarca, der große Gelehrte, eine große Anzahl seiner wunderbaren Sonette schuf. Die Quelle selbst ist weniger bemerkenswert, doch immerhin ist ihre Romantik nicht ganz unwürdig jener des Petrarca, die sie unvergeßlich gemacht: in einem grünen Gebirgstal, eingepreßt zwischen Felsen, schießt plötzlich wie eine weiße Lohe das Wasser auf, um dann in rauschendem Sturz zum Tal herabzugleiten, klar und durchsichtig, ein wirklich erquickender Quell. Über weiße Wege führt der Weg dann zurück nach Avignon, von Schönheit wieder zu Schönheit, von der Stelle einer großen Liebe in das provenzalische Land, die Heimat zärtlichster Minnelieder und ritterlicher Dichterfahrt, in wahrhaftiges Frühlingsland.

Arles

Eigentlich ist Arles eine rechte Provinzlerstadt, klein, unwegsam, mit engen, unebenen Straßen von nicht gerade übertriebener Sauberkeit: eins jener Dinger, die so nett aussehen vom Eisenbahnwagen – Spielzeug aus der Ferne, bunt und lieblich –, um dann aber allen Reiz in der Nähe zu verlieren. Auch wirtschaftlich ist sie unwichtig: schon wollte man sie beiseite lassen, als seinerzeit das Eisenbahnnetz durch die Provence gelegt wurde, da legte sich eine Anzahl französischer Dichter ins Mittel und setzte die Verbindung durch, um den ungeheuren historischen Schätzen, die in dieser kleinen Stadt sich einen, zu einem Wert zu verhelfen. Und Frédéric Mistral, der berühmte Wiedererwecker der provenzalischen Poesie, jetzt vielgenannt wieder seit der Verleihung des Nobelpreises, hat hier aus eigener Kraft ein nationales Museum, das Musée Arlaten begründet, das gewissermaßen ein Mittelpunkt provenzalischer Kulturarbeit werden soll. Am meisten haben aber die Dichter für das Städtchen gewirkt, indem sie das Lob ihrer Frauen sangen: Mistral, Daudet und der Komponist Bizet haben der ganzen Welt die Anmut der Arlesierinnen verkündet. Und nicht minder als einst in seiner Blütezeit als Arelate ist heute Arles in aller Welt bekannt.

Wie gesagt: enge, schmutzige Gassen. Aber plötzlich öffnet sich ein breiter Platz, und ein ungeheurer Bau fesselt den Blick. Das römische Amphitheater, fast das größte des einstigen Galliens, das Raum für 30 000 Zuschauer hatte, taucht auf mit seinem gewaltigen Kreis, mit dem Reichtum seiner Fassaden und dem üppigen Schmuck der Ornamente. Die ganze Stadt Arles hat es – wie ein mittelalterlicher Stich zeigt – einmal in seinen Mauern beherbergt, so grandios sind seine Dimensionen; erst 1825 hat man begonnen, um der künstlerischen Wirkung willen die Häuschen, die vielfach aus den alten Steinen gebaut waren, wegzureißen und wiederum den alten Raum zu rekonstruieren (so wie man im nachbarlichen Orange das antike Theater zu einer modernen Arena umgestaltet hat). Zwar dient es noch heute seiner alten Bestimmung – an den Sommersonntagen finden regelmäßig Stierkämpfe statt –, aber die Feste sind nur ein ärmliches Surrogat für die Pracht, die hier im Zuschauerraum einst entfaltet gewesen sein dürfte, nach dem Prunk des Bauwerks zu schließen. Denn Arles war im zweiten Jahrhundert unter Kaiser Konstantin – dessen Geburtsstadt sie auch ist – und dessen Nachfolgern eine der Hauptstätte des ganz Europa umspannenden römischen Reiches. Gleichzeitig aber war sie als Sitz eines Erzbischofs einer der Mittelpunkte der katholischen Kirche, die gleichfalls ihr wertvolle Denkmäler hinterlassen hat. Erst von der Völkerwanderung ab beginnt ihr Niedergang, flüchtig unterbrochen durch kurze Blütezeiten wie durch die Krönung Karls V., der sich König von Arles nannte. Langsam sank sie in Vergessenheit, und erst der Dichter Wort hat ihren Namen, wenn auch nicht sie selbst erweckt.

Aus der römischen Blütezeit stammt vor allem noch das Theater, von dem leider nur wenig Reste erhalten sind. Seine kostbarsten Schätze sind verschleppt, so vor allem die berühmte Venus von Arles, die 1683 Ludwig XIV. zum Geschenk gemacht wurde und heute eine der wertvollsten Skulpturen des Louvre bildet. Einzelne Funde vereinigt das Musée lapidaire, das aber eigentlich nur geschulten Archäologen Genuß bieten kann.

Nicht minder bedeutsam sind aber die Gaben, mit denen das Pontifikat im 13. und 14. Jahrhundert die Stadt bedacht hat. Zu Ehren St. Trophimes, eines griechischen Missionars, der der Legende nach von Petrus selbst gesandt, die Gallier zum Christentum bekehrte, sind eine Kirche und ein künstlerisch hervorragendes Kloster gebaut worden. Auch hier spinnt sich bunt die Legende weiter, die an der Stelle dieser Kirche ein von St. Trophime selbst gebautes Gotteshaus stehen ließ, das erste, das zu Ehren der Mutter Gottes, und zwar noch zu ihren Lebzeiten erstand. Es ist eine der schönsten romanischen Kathedralen der Provence, herrlich vor allem durch das Portal, das mit seiner architektonischen Arbeit nur noch mit dem der Kirche in St. Gilles zu vergleichen ist. Eine kleine Stufenreihe führt dann zum Kloster hinauf, das mit seinen kühlen gewölbten Gängen und dem breiten Säulenkopf einen ungemein ehrfürchtigen Eindruck erweckt.

Die Stätte aber, die Arles einst zu einer der berühmtesten der Welt machte, sind die Aliscamps, die elysäischen Gefilde, die einstige Totenstadt der gesamten christlichen Welt. St. Trophime war ursprünglich dort begraben, und es verbreitete sich bald die Legende von den vielen Wundern und Zeichen, die die so geweihte Erde bewirkte. Sie sollte durch ihre Berührung den Leib des Toten vor allem vor jedem teuflischen Einfluß beschützen: und so galt es bald im ganzen christlichen Abendland als fromme Pflicht, einem geliebten Toten einen Grabplatz in den Aliscamps zu erwerben. Es genügte, den Sarg ohne Begleiter, nur mit der beigelegten Geldsumme die Rhone hinabgleiten zu lassen, damit er seiner frommen Bestimmung zugeführt wurde. Prinzen, Herzoge, Bischöfe und reiche Kaufleute ließen sich dort begraben, zu Tausenden zählten die Grabstellen; Dante hat in seiner ›Divina commedia‹ dieser Nekropole gedacht ebenso wie Ariost. Erst als der wundertätige Leib St. Trophimes nach Marseille übergeführt wurde, verlor die Grabstätte alle ihre Bedeutung. Heute ist nur mehr ein schmaler Gang zwischen hohen Weiden erhalten, rechts und links von offenen, einfachen Steinsärgen flankiert: die wertvollsten Sarkophage, vor allem die der Fürsten, wurden von den Arlesiern im 17. Jahrhundert gegen gutes Geld verkauft; ein paar Schiffe, die Charles IX. mit Särgen beladen ließ, scheiterten in der Rhone, der Rest der wertvollen Särge befindet sich im Museo Barberini in Rom. Nur die kleine unscheinbare Kapelle ist geblieben.

Den breiten Zeitraum zwischen dieser ruhmreichen Vorzeit und der Gegenwart sucht das Museum Arlaten zu überbrücken, das Frédéric Mistral begründet hat. Es enthält Bilder, Kunstgewerbe und Kostüme der echten mittelalterlichen Provence, nationale Erinnerungen wie Mistrals Wiege und viel hübschen Kleinkram. Doch um keine Sehenswürdigkeiten müht sich der Fremde so – wenn ihm nicht gerade alte Steine lieber sind als helles Leben – als um den Anblick der berühmten schönen Arlesierinnen. Und erlebt dabei vielleicht eine kleine Enttäuschung. Denn die Pariser Mode oder besser jene billigen Provinzbasare haben fast ganz das nationale Kostüm verdrängt; ab und zu sieht man tatsächlich eine jener hohen Gestalten mit dem klassischen Typus, der leicht durch den südländischen gemildert ist, aber man kann nicht umhin, den Dichtern ein wenig böse zu sein um der Erwartungen willen, die sich nicht ganz erfüllten. Doch hätte man auf diese kleine Übertreibung gefaßt sein sollen; denn wären die Frauen von Arles wirklich die schönsten der ganzen Welt, wie ihre Dichter singen, so wäre man dort nicht so wie heute einsamer Gast, sondern Pilger in einer unnennbaren Menge von neugierigen Besuchern.

Frühling in Sevilla

Es gibt Städte, in denen ist man nie zum erstenmal. Durchwandert man ihre unbekannten Straßen, so ist doch überall ein Grüßen wie von Erinnerungen, ein Rufen wie von verwandten Stimmen. Ihr Antlitz – denn Städte können wie Menschen sein, traurig und alt, lächelnd und jung, drohend und schlank, geschmeidig und zermürbt – kennst du von einer Schwesterstadt oder von einem Bild, einem Buch, einem Lied, einem Traum. Und so ist Sevilla. Irgendwie ist es lieb und vertraut; und mit einem Male fällt einem der Name Salzburg ein. Und nicht nur Mozarts Name ist es, der von Figaros flinker Gestalt getragen, mit zierlichen Notenbändern die fernen Städte verbindet zu einem Bunde zärtlichen Genießens. In Wuchs und Stimme, in Art und Gebärde haben sie geschwisterliche Weise. Es ist in beiden eine so starke poetische Gewalt, daß sich das Provinzlerische in ihnen zu einem Lieblichen und Begehrenswerten wandelt, daß die moderne häßliche Straßenkultur sich nicht brüsk vordrängt, sondern in sanfter Anpassung sich dem Verjährten gesellt. Altadelige Art ist in ihnen; schlank wie Pagen sind die Türme, und die Glocken so hell wie frische Mädchenstimmen. Alles klingt hell in den lichten Straßen wieder, wie ein Lächeln ist solch eine Stadt in das Grüne gebettet. Nur ist im Süden das Bild viel weicher und üppiger; die Palmen mit grünen Fächern das ganze Jahr in den Straßen, und breit quillt, zu Gärten und Alleen vertropfend, die farbige Fülle einer wunderbaren Flora in die Stadt. Die Musik, mit der beide Städte durchdrungen sind, hat sich in Salzburg zweimal, dreimal zu grandiosen Kunstwerken destilliert, Michael Haydns Grab und Mozarts Wiege scheinen die Ruhepunkte, um die dies Leben schwingt; in Sevilla löst sich der Sinn des Musikalischen nicht in die bleibende Form. Aber alle Gassen klingen von Musik, von guter und übler, stets trällert ein Liedchen in der Luft oder klimpert eine Gitarre. Das Leben scheint hier rascheren Takt und die Menschen helleres Blut zu haben; nirgends gibt es mehr hungrige Magen als in Andalusien und doch, Sevilla glüht in wunderbaren Farben, blinkt in Heiterkeit und winkt mit vielen Fahnen, hier könne man sehr glücklich sein.

Ist dies schon die spanische Art? Ja und nein. Denn Spanien ist nur Landkarteneinheit, von der Wirklichkeit aber in zwei fast schematische Gegensätze zerschnitten, die sich wieder in tausend Einzelkontraste lösen. Auch das Spanien Pizarros und Torquemadas lebt noch, der finstere, fanatische Geist Kastiliens hat nur neue Formen gefunden, in denen sich seine stolzgrausame Art entfaltet. Denn das sind keine Gitarrenschläger, die die dunkeln verfallenden Städte des Nordens bewohnen, das graue Toledo, das, mit Wällen umgürtet, drohend hingehängt ist im Gestein, das der Tajo zornig durchbricht; das sind die Mönche von einst und die harten Granden, die Menschen, in denen das graue, öde Land mit seinen jähen und unwilligen Felssteinen einen Schein von Leben gewonnen hat. Nur einen Schein: denn etwas Sarghaftes haben viele der älteren Städte, etwas Mönchisches die Menschen. Denkt man an Sevilla, an die frohe Welle, in der sich die Lustbarkeit etwa in den Karnevalstagen ergießt, so fühlt man ganz das Grauen, das sich im Norden Spaniens noch bis in die Lustbarkeiten verkriecht. Mitten im Herzen von Madrid, der modischen Stadt, die böse Mahnung. Wie in unserem Prater ist dort Korso im Buen-Retiro; aber wo sind die flüchtigen, geschmeidigen Bewegungen der

Pferde, das helle Trappeln, das scharfe Sausen, wo sind die farbigen Bilder gezügelter Eile? Breit, schwer, in einem traumhaften Trab poltern die großen karossenhaften Wagen vorbei, ungeheuer steif, würdevoll und korrekt. Festgefroren oben die galonnierten Diener mit fanatischen Augen wie Mönche des Zurbarán. Schwer fällt der Schatten des Eskorial über das ganze Land Kastilien; und kommt man nach Andalusien, so ist es einem, als sei man in die Sonne getreten. In hundert Spiegeln glänzt der Gegensatz. Dort das Spanien des ›Don Carlos‹, der ›Jüdin von Toledo‹ und Victor Hugos ›Torquemada‹, dröhnende, wildschöne Visionen. Und Sevilla? Zuerst sucht man den heiteren Laden des ›Barbiers‹, sehnt sich auch sehr, unter den vielen blinkenden Häusern das eine zu entdecken, wo Don Juan jenes Abenteuer hatte, das Lord Byron mit so entzückender Umständlichkeit in seinem Epos erzählt. Figaro singt hier seine Liedchen, die Habañera Carmens trällert drein, aller Heiterkeit Symbole hat die Kunst in diese Straßen gestellt, durch die schon einst der ingenioso Hidalgo Don Quichote de la Mancha auf seiner braven Rosinante getrabt. Nicht Dolche kauft man hier wie in Toledo, sondern Gitarren und Kastagnetten zu guter Erinnerung. Nicht Spaniens Symbol ist Sevilla, aber Spaniens Lächeln.

Selbst der Kampf ist hier Versöhnung geworden. Wohl sind nach jenem gigantischen Ringen der fünf Jahrhunderte die Mauren – tränenden Auges, wie die Sage berichtet – aus dem Süden Spaniens gewichen, aber noch wirkt ihre Art hier überall in einem heimlichen Leben. Nicht verachtet wie in Kastilien, sondern verwertet ist hier ihre Kunst; und ihr größtes Meisterstück, die Kunst des Lebens, jene träge, sensuelle und voluptuöse Weise des Genießens hat sich wunderbar ausgeglichen mit der heiteren Lebensführung der Andalusier. In hundert Bauten zeigt sich die Versöhnung, Moscheen wurden zu Kirchen, die

Giralda, jenes entzückende schmale Minarett, donnert heute mit frommen Glocken zur Kathedrale herab, die sich ihm andrängt. Aber am geistreichsten ist die Vereinung in den Häusern. Wohl sind sie in maurischer Art, nieder und schmucklos, mit flachen Dächern und viereckigem Hof. Doch das Geheimnisvolle und Dunkle ist hier ins Heitere gewandt. Fenster und Balkone durchbrechen die bei den Arabern geschlossene Wand und bringen die Helle in die Stuben hinein. Hell und blank ist auch der Anstrich, und nicht ängstlich verschlossen das Tor; man sieht durch den Gang, der mit farbigen Fayencen belegt ist und munter glänzt, in den Patio, den Vorhof, hinein, wo ein Springbrunnen seinen lichten Schaum über Blumen plätschert, umrahmt von Palmen und dunklen Sträuchern. So arm ist hier kein Haus, daß es nicht seine Blumen hätte; selbst im alten Gettoviertel, wo Murillos Haus steht, glühen die farbigen Büschel. Von den Balkonen tropfen lange Gewinde fast in die Straßen herab, in heiteren Reihen durchziehen wie bunte Soldaten Alleen die ganze Stadt. Eine wunderbare Farbenpalette ist hier entfaltet dadurch, daß die grüne Welle in die ärmsten Gassen einbricht und überall die hellen Blütenfunken sprühen. Brennen sie doch selbst – gleich einer Kohle im dunklen Herd – im Haar der Mädchen, Feuernelken und rote Rosen, stolz getragen und zärtlich bewahrt.

Und sie selbst, die Frauen, haben, ganz in Blumen gebettet, etwas von dem schönen und flüchtigen Leben der Blumen in sich. Scheinen sie doch von der Ferne oft wie Blüten in ihren grellen Kleidern und in dem flackernden Bauschen der Mantillas, die sie so unnachahmlich tragen. Und an das Zittern der Blütenstengel, an das sanfte Schwanken der Halme, wenn sie der Wind umschmeichelt, denkt man, wenn man ihren geschmeidigen Gang bewundert, dieses verlockende Wiegen, diesen heimlichen Tanz. Die ganze heiße Glut der Sonne scheint aus ihren Augen zu sprühen, die mit raschem Blitz den Neugierigen streifen, aber – hélas, schon Théophile Gautier hat es bemerkt – »une jeune Andalouse regardera avec ses yeux passionnés une charrette qui passe, un chien, qui court après sa queue«. Selbst in den Augenblicken der Gleichgültigkeit scheinen sie leidenschaftlich, vermöge dieses Augenglanzes und der unwillkürlichen Wollüstigkeit ihrer Bewegungen. Und so wie sich ihre Sprache nicht umformt zum Gesang, sondern ohne Mühe und Anstrengung hinwendet, so löst sich spontan aus ihren runden Gebärden, aus ihrem hinwellenden Gange der Tanz. Sieht man in den ärmlichen Kaffees den Flamenco, dann weiß man erst, wie häßlich, wie schematisch die eingefressenen Gebärden unseres Theaterballetts sind, die auf ein paar angelernten Lazzi basieren und sich höchstens noch um Künsteleien erweitern können. Hier ist Tanz, was er sein soll: eine Kunstform, fast selbsttätig entstanden aus den anmutsvollen Bewegungen des Körpers, aus den Gesten des Begehrens und den rhythmischen Reizen, eine Kunst nicht der Beine, sondern eine Freude an der Linie, der Biegung, Entfaltung aller Möglichkeiten menschlicher Schönheitsformen. Alle kleinen Symbole der Weiblichkeit verwerten sich in diesen Tänzen, der Fächer, die Mantilla, der Schleier, und vor allem das Kleid, das die Bewegungen nachzeichnet, dämpft und rundet. Die meisten dieser Tänzerinnen sind nur wenig geschult, manche auch recht eintönig in den einleitenden, rein plastischen Gebärden. Wenn aber dann, erwachend beim Knattern der Kastagnetten, die wilde und doch nicht laszive Sinnlichkeit dieser zigeunerischen Tänze aufschießt, löst sich aus der Glut eine so packende Gewalt, daß sie einem das Blut rascher durch die Adern jagt, ein magischer Taumel, betörender Musik ähnlich oder dem wühlenden Föhn. Durch seine menschliche Wirkung tritt hier der Tanz wieder in die Reihe der Künste zurück, während er bei uns noch ganz unter dem Zeichen des Amüsements steht, er ist unserem Empfinden näher, weil er getränkt ist von Leidenschaft und Schönheit, von rein menschlich-primitiven Lebensäußerungen und nicht von stilisierten. Darum ist Melodie und Gesang dieser Tänze nur ein Nebensächliches und Unwertiges, eintönige Strophe etwa, wie die der arabischen Begleitlieder. Nur liebt es der Andalusier, diese Sprüche mit Scherzpointen zuzuspitzen und das amoureuse Moment stark zu betonen. Denn ein wenig ist Sevilla noch immer Don Juans lockere Stadt, prunkvoll nicht, aber fanatisch in seiner Frömmigkeit, heiter, aber nicht strenge in seiner Sittlichkeit. Eine hübsche Legende sagt da mehr, als alles; über dem Tore der großen Tabakfabrik, durch das täglich viertausend Arbeiterinnen aus- und eingehen, alte und junge, hübsche und häßliche, hält ein steinerner Engel, die Fama, eine Posaune. Und das Volk munkelt, wenn einmal ein ganz tugendhaftes Mädchen durch das Tor schritte, so würde die Posaune erdröhnen. Bis jetzt soll es noch nicht geschehen sein, obzwar der geduldige Engel schon hundertfünfzig Jahre die Posaune hält. Nicht nur Figaro, sondern auch Don Juan scheint hier unsterblich.

Mit diesem Lächeln seines Lebens hütet aber Sevilla eine sehr ernste und große Vergangenheit. Ein wenig sind vielleicht schon die Farben verblaßt, aber noch bleiben die Osterfeste berühmt in der ganzen Welt, diese prunkvollen Aufzüge und seltsamen Gebräuche der fernen Jahrhunderte. In leisen Wellen dringt das moderne Leben ein; der uralte Goldturm der Mauren sieht nun breite Meeresschiffe die leisen Wellen des gelben Guadalquivir hinaufziehen, und auf der Giralda hoch oben, wo einst der Muezzin die Frommen zum Gebete rief, harrt ein ungeahntes Bild auf den Beschauer. Eine helle Stadt, weit weit hinein ins Grüne verstreut, glänzt auf mit der Pracht ihrer wunderbaren Gärten, mit der Kette breiter Straßen in die

Ferne gehängt; kaum kann man sie überblicken. Nun, da sich so üppig die Palette der Farben entfaltet, begreift man, daß Velásquez und Murillo Kinder dieser Stadt sind und ewige Verkünder ihrer Schönheit, so wie Lope de Vegas Dramen ihre Geschichte und die Musiker ihre Heiterkeit vermeldet haben. Hier könnte wohl dem spanischen Volke der Dichter geboren werden, der ihm not tut, ein Heiterer, Freier, ein weiser Spötter wie Cervantes, oder ein Zauberer wie Sevillas Maler, denn die Stadt schenkt hier so vieles, die Freude am bunten Leben, den Rhythmus frisch bewegten Geschehens und das Allegro innerlicher Heiterkeit. Warum sollte nicht ein so Wunderbares in einem Ort geschehen, der selbst wie ein Wunder ist? »Quien no ha visto Sevilla, no ha visto maravilla« – bis zur Unerträglichkeit hört man hier den stolzen Adelsspruch, den sich die Stadt gegeben; und doch kann man ihre Eitelkeit nicht schelten. Denn ist es nicht ein Wunder, wenn Menschen und vieler Jahre Schicksal wirken, meinend, eine Stadt zu bauen, und es schließlich ein Lächeln wird auf dem Antlitz des Lebens?

Abendaquarelle aus Algier

Abend der Ankunft

In sanfter Unrast schaukelt das Schiff in dem ungeheuren Blau, das allseits den Blick umsäumt. In Himmel und Meer dunkelt nur diese eine ruhige Farbe; der kurze schäumendweiße Strich vielleicht noch, den der Kiel hinter sich wirft und der rasch wieder verlischt. Da dämmert in jenem schmalen, fadendünnen Streif, wo die Luft das Wasser berührt, ein erster Farbton, Ahnung fast nur und Rauch, ganz ängstlich und schon wieder getrübt von dem abendlichen Erdunkeln des Himmels. Aber doch steigt er wieder auf, dieser linde Nebel, und verdichtet sich und verdickt sich, als wollte er feste Formen gebären. Und plötzlich umfängt der Blick eine unendlich zarte, mit verlöschenden Nebelfarben hingestrichelte Silhouette, die durchschimmert wie eine ferne Kulisse. Noch ganz unsicher ist sie, denn die Dämmerung überrieselt ihre Linien mit rosa Wellen und lauer Dunkelheit. Aber das Profil zeichnet sich schärfer, eine starke Kuppel bricht vor, die Höhe von Bouzarea, und schon glänzt hoch oben wie ein heller Stein die Kirche Notre Dame d'Afrique. Und nun entfaltet sich rasch in grünen Frühlingsfarben der Bogen, in den Fächer der Farben schreiben sich neue, kühn geschwungene Linien: ein Hügel, durchglitzert von vielem weißen Glanz, die Höhen von Mustafa mit den Villen, hinter denen der Abend zu flammen beginnt. Und weit in der Ferne, die granitfarbenen ernsten Umrisse großer Gebirgszüge. Und plötzlich – war es eine Wendung des

Schiffes oder ein Strahl der sinkenden Sonne, der diese Flamme entzündet? – blitzt wie ein Opal, milchweiß und in allen Abendfarben funkelnd, ein lichter Fleck aus der grünen Wölbung, die helle Stadt, »Alger la blanche«. Eine einzige Farbe, ein scharfes, mit vielen Farben gesättigtes, fast schmerzhaft scharfes Weiß, ein ungeheuer vehementes Licht, wie ein Diamant durchsprüht von dem heißen Spiegel der Scheiben, die das Sonnenlicht in tausend Splittern zurückschleudern. Rings mischen sich alle Farben zu dunkleren Tönen, die Hügel schwärzen sich, das Meer trübt sich in ein dämmerndes Grau, die hitzige Glut der Sonne brennt nur noch in orangeroter und gegen die Höhe des Himmels zu erblassender Tönung, die Dinge endlich haben jenes Fernewerden und Unsichersein des Abends, das Worte nicht recht klären können. Aber Algier bleibt weiß und blank, ob sich auch dieser Nebel in ein Gewirre von kleinen Häusern löst, die – in weißer Treppe zur Kasbah, dem alten Nest der Korsaren, aufsteigend – mit allen ihren Kalkfacetten das Licht grell von sich werfen. Und weiß wie Kerzen stehen die schmalen Minarette und die Türme der fernen Kirche im Abendfeuer, die ganze Stadt scheint, mit dem Kranz der Wälder in ihrem Haar, eine Marmorherme, einsam aus der Dämmerung verschlungener Gesträuche leuchtend. Und diese Farbe ist Algiers Zauber. Denn wie das Schiff nun in den Hafen lenkt und die Details den koloristischen Bann brechen, zersplittert dieser märchenhafte Glanz in elegante Hotels, moderne Kaibauten und vornehme Mietsgebäude, in die geschmackvolle Rampe einer Großstadt, wird unwirksam, etwa wie bei dem Bilde eines Pointillisten von nahe gesehen Sonne und in breitem Strom ergossene Lichtflut kleine häßliche Farbenflecke sind. Nur der Himmel, begabt mit jenem wunderbaren Zauber ewiger Ferne, gleitet mit seinem rötlich dunkelnden Saume langsam an dem erloschenen Schauspiel vorbei.

Abend im Araberviertel

Empor durch ein Gassengewirr zur Kasbah. Zuerst sind die Gassen breit und eben, die Häuser stolz und vornehm. Dann scheint plötzlich eine Unrast in die Gebäude zu kommen. Sie rücken ängstlich zusammen, neigen sich gegeneinander, so ungleich und uneben sie sind. Und immer enger, je höher der Weg emporsteigt. Sie lehnen sich gegeneinander, umpressen sich, durchwinden sich, ein Gewirre von Gliedern, die bis zur Unkenntlichkeit sich ballen; Engpässe, Stiegen, Höhlen, Kreuzgänge – und all dies doch systematisch emporgewühlt auf glitschigen Stufen wie ein Maulwurfsbau. Wie Menschen sind die Gassen, Menschen, die in Armut und Angst zueinander flüchten, wie Bettler und Kranke. Häuser gibt es da, die Physiognomien haben: dies eine, mit blinden Fenstern und schiefer Haltung, ist es nicht des Blinden Bild, der dort an der Ecke steht? Und dies, ein brüchiger Bau, mit kranker Brust vorgebeugt, auf Krücken gestützt, der Lahme, der über den Markt humpelt? Und diese, mit fauligem Atem, zerfetztem Gewand, ängstlich in den Schatten gepreßt, sind das nicht der Leute Bilder, die in ihnen leben? Denn die Araber Algiers, von Krankheit zerfressen, von Kultur verdorben, unedle Gestalten, die faul in den schmutzigen Cafés sitzen oder wie Katzen zusammengerollt in ihren weißen Burnussen vor den Bädern in der Sonne liegen, sie sind nicht jene Wüstenjäger, wie man sie unwillkürlich den Büchern der Kindheit nachträumt, die ja schließlich doch die eindringlichsten Bildnerinnen unserer Phantasie sind, trotz allem späteren und überzeugterem Wissen. Nein, das sind nicht jene Bronzegestalten, die auf geschmeidigen Pferden die Wüste durchpfeilen, die stolzen Räuber und verwegenen Korsaren jener romantischen Erzählungen; diese Romantik bedarf starker Distanz, um Poesie zu sein. Erst der Abend hat hier jene sanfte Gewalt, ein Harmonisches im Häßlichen aufklingen zu lassen: er löst Schmutz und Farbe in Dämmerung und nimmt das Grelle aus allen Bildern. Wenn die Gassen ganz abdunkeln, die Engpässe schwarze Schluchten werden, hinter denen ein Unbekanntes lauert, wenn der Wirbel der Gestalten verschwimmt und die Töne ferner werden, taucht eine graue dämmerige Schönheit in diese Gassen des Elends hinab. Steigt man aufwärts, so sieht man in die Werkstuben hinein, aus deren Dunkel sich unsicher die Silhouette des Arbeiters schneidet, der mit seinem primitiven Werkzeug seine Arbeit schafft: der Goldarbeiter, der mit ganz feinem, silbernem Schlag jene seltsamen Arabesken in die Klingen hämmert, der Weber, der das Schiffchen emsig schleudert, der Hufschmied, der im flackernden Licht, das rot die schwarzen Wände emporleckt, wuchtig das Eisen schlägt. Alle diese Bilder ruhen fest in dem dunklen Rahmen eines engen Ladens wie Sinnbilder des Lebens. Alle sind sie schlicht und gemahnen ganz an mittelalterliche Embleme der Zünfte in ihrer primitiven Art. Wie große weiße Vögel flattern fern Burnusse in diesem Gassengewirr, tauchen auf und versinken in dieser grauen Flut. Manchmal streifen auch Frauen vorbei mit ungemein behendem und vorsichtigem Gang, das Gesicht tief verschleiert; nur die Augen sieht man, meist umtrübt von den Falten des Elends. Und dieses Zufällige, Rasche und Unübersichtliche des Vorbeigleitens all dieser Gestalten, dieses fremde Leben in den schwarzen Irrgängen hat den mystischen Reiz des Unfaßbaren, der gedämpft wird durch die stete Empfindung des Unglücks. Wie schwarze Raben stehen oder kauern die blinden Bettler an den Ecken: ungeheuer monoton, hundertmal und hundertmal sagt einer, ohne Betonung und ohne Klage, unbekannte Worte ins Dunkel hinein. Nichts Entsetzlicheres kann man sich denken, als den Anblick dieser Menschen, die rastlos, ob die Straße von Lärm tobt oder einsam mit schwarzen Wänden träumt, fremde Worte eintönig wie Tropfenfall vor sich hinsagen. Eine finstere Weisheit ist so in der Araber Leben: ihr ganzes Elend stellen sie auf die Straße, ihr Glück schließen sie sorglich ein. Denn nichts weiß man von all diesen Häusern, an denen man vorbeistreift. Alle sind sie fast fensterlos, mit kleinen verschlossenen Türen, Mauern nur um Armut oder Pracht. Alles Leben ist hier nach innen gewandt, aller Reichtum – wie in den Moscheen – in die Gemächer geballt; auf den flachen Dächern, unsichtbar für den Vorbeischreitenden, trinken die Frauen jetzt vielleicht die kühle Abendluft und schauen zu dem ungeheuren Sternenbogen des Himmels, der hier nur in kleinen Splittern zwischen den Häusern glänzt – die Wand des Hauses ist blind und dunkel und verrät nichts vom Leben in seinem Umkreis. Sie schläft in Dämmerung wie in einem Grabe, an dem die Auferstehung vorüberschreitet: denn das Mondlicht, das in einer unendlich weißen Flut die Dächer badet, schreibt nur einen ganz dünnen Streif oben hin. Und die Sonne zittert nur in ganz leisen Wellen am First, nichts wagt das Dunkel zu stören, das sich in diese Gassen gleichsam eingefressen hat. Wie eine Erlösung ist es, wenn man plötzlich an dem freien Platz vor der Kasbah angelangt ist und nun das rosige Abendspiel der sinkenden Sonne die Stadt umzittern sieht und dann, herabschauend von der Zinne des alten Räubernestes, den hellen Widerglanz golddurchwirkter Wolken tief unten im Hafen schaut, wenn man mit einem Male alle lichten Töne der Dämmerung spürt, nachdem man durch die Trübe sonnenblinder Gassen gegangen. Langsam hüllt dann die Nacht die weiße Stadt wieder in ihren Nebel ein. Noch dunkler werden die Gassen, und ein eigenes Leben beginnt hinter den verschlossenen Türen: das eintönige Singen der Tänzerinnen hebt an, jene endlosen, monotonen arabischen Melodien, der gleichmäßige dumpfe Beckenschlag und manchmal noch das melancholische Getön einer Flöte. Aus den vergitterten Türen spähen geschminkte Gesichter, hie und da fällt ein grelles Lachen aus den Häusern heraus in die schwarze Stille. Schreckhaft beginnt nun das Höhlengewirr zu werden, das mit trotziger Stummheit ein vielfältiges und wildes Leben in Dunkelheit verschließt, das zu schlafen scheint und doch wacht und lauert. Und wenn man dann nach kurzer Wanderung vor dem Hafen steht, der in erzenem Glanz ruht, still und friedlich mit dem farbigen Schein seiner Lichter, fühlt man sich wie in einer anderen Welt, fühlt, daß es eine sanfte Dunkelheit gibt, ebenso wie eine böse, geheimnisvoll drohende und gefährliche. Und mit wunderbarer Empfindung trinkt man, nachdem man so lange durch Stickluft gegangen, den starken Atem des mächtigen Meeres.

Abend in Mustafa

Ein schwerer Sturm ist heute über die Stadt gegangen. Noch umfalten dicke Regenwolken die abendliche Ferne, aber der Wind greift ungestüm nach ihnen. Und nun, wie sie sich lösen, glänzt plötzlich eine neue Farbe in dem gewohnten Bild: wie mit Kreide sind die Silhouetten der weiten Berglinien nachgezeichnet, Schneefelder flimmern nieder in Frühlingsland, eine Dolomitenlandschaft in Afrika. Die Luft hat jene unbeschreibliche Reinheit nach dem Regen, die alle Dinge heranrücken läßt; heute ist im Anblick Algiers nicht nur Farbe, sondern auch scharfe Linie, nicht nur weißer Dämmer ist die Stadt, sondern eine Fülle kleiner Silhouetten. Von Mustafa, der Villenstadt, die Algier gegenüber ruht, führt ein wunderbarer Weg zum Meere herab, und nirgends fühlt man die Vielfältigkeit des abendlichen Bildes besser, als von diesen vielen Serpentinen. Ganz von hoch oben sieht man noch jedes Detail: den Wimpel der Schiffe im Hafen, die zakkige Rampe des Minaretts, das Hafenkastell des Räubers Barbarossa und mit unzähligen Variationen die Fächer einsamer Palmen, die schwarzen Schwerter hoher Zypressen drüben am Hügelsaum. In eigenartigem Spiele geht der Weg dann nieder; bald fangen hohe Alleen den Blick ein, der die Ferne sucht, bald breite Platanengruppen und bald wieder diese Villen, die in einem Netz exotischer Gärten ruhen. Fast alle sind sie in maurischem Stil, blinkend weiß, in runden Linien gebaut und mit Arabesken geziert, flammend gleichsam in dem schweren Grün des Teppichs vor ihren Füßen. Unwillkürlich entsinnt man sich bei ihrem Anblick jener Geschichten im Stil des ›Decamerone‹ von der Sultanstochter in Algier, die, durch solche Gärten am Abend streifend, dem italienischen Gefangenen ihre Liebe bot: denn man muß an etwas sehr Fremdes, Seltsames und Feierliches beim Anblick dieser Gärten denken, die so wollüstig schön und fast traumhaft sind. In ihrem Schatten verweilend, vergißt man, wie rasch der Abend sinkt. Und fühlt es dann mit jäher Entzückung im nächsten Augenblick, wo sich die Serpentine des Weges zur Terrasse weitet und plötzlich die Landschaft im Feuer des Abends brennt. Unvergeßlich ist dieses Profil: der Bergabhang von Bouzarea eine schwarze Linie, eingeschnitten in einen granatapfelfarbenen und mählich erblassenden Himmel, die blaue Riesenmuschel des Meeres und Algier die weiße Perle darin. Und man legt gern einen Sinn in die weißen ansteigenden Riesenterrassen dieser Stadt, träumend, daß sie ein Amphitheater sei, hingebaut an diese herrliche Stelle, um das wunderbare Schauspiel blauenden Meeres und ewigen Frühlings zu beschauen und um ihr weißes Antlitz wollüstig in dem Azur des Hafens zu spiegeln.

Stilfserjoch-Straße

Schon in Landeck läßt man die Eisenbahn, aber es ist noch keine rechte Gebirgsfahrt. Die schwarzgelbe Postkutsche geht in gemächlichem Trab: immer wieder holen uns die staubbedeckten Kompagnien der Gebirgsjäger ein, die hier Manöver haben, und die übermütigen Burschen lachen mit den sonnverbrannten Gesichtern in den Wagen. Mählich treten aber die Berge zusammen und pressen den Inn, der aschgrau schäumt, ganz tief hinab in ein enges Bett. Immer näher schieben sie sich gegeneinander: die Straße selbst hat keinen Raum mehr, springt drei- oder viermal vom rechten Ufer auf das linke, wird immer wieder abgedrängt und klettert endlich in ängstlichen Krümmungen am Felsen empor und zersprengt ihn an ein paar Stellen. Nach ein paar Stunden nun, in Finstermünz, ist man schon über tausend Meter. Und der Blick fühlt es, wenn auch immer noch die grauen Gebirgsmassive ihn umgrenzen. Denn zum Inn, der früher an der Straße vorbeiplätscherte, ist es nun ein Weg, ein langer, beschwerlicher Niederstieg durch Fichtengrün und Uferheide, ein halbstündiger steiler Weg in ein romantisches Felstal hinab. Aber der Ausflug lohnt. Ist man endlich unten an der Stelle, wo ein viereckiger, uralter Turm inmitten des Inns die Brücke nach den beiden Ufern hinüberhält, so erwartet einen angenehme Überraschung. Man durchschreitet Brücke und den Turm mit dem offenen, schwarz-gelb gestrichenen Tor, geht aufs andere Ufer und staunt über ein kleines Brett mit der Weisung: Schweiz. In einer halben Stunde hat man ahnungslos von

Hochfinstermünz eine kleine und wenig kostspielige Schweizerreise gemacht. Jetzt weiß man auch, daß die fernen Kuppen, deren Schneeglanz leider immer wieder mit dem falben Nebel des unfreundlichen Tages verschwimmt, die Berge des Engadins sind. Gern kriecht man wieder die Serpentinen nach Finstermünz zur Straße hinauf, und da sind schon wieder die Gebirgskompagnien, nur noch staubiger und auch schon unwilliger. Sie ziehen weiter, wir aber bleiben die Nacht in Finstermünz, eine finstere Nebelnacht ohne Sterne und ohne Glanz. Am Morgen noch schleifen die Nebel wie Schleier geheimnissvoller Riesenköniginnen um die Fenster, und die Berge stehen in Dampf. Aber wir wagen die Weiterfahrt. An der drohenden Festung Nauders vorbei eilt der Wagen, verläßt das Inntal und damit für einige Zeit die drohenden Felswände. Am hübschen Dorf Reschen vorüber und an dem tiefgrünen verlassenen See, der berühmten Wasserscheide zwischen dem Adriatischen und Schwarzen Meere, in stetem Nieselregen gelangen wir endlich nach St. Valentin, wo zum erstenmal die langersehnte Kette des Ortlers aufglänzt. Aber es ist nur ein halber Glanz: die weißen Nebelflocken lagern schwer um die Spitzen, und nur mit flüchtigem Gruß enthüllt sich manchmal einer der hohen Herren. Aber wir wissen ja, daß dies alles nur Präludium ist.

Erst bei Neusponding, einem jener nichtssagend-hübschen Tiroler Dörflein, beginnt die eigentliche Stilfserjoch-Straße. Spätnachmittags kamen wir hin, und die Luft begann sich zu klären. In einem breiten, steinigen Bett poltert der Trafoier Bach hart neben der Straße, eisigen Gischt aufsprühend, der die Luft mit einer wunderbaren Schneekühle füllt. Der Weg wird wieder beschwerlich, die Pferde gehen in schwerem, ganz langsamen Trab. Furchtbar wölben sich die Gebirgsmassen über die steigende Straße, die mit ihrem weißen, eleganten, schmalen

Strich wie etwas sehr Verwegenes erscheint in dieser Riesenwelt, die stetes Donnern des Wassers erfüllt. Ein Gefühl zwischen Angst und Ehrfurcht spürt man selbst in dieser stummen Welt, jenes leise Unlustgefühl vor dem nur Erhabenen, wie es Kant definiert: aber es löst sich plötzlich – fast in einem Schrei – in die reine Empfindung der Bewunderung, denn wie die Straße zur Höhe wendet, wo Trafoi liegt, glänzt ein Panorama von unvergeßlicher Schönheit auf. Das Massiv des Ortlers und das des Monte Livrio, geschwisterlich in unfaßbaren Höhen verschlungen, ringt sich aus dem nunmehr ganz zarten Nebel, und breite weiße Ferner, eine blanke Gletscherwelt hellt wunderbar die Landschaft. Und schon sieht man in das herrliche Profil dieser Alpenwelt klein, ganz klein das Dörfchen Trafoi gestellt und das hübsche Hotel, das mit der Fahne zu winken scheint. Man kommt näher, ohne es zu merken, denn die Gletscher und Höhen, von denen Wasser in wilden und fast verzweifelten Sprüngen niederfällt, der Gischt des Baches, der aus Eisbrücken sich durchringt, die breiten Geströme Geröll, die von ungeheuren Winterlawinen reden, das seltsame und fast giftige Grün der Muränen, und selbst der Himmel, dieser unruhige, stets wolkenjagende nahe Himmel, der sich nur von Spitze zu Spitze zu spannen scheint – das alles hat nicht sobald ein Gleiches in der jähen Größe der Erscheinung.

Die Nacht über rasten wir im schmucken Hotel Trafoi. Aber am nächsten Tage scheint uns, da wir uns schon den zweitausend Metern bedenklich nähern, selbst der träge, aber regelmäßig vorwärtsziehende Trott des Wagens zu eilig. Oder erwacht erst auf solchen Höhen die touristische Seele in manchen Menschen, bedarf sie, wie die Pflanzen der Sonne, erst der Gletscher und Muränen, um zu erwachen? Wir marschieren zu Fuß. Und noch mehr. Die prächtige, in Zickzackwindungen die ungeheuren Höhen ersteigende Stilfserjochstraße, die dabei glatt und wohlgepflegt ist wie eine Trabrennbahn, scheint zu einfach: wir wählen komplizierte Steige, nur um den wundervollen Bau dieser Straße bewundern zu können, die weiß und glatt wie eine helle Schlange zur Paßhöhe emporklimmt. Beim weißen Knott schon, einer Steinpyramide, die über das Trafoital stolz hinabsieht, geschieht uns ein Seltsames: ein absoluter Wandel unserer Wertgefühle. Trafoi, das wir gestern im Kommen und Steigen als helles Ziel bewunderten, ist vergessen, verloren, ein ärmliches Pünktchen in dem tieftiefen Tal, das wie von einem Riesenkreisel in diese ungeheuren Massen eingedreht scheint. Die Ferner, von der Tiefe zuerst weiße Funken, dann helle Tücher, die weither fast schon im Himmel zu winken schienen, sind nah, ganz nahe, und die Riesen wie der Ortler und der Madatsch, gestern noch Türme in den Wolken, heute sind sie erreichbar, Freunde fast, gewaltige Gesellen, zu denen man hingehen könnte. Und wirklich, sie kommen heran, wie man höher steigt; Schnee, leibhaftiger Schnee liegt auf der Straße, und die breiten Eisströme sind nur mehr Schritte vom Paß entfernt. Dabei bleibt die Straße, dieses Kunstwerk der Österreicher, noch immer, als ginge sie durch bunte Wiesen: Automobile töffen gemächlich hinauf, mit hellen Klingeln befährt sie die Post. Grandios wird das Panorama: Berge tauchen rechts und links auf mit weißen Kapuzen, mehr und mehr, längst haben die Bäume aufgehört, selbst das letzte Grün ist verschwunden. Auf der Paßhöhe, bei dem Hotel ist die Grenze, die Dreisprachenspitze. Man kann sich eine Zigarette anzünden, von der Hoteltür aus Österreich nach Italien, von Italien nach der Schweiz, von der Schweiz wieder nach Österreich gehen, und der Stummel brennt noch: immerhin ein hübscher Scherz auf 2800 Meter Höhe. Die Aussicht wächst hier ins Grenzenlose, kaum trägt die dünne Luft den Blick. Jedoch der ›Faust‹-Chor der seligen Knaben kommt einem in den Sinn:

»Das ist mächtig anzuschauen,
Doch zu düster ist der Ort.«

Die Nebel kreisen um die Höhe, fast tappt man im Rauch. Gern steigt man wieder die Straße hinab, aber nun Italien zu. Ein paar Schritte nur, schon ist man an der Grenzkantoniera, und die ersten Bettler belehren einen durch ihre Gegenwart, daß man wahrhaftig schon in Italien ist. Wieder winden sich die Schlangenkehren der Straße – »die die Österreicher u n s gebaut haben«, wie hier triumphierend die Italiener sagen – in prächtigen Serpentinen hinab. Und, als ob mit der Grenze auch schon jene helle Welt beginnen wollte, glänzt der Himmel enzianenblau auf, zart und weiß nurmehr wandern die Wolken. Wie sich die Straße senkt, belebt sich das Bild. Ein anderes, volles, saftiges Grün überspinnt den Fels, jenes helle, wunderbare Mattengrün der Bilder Segantinis, und schon fühlt man jene Luft, die man auf seinen Bildern zu schmecken vermeint, diese schneekühle, von Alpenblumenduft mild gewürzte, unendlich reine Luft der Gebirgswiesen. Die Berge sind nicht minder hoch, doch beugen sie sich freundlicher ins Tal hinab. Hütten wagen sich an sie heran. Die Straße zackt sich mehr und mehr, durchbricht in vielen Tunnels, in denen schwarz und kalt das Wasser tropft, den Fels und zieht mit dem Braulio, der wie ein Füllen unablässig von Stein zu Stein springt, hinab zur Adda. Und plötzlich – es ist ein Ereignis in einem Leben – wie sich die Straße, noch immer mehr als tausend Meter hoch, kehrt, leuchtet das tiefgrüne, schon mit hellem Getreide durchfleckte Tal von Bormio einem entgegen, ein so gesänftigter, milder, wunderbarer Blick, den man nicht mehr vergißt, alle Süße Italiens eingefaßt in eine Kette hoher Schneeberge. Ganz, ganz langsam, mit zögerndem Schritt geht man in das Tal hinein, das fast nicht tiefer liegt als Trafoi. Aber hier leuchten Rosen im

Garten des Hotels, dunkle Bäume umschlingen zärtlich die Felsen. Und nun scheint die Straße nicht mehr kühn und trotzig wie in Tirol: sanft und zärtlich will sie hinüberlocken in das Veltliner Tal, wo die großen, dunklen Edeltrauben glühen und der wunderbare Wein Italiens in der Sonne purpurn funkelt wie heißes Blut.

1906

Hydepark

Der Hydepark Londons, wohl der seltsamste aller Großstadtparke, ist im eigentlichen Sinne nicht schön. Ihm fehlt fast alles, was den Garten zum Kunstwerk macht. Er ist flach, arm, eine englische Heide, nur an den Pforten ein wenig als Garten hergerichtet. Aber seine Schönheit liegt nicht so sehr im Sinnfälligen, als im Sinnhaften. Da gibt es zum Beispiel ein paar Stellen, auf denen man ganz ausruht. Man steht auf einer weiten Wiese, die sich ins Unendliche beugt, ein grüner stiller Teich, auf dem die Bäume, von der leisen Brise angerührt, wie verankerte Schiffe ganz, ganz sacht schaukeln. Rechts, links ein paar unregelmäßige Alleen, deren Ende nicht Ausblick ist, sondern die sanft in die graue Kulisse des Nebels zurücktreten. Atmende Stille, kaum ab und zu ein paar Leute. Nur weidende Hammelherden, die käuend das Gras rupfen. Man vergißt für den Augenblick an alles, so still ist es rings. Wo mag man sein? Ist dies die Lüneburger Heide, die vielberühmte? Oder Cornwall, Herrn Tristans dunkles Land, und wird nicht plötzlich die traurige Weise des Schäfers anheben? Wuchtig packt einen dann der Gedanke an, daß diese grauen Ballen am Rand, daß diese weichen Grenzen der Ferne ungeheure Häuserblöcke sind, daß diese weite stille Heide rechts und links von Städten umgürtet ist, jede so groß wie Mailand oder Lyon oder Marseille. Von diesen Riesenstädten, die alle in die zwei Silben London eingeschlossen sind. Die fiebernde Vision Verhaerens der »villes tentaculaires«, der Städte, die mit den Polypenarmen das Grün des Landes aufsaugen und die

Heiden in die graue Gallerte ihrer Steinmassen ziehen, dieser wilde Traum ist ja hier in dieser zyklopischen Stadt Wirklichkeit geworden. Tausend Schiffe auf verlorenen Meeren dampfen ihr zu, Millionen rühren ihre Hände für sie, unter der Erde fliegt die Hast unterirdischer Bahnen, über die Dächer stürmen Züge, jedes Jahr speit neue Häuser ins Grüne aus – und mitten darin ruht weit, wie träumend, eine Heide mit blökenden Schafen, einem stillen, ruhigen Himmel für sich, zu dem nicht mehr der keuchende Atem der Tausende quillt. Wie Londons Schönheit, so liegt die des Hydeparks in dem unfaßbar Überdimensionalen.

Nein – Hydepark bezwingt nicht auf den ersten Blick. Es ist nicht englische Art, sich dem Fremden vorschnell zu vertrauen, nicht die Art der Menschen, nicht die der Landschaft. Hat man sich ihr erst mit Liebe genähert, so sieht man, wie viel heimliche Eigenart in der eintönigen Armut der Heide ist. Die Gräser haben hier einen ganz unvergleichlich weichen, vorfrühlingshaften Farbton, die Blätter, die sich nur schmal entfalten, ein helles und wie von Silber durchwirktes Leuchten. Und dann ist ja diese Landschaft unter die Mattscheibe des englischen Himmels gestellt, der alle Lichtwerte linder tönt und mit seinem ewigen Schleierspiele alle Heimlichkeiten des clair-obscur entfaltet. Der Äther ist hier ein kühles, fast bleiernes Blau, sofern nicht Wolken es überjagen, Sonnenschein, nicht wie in Italien ein weißglühendes Lichtbündel, das so grell auf die Steine brennt, daß sie erschreckt und geblendet die Glut zurückwerfen, sondern nur ein flauer, fließender Schimmer, den rasch das Schmetterlingsnetz einer fliegenden Wolke fängt. Und Schatten, das ist nicht Kühle, schwarzes Versteck, scharfe Kontur, sondern ein graues Gerinnsel hin über das Gras. Bildhaft gesprochen hat der Hydepark in seinen hellen Stunden die vorsichtig zarten Farben der Präraffaeliten, um dann mit der Neige des

Abends in die mystischen Dämpfe Carrières zu tauchen. Und seltsam färbt hier auch die Luft, die Klang, Licht, Kolorit und den tastenden Blick gleich unwillig trägt, diese schwere, vom Salz des Meeres satte, vom Nebel gegilbte, vom Rauch zahlloser Schornsteine grau getönte Londoner Atmosphäre. Sie verschleiert die Formen, macht sie rund und trüb, die Ferne läßt sie unsicher werden und vorzeitig biegt sie den nahen Himmel in die verschattenden Konturen des Horizontes hinab. Zwischen den Bäumen läßt sie am Mittag einen feinen blauen Nebel geistern wie den kräuselnden Rauch von Zigaretten; und abends dunkelt aschgrauer Dunst alles zusammen, Nibelheim öffnet sein finsteres Tor. Eine graue Wolke liegt dann über Stadt und Heide, die lange Wochen die Menschen vergessen läßt, daß am Himmelsbogen ein ewiger Reigen zitternder Sterne glänzt. Aber dafür zeichnet sie tagsüber wunderbare Rauchbilder an des Blickes Rand; Fabriken und Zinshäuser locken in diesem grauzitternden Schattenriß verklärt wie die sagenhaften Schlösser des heiligen Gral, alle Nuancen des Halbdunkels mildern die herben und unschönen Formen der Wirklichkeit.

Aber all dies machte diesen Park der Liebe noch nicht wert. Denn diese Schönheit ist nur die aller Dinge, die frei und rein unter dem Himmel liegen und gewissermaßen näher dessen geheimen Quellen, aus denen Licht und Schatten, das Gold der Sonne und der Qualm des Nebels strömen. Das ist nur die Schönheit eines Stückes englischen Heidelandes. Aber eben: der Hydepark ist Heideland inmitten der Stadt, er ist nicht so sehr selbst ein Schauspiel, sondern teils Bühne, darauf sich ein eigenartiges Leben abrollt, teils das Parkett der ruhigen Betrachter. Seine eigentlichste Schönheit ist die der Menschen, die ihn beleben, dieser wunderbaren Rasse, die sich nicht schon in der leichten Anmut der Grazie, sondern erst in der kraftvollen Erregung, in Sport und Spiel ganz gibt. Und so wie man die Engländer nicht im Gespräch schon liebt, sondern erst im Verkehr, so liebt man ihre Schönheit nicht im leichten Gang, sondern in alldem, was sich hier entfaltet, im Lauf, im Sprung, im Sattel, im Boot, im Bad, im Spiel, in ihrer wunderbaren, wohltemperierten Kraft. Und der Hydepark hat ihr ganzes Leben, soweit es sich nicht innerhalb der vier Wände abspielt. Denn die Straße ist in London ganz vom Geschäft beschlagnahmt, sie hat nicht Raum für die Schaustellungen der Flaneurs, für die abenteuernde Faulenzerei der gelassenen Selbstgefälligkeit. Darum flüchtet alles, was Genuß im Anblick oder in der Bewegung selbst begehrt, in den Park, der, seine grünen Arme unendlich ausgebreitet, alle aufnimmt. So strömt Abwechslung in seine träumerische Ruhe, und doch ist wieder Gleichtakt in diesen Schauspielen: er hat sie regelmäßig wie Geschäftsstunden von Tag zu Tag, als wären sie sein »business«, seine Beschäftigung.

Früh beginnt dieses Leben. Ganz früh. Oft schweben noch Dunstwolken über den Himmel und die Bäume sind wie mit Watte geflockt. Da sausen ein paar Bicycles zum Teich hin, der glatt und unbewegt zu warten scheint, und Burschen, Arbeiter, Schuljungen sammeln sich am Ufer. Flink sind die Kleider abgestreift und in den Sand geworfen, und die nackten Körper stoßen sich durch die Flut mit kräftigen Stößen vorwärts. Und dann stürmen sie über das Gras hin, turnen, boxen, lassen Sonne über die tauglänzenden nackten Körper rinnen, all dies ohne Aufsicht, ohne Taxen, ganz in einer freien Natur, die in die Ferne verhangen ist wie ein Märchenwald. Ein wunderbarer Augenblick Natur innerhalb einer Großstadt, wie man ihn anderswo kaum noch findet, ein helles, unvergeßliches Bild ist das, eines der schönsten Erlebnisse in London. Und dann – um 8 Uhr ist alles vorbei und das freie Baden wieder bis zum Abend verboten. Aber andere schön bewegte Bilder stellen sich rasch in den Rahmen des erwachenden Parkes. Ruderer schnellen, den Körper in raschem Rhythmus gebeugt und wieder gestreckt, schmale Boote über den See, daß sie wie flirrend fliegen, ein lautloser Pfeil, nur das Ruder knattert im regelmäßigen Rückglätten über das Wasser. Und dann die ersten Reiter auf diesen prachtvollen englischen Pferden, die im Galopp durch die Alleen sprengen, die Menschengestalten von der gleichen stählernen Rasse wie die Pferde, die hier, wollüstig und von der eigenen Kraft berauscht, hinwettern, von Schaum bis an die Kruppe besprengt. So geht der Vormittag rasch hin, bis die Sonne wärmer über den Blättern zittert, ein schillernder Dunst über die Heide quillt. Dann kommt noch jene eine Stunde der Ruhe, die über allen Gärten zu Mittag liegt, jener Augenblick, wo er nur selbst zu atmen scheint mit seinen Blumen und Gräsern, die gierig sich aufspreizen, um Sonne zu trinken. Die Menschen, die diese Stunde beherbergt, sind stumm: Faulenzer liegen im Gras, wie von den Bäumen gefallene schwere Frucht, auf den Bänken räkeln sich zeitunglesend ein paar überflüssige Leute. Alles scheint auf einen großen Augenblick zu warten. Und der kommt bald. Die Kinder, die die Wiesen nach Tisch durchstürmen, die Mädchen, die mit ganz jugendlicher Kraft einander aus schmalen Gelenken den Ball zuschleudern, die Burschen, die wild über die Flächen rennen, die Nachmittagswanderer mit Büchern und Blättern, das ist alles nur Vorspiel. Aber gegen vier Uhr beginnt, von Piccadilly her kommend, beim Hydepark-Corner jener lange Wagenzug, jene Schaustellung von Londons Reichtum, Eleganz und Schönheit, eines jener Schauspiele, wie sie nur die Städte mit alter eingewurzelter Kultur haben, vielleicht Wien allein an den Maitagen im Prater und Madrid im Buen-Retiro. Was einen hier so überrascht, ist die Fülle und Verschiedenheit der Wagentypen. Während in Wien der leichtfedernde Fiaker vorherrscht und in Madrid der schwere Ochsen-

trott der gravitätischen Staatskarossen, fließen hier alle
möglichen Formen zusammen, schon dem Laien ein äußerst anziehener Anblick. Da gibt es schwere Equipagen,
die aus alten Stahlstichen geschnitten zu sein scheinen, so
ungelenk und feierlich sind sie mit ihren gepuderten Lakaien, und dann flirren wieder ganz leichte Zweiräder
vorbei, Automobile surren dazwischen: alle Takte klingen zusammen, vom verhaltenen Schritt, in dem die feurigen Pferde zu fiebern scheinen, bis zu dem alle anderen
Wagen heftig überkreuzenden Eiltempo, mit dem ein geschulter Sportsmann seine Traber durch die Masse jagt.
Besonders aber fesselt einen das merkwürdige Format der
spezifisch Londoner »Handsoms«, die durch die leise, geräuschlos gleitende Bewegung und die dem schwarzen
Kasten übergebeugte Gestalt des Lenkers irgendwie an
den Wiegegang der Gondeln Venedigs erinnern. Und
dann diese Fülle schöner und schön gerahmter Menschenbilder in Ruhe und Bewegung, die betrachtend zurückgelehnten Frauen, die kerzengrad aufrechten Lenker, die wie
erfrorenen Gestalten der Diener, die neugierigen Kinder
und rings – in einem ungeheuren Umkreis auf Stühlen –
das wohlwollende Publikum, für das dieses Schauspiel
gespielt zu werden scheint. Eine wandelnde Fülle von
Glanz, Farbe und rascher Bewegung, ungeordnet und
doch nicht unruhig, unablässig erregt und doch nicht laut.
Denn das ist jene eigene Energie des Landes, daß sie selbst
die lebhaftesten Anspannungen leise macht, daß jenes
Riesengetriebe der Stadt auf den Schienen der Ordnung
läuft, daß jene Stille atmet wie in den ganz großen Maschinenhäusern, die Umwechslung ungeheuerster Kraft auf
geölten Rädern lautlos geschehen lassend. Und diese Bezwungenheit scheint hier schon vererbt zu werden, denn
selbst die Kinder – diese entzückend altklug-stillen Kinder
– haben nur stummes Interesse für das bunte Spiel, das da
durch Stunden auf und nieder rinnt bis in den Abend hin-

ein. Aber noch ruht der Park nicht. Während hier die Flut langsam versickert, stauen sich am anderen Ende bei Marble-Arch gänzlich anders geartete Massen. Improvisierte Rednertribünen sind dort errichtet – jeder hat das Recht, über ein beliebiges Thema zu sprechen –, und da es in England an Sektierern nie fehlte, sieht man dort seltsame Gestalten, oft verlottert und schmutzig, ihre Ansichten unter freiem Himmel vor den willigen Zuhörern entwickeln. Ungewählte Volkstribunen, Agitatoren der verschiedensten Ideen, sprechen sie im flackernden Licht einer Kerze, auf irgendeinen Schemel gestellt, fanatisch auf die Leute und über sie hinaus ins Dunkel hinein, das schon drohend aus den Baumkronen zu sinken scheint. Religiöse Vereine sammeln Gläubige um sich und intonieren fromme Gesänge, die machtvoll über die erlöschende Heide wehen. Noch einmal reckt sich hier das von der Arbeit erlöste Leben empor, um Glut von seiner überhitzten Wärme zu entzünden, und wilde Worte flattern auf, wie drüben die pfeilgeschwinden Wagen durch das Getümmel liefen, vorbei und schon wieder verloren. Und dann, wenn über der Heide das Gespinst von Nebel und Mondlicht hängt, dann summt noch eines auf, das abendliche Finale aller Parke: die Liebe. Verschlungene Paare gleiten ins Dunkel hinein, Flüstern zittert aus tausend Verstecken, der Schatten scheint sich zu beleben und im Vorüberschreiten sieht man das oft verwegene Spiel der »ombres chinoises«. In einem Mollakkord schließt die verschlungene Melodie.

So lebt der Park Tag für Tag regelmäßig wie ein englischer Geschäftsmann, der seine Stunden besonnen zählt und wertet. Und wie jeder Engländer hat er seinen Sonntag, an welchem er sich das reichbestickte Feiertagskleid vieler Menschen anlegt. Da promeniert nach der Frühmesse in der »churchparade« Englands vornehme Gesellschaft in der großen Allee, wo sonst die Wagen sausen, und wer es liebt, auch ein gleichgültiges Gesicht in die Hülse eines Namens gesteckt zu wissen, kann sich von einem gütigen Freund alle möglichen Earls und Counts zeigen lassen, die da in unheimlicher Korrektheit mit Kind und Kegel auf- und abschreiten. Und nachmittags beherbergt Hydepark die Massen, lockt sie mit blühendem Grün und heiterer Musik in seine Tore. Aber was so eigen ist in diesem Parke: er schluckt alle Massen restlos auf. Es wird keine Fülle, nicht wie in Berlin der Grunewald ein einziger Vespertisch, nicht wie in Wien beim Heimgang aus dem Prater ein flutendes Menschenheer, gehüllt in eine fast alttestamentarische Staubsäule. Hydepark zerbricht, zerschlägt irgendwie alle Massen. Ich habe das bei der großen Arbeiterdemonstration so ganz gefühlt. In den Straßen war es ein endloser Gang, ein flatterndes Heer von Fahnen, ein Qualm von rotem Licht, ein rastloses Gehen, unendliche Flut. Und dann im Parke, da schmolz alles in einen runden Kreis, und rings lagen weite Flächen, die von all dem nichts wußten, und wo die eingehürdeten Lämmer friedlich weideten. Denn das ist das Seltsame an diesem Parke, daß er unübersichtlich ist. Ein Teil weiß vom andern nichts. Selbst die große »Rotten Row« biegt mehrmals um und läuft nicht wie unsere Praterallee, ein eleganter scharfer Kreidestrich, klar durch das Grün. Nie hat man den Hydepark ganz – nie, wie London selbst. Man kann nicht wie in Paris, wenn man von Sacré-Coeur den Montmartre hinab, an den großen Boulevards vorbei über den Boulevard d'Opéra und über die Seine zum Panthéon oder Luxembourg fährt, sagen, daß man eigentlich schon alles gesehen hat. Nie hat man hier auf einmal die Essenz, nicht in London, nicht im Hydepark. Nach und nach muß man sich an die Dimensionen und die entlegene Fülle gewöhnen, wie Gulliver in der Riesen Land an die ungefüge Größe. Er gibt zu viel an alle und an den einzelnen zu wenig.

Und vor allem: der Hydepark gibt eigentlich nichts, man muß ihm alles bringen. Er ist kein Park, wo Träume aufwachsen und in den Hecken unvergeßliche Erinnerungen wie geheimnisvolle Prinzessinnen warten. Kein Dichter hat ihn, glaube ich, je besungen, denn keinem hat er mit all seiner Fülle etwas gegeben. Er ist nicht wie jene kleinen Parke, in denen sich jede Stunde unvergeßlich in das Buch der Erinnerungen einschreibt, nicht wie jener schmucke Park Monceau, den die Pariser so gern den »parc des amoureux« nennen, wo die weißen Statuetten der Dichter dankbar aus dem tiefen, wohlgepflegten Grün glänzen, nicht wie jener kleine »giardino Giusti« in Verona, wo schwarze Zypressen riesenhaft wie finstere Gedanken den Sinn umfassen, nicht wie jener helle kleine Garten der Päpste hoch auf der Burg in Avignon, wo wilde Schwäne auf einem blauen Teich zittern und unvergeßlicher Ausblick ins provenzalische Land einen erwartet. Er schenkt keine Erinnerung, wie jener wunderbare Ulmengang, der zur Alhambra führt, nicht die exotischen Träume, wie in den königlichen Gärten in Sevilla, und nicht wie Schönbrunn an einem sonnigen Septembertag, wenn es goldenes Laub über die Wege schüttet und irgendwie an eine leise Heiterkeit des Lebens noch im Sterben mahnt. Nein – Hydepark lockt nicht zu Träumen, er lockt zum Leben, zu Sport, Eleganz, freier Bewegung. Wäre er nur zu diesen sanften, hindämmernden Träumen und nicht auch nützlich, längst hätte man ihn hierzulande mit Häusern bespickt, mit Bahnen durchschnürt, mit Lärm durchschüttert. Hier liebt man nur Träume, die bald Wirklichkeit werden. Und Englands wahrer Traum heißt nicht Hydepark, sondern immer noch Italien.

1907

Oxford

Ich habe mich wieder einmal von allen Klugen töricht nennen lassen und bin erst nach Oxford gegangen, als die Studenten schon auf Ferien waren. Und wie das nun schon der Törichten Art ist, ich glaube, ich habe recht daran getan. Denn aller Studenten frohe Regsamkeit, die bunte Fülle alter Trachten, die wohlstudierte Pracht feierlicher Aufzüge scheint mir die edle Verlassenheit nicht wert, die nun stumm und unbewegt wie ein traumloser Schlaf die vereinsamte Stadt umfangen hält. Es ist eine helle, fast leuchtende Einsamkeit ganz ohne Trauer und ohne die gleitende Schar düsterer Erinnerungen, wie sie so gern schattenhaft die verlassenen Residenzen, die toten Städte, Brügge, Ypern, Toledo, durchrauschen. Es ist nur Ruhe, schwüle, atmende Sommerruhe, träge Einsamkeit, Schweigen, Schlaf. Und vorsichtig, wie durch eines Schlafenden Raum, geht man von Haus zu Haus, stiehlt sich wie ein Lauscher in die sonnigen Höfe und ängstigt sich fast, wenn der eigene Schritt auf den Steinen hallt. Die bunte Maske studentischen Lebens von den ernsten Zügen gelöst, ruhend in mattem Schlummer, so bietet sich Oxford diesen schimmernden Sommertagen dar, statuenhaft kühl und doch farbig durchtönt, ein sinnvolles Profil, dessen schöne Linien man sich innig zu bewahren versucht ist.

Für zwei, drei Monate ruht die Stadt so mit geschlossenen Lidern, schweigenden Lippen und stockendem Blut. Spießbürgerliche, provinzlerische Stille ist rings statt der frohen Bewegung vieler junger Menschen, der dreitausend Studenten, die alljährlich aus ganz England hier zusammenströmen. Denn England, das Land der sparsamen Energien, konzentriert seine Kräfte. Sind Portsmouth, Liverpool, Southampton und die anderen großen Hafenstädte die Hände, mit denen der gigantische Organismus seine Nahrung faßt, ist London das unruhig schütternde, ewig tätige Herz, das alle Blutwellen ohne Stauung mit rastlosem Schlag durch seine Adern jagt, so ist Oxford das Hirn Britanniens, die geschulte, denkende Kraft. Oder – phrenologisch genauer – die eine Hirnhälfte; die andere wäre Cambridge. Was seit hundert Jahren durch die Übermacht geschulten Geistes sich Achtung und Einfluß auf allen Gebieten intellektuellen Lebens erzwungen, hat sich über diese Quellen geneigt, die umkränzt sind von der Erinnerung erlauchter Namen. Es ist eine Ruhmesgalerie ohnegleichen, Dichter, Politiker, Gelehrte, Philosophen, Maler, Feldherren – kein Trieb des ewigen Fruchtbaumes menschlicher Vollkommenheit ist hier verkümmert, und mit gleicher Kraft scheint noch der Boden gedüngt wie vor tausend Jahren. Mönche haben in jenen Tagen, da Schrift und Kunst verloren waren, hier zum Schutze des Glaubens Schulen errichtet und sich wie überall Apostaten gezüchtet, eine lange Reihe hartnäckiger Kämpfer, beginnend mit dem Erzketzer Wycliff und durch Jahrhunderte reichend bis zu Shelley, dem streitbaren Atheisten, und Oscar Wilde. Jede Epoche hat sich hier Denkmale gebaut, die wechselnden Werke schöpferischer Menschen und die mehr materiellen hoher, burghafter Häuser für die Studenten, jene Gruppe von Einzeluniversitäten, die – eine Studierstadt in der Stadt – sich organisch zusammenfügen; und es wäre kaum mehr zu sagen, ob sie ein graues Kriegsheer, in engen Staffeln angereiht, inmitten dieser friedlichen Stadt kampiert haben, oder ob sich nicht der bunte Schwarm provinzlerischer Häuser unruhig und leichtbeweglich wie ein Marketenderschwarm um die ernsten Reihen der Schulen geschmiegt hat. Nach und nach sind vierundzwanzig solcher Universitäten geworden (der Begriff des Seminars ersetzt noch am ehesten die Vorstellung dieser »Colleges«, der gemeinsamen freien Vorbereitungsschulen zur Erlangung der akademischen Grade), und nun stehen sich, durch das Alter verschwistert, diese Burgen mit Zinnen und Wällen Aug in Aug gegenüber, wie die Florentiner Paläste der feindlichen Geschlechter. Gerüstete Kastelle scheinen sie, aber ihre Rivalität hat die heroischen Formen der blutigen Scharmützel längst in die geregelten Kämpfe auf dem Cricketfeld und auf den pfeilschnellen Achterbooten verfeinert. Abgegrenzt gegeneinander, verschlossen gegen die Stadt, haben sie ein eigenes, auf Tradition aufgestuftes Recht, eigene, selbstgewählte Lehrer, eigene Führer, eigene Gärten, eigene Kirchen, sie sind fast eine eigene Nation in diesem eigentümlichen Studienstaate. Wie Heroen und Heilige verehren sie in liebevollem Gedenken die großen Männer Englands, die in gleichen Räumen gleiche Wissenschaft empfangen haben, und messen mit Genauigkeit ihre sportlichen Siege. Und zweimal im Jahre löst sich dieser durchaus nicht unsympathische Partikularismus in ein nationales Gefühl; das sind jene Tage, wenn Oxford korporativ gegen Cambridge ficht, die blendenden Sommertage auf der Themse, denen Tausende aus ganz England zuströmen; und dann die entscheidenden Cricketmatches der Schwesteruniversitäten, für die Jahr und Tag mit einer für uns unverständlichen Zähigkeit trainiert wird. Die vielen hundert Boote, die dann wie Libellen auf dem blauen Wasser flirren, die geschwinden Kämpfer wie weiße Funken über den weiten grünen Feldern, und das hellbunte Heer der neugierigen Scharen, Flut und Fülle in den altväterischen Straßen – es mag ein denkwürdiger Anblick sein, sicherlich eines jener unvergeßlichen Bilder froher Menschenfülle; wie sie kein anderes Land so wohlgeordnet, reich und vielfältig zu stellen vermag.

Aber wunderbar sind auch die Linien der nun träumerisch ruhenden Stadt. Es ist nicht das wirkliche Leben, aber so ganz diese geheime Regsamkeit, die in alten Dingen ruht, diese unfaßbare Sprache, beredter in ihren stummen Gesten als die Stimmen der vielen. Wie das kommen mag? Charles Lamb, der große englische Essayist, hat auch einmal und auch an einem Ferientage in Oxford darüber gesonnen: »Vergangenheit, du wundersamer Zauber, was bist du, die du doch, ein Nichts, alles bist? Als du warst, da warst du nicht Vergangenheit – da warst du nichts und sahst mit blinder Verehrung zurück zur Vergangenheit, wie du sie nanntest; und fühltest dich selbst flach, nüchtern, modern. Was für ein Geheimnis lauert in dieser Rückstellung? Oder was für einhäuptige Janusse sind wir, daß wir nicht mit der gleichen Verehrung nach vorn sehen können, mit der wir ewig zurückblicken? Die wundervolle Zukunft, sie ist uns nichts, die doch alles ist, und die Vergangenheit, ein Nichts, ist uns alles.« Merkwürdig ist es, wenn man, schaudernd berührt von der unbeugsamen hartnäckigen Kraft der schweigenden Dinge, diese Empfindung, nun, da sie nach hundert Jahren selbst schon wieder Vergangenheit ist, an gleicher Stelle im stummen Wort auflebend findet. Denn die gleichen Worte atmen noch aus den grauen Steinen, und es ist, als würden die Mauern sie noch unmeßbare Zeiten reglos zu den Verflutenden sprechen, dauernder wirkend in ihrem Schweigen als die, denen der Klang und die Melodie der Sprache gegeben war.

Ein wundersam gesänftigter Anblick, dessen Schönheit die Wiederholung nicht ärmer macht, erwartet einen, wenn man eines dieser hohen, drohenden Tore durchschreitet. Da liegt, ganz, ganz still, ein breites grünes Viereck, eine Fontaine sprudelt spielerisch ihren Strahl durch das Sonnenfeuer und plaudert auf in die kirchenkühle unbewegte Luft. Graue uralte Mauern sind die Grenze dieses lichten Bildes, aber über ihre harte Stirn legt üppig wuchernder Efeu schwere Kränze, Ranken klimmen zu den Fenstern empor und greifen mit dunklen Händen manchmal bis an den hohen First. Von den Erkern beugt sich gütig die grüne Umwallung herab und wirft von den schwermütigen Balkonen zitternde Schlingen zum Rasen, blühende Strickleitern, auf denen sich sanfte Brisen schaukeln. Und ein heimliches Leben ist in diesem dunklen Grün, Blumen durchsticken es mit vielen roten und grellgelb flackernden Farben, und Schwalbengezwitscher leiht ihm eine freundliche Stimme. Rings läuft mit schlanken Säulen ein Klostergang, und klösterlich ist die Stille dieser heißen Junistunden deren leisen Gang eine alte Sonnenuhr sorgsam mißt und manchmal auch der Ruf der nahen Glocken, die jene tiefe melodische Baßstimme des Alters haben. Wie befangen geht man durch diese Höfe, fast unfähig, solche Stille zu fassen, da man in den Ohren noch das wilde Schwingen der Londoner Straßen hat. Und mählich erst fühlt man sie kühlend ins Blut rinnen, atmet sie tief und wollüstig mit gespannten Lungen. Man möchte hier bleiben, ruhen, rasten; aber rechts und links unter den Arkaden locken kleine Türen, dunkle Bogen, und jede schenkt unverhofften Ausblick. Die eine leitet in die fast feuchte Kühle einer uralten Kirche, aus deren Tiefe purpurn der rote Samt eines Altars leuchtet, eine andere hilft rasch auf kleinen Treppen zu den nun stummen Gängen empor, wo sonst die Studenten, Tür an Tür, in hellen freundlichen Stuben wohnen, um deren Fensterscheiben der grüne Schimmer der Ranken flimmert. Da ist ein Gang, der einem die Bibliothek erschließt, in der die berühmten Handzeichnungen des Raffael und Michelangelo bewahrt sind. Und hier wieder ein Stufengewinde den Turm empor, wo der Blick plötzlich das grüne Meer der

Stadt umfaßt, aus dem wie graue spitzige Schaumspritzer die vielen Türme und Türmchen aufschnellen. Und biegt man um eine der Ecken dieses viereckigen Hofes, so fällt plötzlich aus dem ruhenden Rahmen einer runden Wölbung ein strömendes grünes Licht, eine glänzende Wiese, wehende hohe Bäume, flirrende Blüten, ein weiter heller Garten inmitten der verwitternden Mauern. Und rechts und links verschachtelt sich so das Gefüge mit anziehender Regellosigkeit in Gänge, Gärten, Stuben, ein bunter Kampf zwischen dem wachsenden Grün und den Bauten, so wunderbar schön, daß man das Zweckmäßige vergißt und sich erst mit Staunen wieder daran erinnert, daß dies ja eine Universität ist und nicht ein verlassenes Kloster, dessen sich die Blumen, die Bäume und das rankende Grün bemächtigt haben. Und dieses hohe, graue, gürtende Gestein, dessen Herbe und Herrischkeit durch die gütigen Girlanden so zart gemildert wird, diese milde Anmut in der Härte scheint wie ein Symbol des Studienlebens in diesen Mauern, das die ruhige versponnene Schönheit der Klösterlichkeit hat und doch nicht deren bindenden Zwang. Von der mönchisch stillen Zelle ist stets ein Blick auf das offene, mit Blumen umfaltete Tor ins Leben hinaus.

So sind alle diese Colleges in den Ferientagen: verlassene Klöster, helle Gärten, leere Taubenschläge im Sonnenschein. Aus allen Zeiten stammen sie, ein Wirrwarr aller erdenklichen architektonischen Stile, verbaut, angestückelt, ineinandergedrängt, ergänzt, restauriert – aber doch, man fühlt keinen Mißklang, denn überall hat die Luft gleicherweise das weiche Gestein grau verwaschen und angebröckelt, und überall klimmt das Grün, die Einzelheiten überdeckend, die Brüstungen geschäftig empor. Und manchmal scheint es, als wären hier diese hohen Burgen nur aus Efeu und schwankendem Gezweig gesponnen, als sei dies nicht ruhender Stein, sondern nur aufgestuftes Gelände, hängende Gärten, flüchtiges Gewebe aus Blüte und Blatt. Die eigene Schönheit der einzelnen Colleges enthüllt sich erst im Innern, in den Räumen und den Gärten. Da ist St. Johns College, ein Bau aus dem fünfzehnten Jahrhundert, der mit verwitterter Fassade sinnend zu einem breiten Park sich niederneigt. Auf den Bänken da und dort unter dem wiegenden Baldachin der Bäume ein paar Scholaren in ehrwürdiger Tracht, Stille, Sommermittagsstille, überall, nur ab und zu die kecken Koloraturen leise trillernder Vögel. Oder Magdalen College, das schon an der Grenze der Stadt mit seinen Gärten in die heubedeckten Wiesen der Ferne flutet. Kanäle sickern dort wie blaue Adern durch die fließenden Formen und pochen bis an die eiserne Gartentür. Und da ordnen sich die Bäume langsam vom Garten zu einer schmalen Allee in die Fluren hin, und ein stiller Gang – Addisons Walk – hebt an zu diesen ruhenden Feldern am Wasser, das heller Mückentanz überflimmert. Manchmal streift ein Boot vorbei, manchmal ein versprengter Schüler des Colleges. Und langsam geht man diesen Gang fort von den kühlen Mauern, den zackigen Türmen, die im Licht funkeln, in die Ruhe der Felder hin, von dem Schweigen toter Steine in das Schweigen harrender Saat. Wunderbar ist das an einem klaren Sommertag. Vergebens durchblättere ich die Erinnerung nach einem schöneren Bild. Zwar: Casanova erzählt einmal, ihm habe jede Frau, solange er sie in den Armen hielt, die schönste geschienen. Und das ist mit Landschaften vielleicht auch so, daß die umarmende Berührung die schattenden Erinnerungen niederzwingt. Aber ich fühle es, jene berühmten Seiten Taines über Oxford in seinem Essay über John Stuart Mill, jene Schilderung der in tausend Taujuwelen erwachenden Wiesen können nur diesem einzigen Gange gelten, der die Gärten mit sanfter Hand wieder zurückführt in ihre Heimat, in der Felder ruhendes Grün.

Es wird einem hier schwer, die Engländer um diese Studienstadt nicht zu beneiden. Denn ein unverlierbares Bild nimmt sich – zu allem anderen – der Graduierte von hier mit, das die Erinnerung an Stunden des Lernens irgendwie mit der Vorstellung von schönen Bäumen, stillen Gärten und atmender Einsamkeit verschwistert. Was bleibt uns von unseren Studienjahren? Irgendein unwilliges Gedenken an den staubigen Geruch schwitziger Lesestuben, an eine dampfende, lärmende Halle mit vielen jungen Menschen, von denen man nichts wußte, denen man sich nie in einem innerlichen Sinn nahe fühlte. Lag nicht alles, was wir an Schönheit, Freude und innigem Genuß empfingen, immer rechts und links außen von unseren Schulen, nur verstohlen und oft gegen Verbot genommen? Oxford: die zwei Silben schwingen noch beschwörend in der Luft, und schon tauchen die alten Mauern auf, überwachsen von Ranken, die Türme, die Tore, die Wiesen, die Themse, durchsponnen vom Flug der Boote – Erinnerungen für alle, die es mitlebten, an Tage nicht nur der Bereicherung durch Bücher, sondern auch der Erstarkung in Spiel, Sport und grüner Rast. Wir drehen vergebens den Zauberring der Erinnerung: es fehlt uns die geheime Formel, die solche helle Visionen aus unseren Studientagen in Farben entfaltete.

Und die gleichen Ranken, wie hier die Universitäten, überspinnen in Dulwich und Eton die Heranbildungsschulen, überall drängt sich das Grün lockend bis an die Fenster heran und ist immer nahe, die Sehnsüchtigen zu empfangen. Und da löst man wieder ein Vorurteil aus dem maschigen Netz los, mit dem wir daheim das Herz uns umknüpfen: die poesielosen Engländer. Mag sein, sie sind im Innersten nicht kunstsinnig. Aber ihre zähe, heftige und fast gewaltsame Energie zum Schönen hin – hat sie nicht mehr geleistet, als wir in Deutschland trotz der nicht unbeträchtlichen Zahl an guten Gedichten? In das größte Steinmeer der Welt, London, haben sie ungeheure Gärten gesprengt, in den bittersten Kriegstagen die Galerien der Nation und der einzelnen mit den erlesensten Kunstwerken aller Zeiten gefüllt, den Schulen haben sie die reizvollsten Formen düsterer Vergangenheit, vermählt mit dem blühenden Leben der Felder, gegeben; sie haben, näher den Griechen als irgendeine andere Nation, der Jugend wieder das Spiel des Körpers entdeckt und besonnene Kraft sich als höchstes Ziel gesetzt.

Ich glaube, der Student, der von Oxford kommt, nimmt dreierlei mit: Erstlich ein mehr oder minder schweres Ränzel mit Kenntnissen, zweitens körperliche Gewandtheit und geschulte Kraft. Und dann, Erinnerung an Tage in dem grünen Schatten rauschender Bäume und in kühlen klösterlichen Bogengängen, Erinnerung an Schönheit in diesen vielen Stunden zwischen Schlaf und Schlaf. Erinnerung, einen Besitz, der unwirklich und unwesentlich scheint, aber doch das Blut geheim belebend füllt und alle Sinne beschwingter, dankbarer und reicher macht, die die Vergangenheit unmerklich linde an die Gegenwart schmiegt. Denn diese grünen Ranken in Oxford über den verwitternden Mauern, sie haben eine wunderbare Macht. Leise umspinnen sie einen selbst, wachsen hinein in das Herz und ketten es mit leiser Sehnsucht an diese schöne Stadt. Wie man die alten Mauern lassen will, da fühlt man dieser grünen Ranken haftende Kraft, und fast schmerzhaft zerreißt man das blühende Band, das sie so eilig geschlungen. Doch sie geben einen nie mehr ganz frei – um die Erinnerung an Oxford wirft ihr grüner Schimmer seine verschlungenen Netze, und man meint die Kühle ihres Schattens, der eingestreuten Blumen sommerlichen Duft und das leise Gezwitscher der nistenden Vögel noch in stundenweiter Ferne zu verspüren.

1908

Sehnsucht nach Indien

Reisebücher lassen sich nicht werten wie die anderen Werke. Denn zwiefach können sie gelesen werden, vom Neugierigen und vom Nachprüfenden. Vom Neugierigen, der in fremdes Land will, vielleicht nur auf der luftigen, von Träumen gezogenen Barke der Phantasie, vom Neugierigen, der nichts weiß und sich alles erzählen läßt, Landschaften aufbauen und steinerne Tempel, Farbenphantasien und Schilderungen fremder Menschen, der nur eine schöne Möglichkeit verlangt statt einer Wahrheit. Und wie anders ist dann wieder der Blick dessen, der heimkehrt und sein eigenes Erlebnis an dem Buche, das Buch an seinem eigenen Erlebnis prüft, der gewissermaßen sich selbst und den Verfasser gegeneinanderstellt und den fremden Charakter zu durchdringen sucht. Nur Reisebücher, die der doppelten Prüfung genügt haben, die vorher die Phantasie entflammten und nachher der Wahrhaftigkeit genügten, können einem wertvoll sein.

Die erste Probe habe ich versucht. Seit manchem Jahr lockt mich der Gedanke nach Indien, dem alten Wunderlande. Und so, mit dem festen Entschluß einer Reise, habe ich mir eine Reihe von Büchern auf den Tisch gelegt, die alle von Indien handeln, das Buch eines Gelehrten, eines Sprachforschers, eines Dichters, eines Kaufmannes und eines Journalisten. Denn aus dieser Vielseitigkeit, aus dieser Verschiedenheit des Blicks scheint mir gerade durch Vergleichung die Wahrheit des Objekts am besten erkenntlich zu sein. Nicht alle Bücher über Indien sind das, nicht die besten vielleicht, aber ich habe sie so zusammengelegt, um die verschiedenen Gesichtswinkel sich zu einem breiten Horizont ergänzen zu lassen. Aus allen schlägt, hier lebendiger, hier stummer, da farbiger, dort heißer und verborgen glühender, die Flamme großer Verwunderung: wie ein Wegweiser, eine feurige Säule leuchtet sie hin gegen das ferne Land. Den meisten Ruhm von allen diesen Werken hat das des Gelehrten gewonnen, die ›Indischen Reisebriefe‹ von Ernst Haeckel*, die ihren Ruhm allerdings nicht so sehr dem Werke selbst als dem berühmten Namen des verehrten Autors danken. Es ist das Schilderungsbuch der Haeckelschen Reise von 1881, die, wie man weiß, nicht seine letzte war. Denn noch vor ein paar Jahren ist der alternde Gelehrte wieder zu dem Lande seiner Sehnsucht zurückgekehrt. Selbstverständlich gilt vieles in diesem Buche der speziellen Neigung des Forschers, und es ist charakteristisch, daß der erste Aufschrei in dieser Bewunderung nicht einem Naturzauber gilt, sondern den botanischen Gärtenwundern in Bombay und Elephanta. Haeckel ist auch bald von dem eigentlichen Indien abgewichen, und sein Werk ist grundlegend für Ceylon, den Garten Indiens, wo er große und mutige Entdeckungsreisen unternommen hat. Die Gabe der Verlebendigung ist ihm in hohem Maße nicht eigen. Des Forschers sorgliche und allzu peinliche Art vergißt ganz das höhere Gebot der Bildhaftigkeit und Lebendigkeit. In diesem Sinne nun ist das Buch von Pierre Loti, eines der berühmtesten sprachlichen Landschafter, bei weitem vorzuziehen. Man mag für den Dichter Pierre Loti Sympathien haben oder nicht, diese Studie des Akademikers** durchglüht die graue Lehmschicht einer üblen Übersetzung mit den wundervollsten Farben. Affektiert ist sie – schon die

---

* ›Indische Reisebriefe‹ von Ernst Haeckel, 5. Aufl. Berlin, Verlag von Gebrüder Paetel. 1908.
** Pierre Loti: ›Indien (ohne die Engländer).‹ Hupeden & Merzyn, Berlin, Paris. 1905.

pompöse Widmung gegen die Engländer an den Präsidenten Krüger, die heute in den Zeiten der Entente cordiale dem Autor gewiß sehr lästig sein dürfte – und vielleicht ist hier der Wahrheit auch ein wenig Dichtung beigemengt. Aber vor allem ist hier ein großer Spürsinn für das Aparte, Grandiose und Farbenprunkende. Pierre Loti hat Gelegenheit gehabt, als Gesandter der französischen Regierung Zugang an jene kleineren Fürstenhöfe zu finden, in denen das altindische Leben noch seine Magie bewahrt hat. Zauberische und kaum glaubliche Dinge erzählt er, wunderbare Landschaften, freilich nicht immer wie bei Meister Haeckel nach Frucht und Blüte, Stamm und Wurzel benannt, aber doch blühend im Wort und in der Farbe, ranken sich durch das Gefüge des Buches. Ein aromatischer, schwüler, betäubender Duft weht einem entgegen: Man kann nicht viel von diesen Seiten trotz aller Bewunderung lesen, so schwül, so überladen, so farbenglitzernd, ja reich sind sie. Das mag vielleicht noch am meisten für den Dichter Loti zeugen, daß er auch im Stil des Buches diesen betäubenden, wirren und schwülen Eindruck erweckt, den ihm selbst Indien mit seinen Wäldern und seinen lauten, vom Lärm der Insekten erfüllten Nächten, seinen heißen, in grellen Farben prangenden Landschaften des Tages bot.

Ein anderes Bild wieder bringt das Buch von Meebold.* Alfred Meebold stammt aus einem norddeutschen Großkaufmannsgeschlecht. Er ist einer jener neudeutschen Kaufmannsgeneration, in der das innere scharfe Bewußtsein zu literarischer Äußerung neigt, etwa wie bei dem freilich überlegenen Walther Rathenau, der edelsten Reinkultur dieses wertvollen Typus. Auch Alfred Meebold hat sich in der Literatur versucht. Dem dankt er einen klaren, reinen sauberen Stil, der alles sagen kann, was er

---

* Alfred Meebold: ›Indien.‹ R. Piper & Cie. München 1908.

will, scharf und knapp zu begrenzen weiß, eine gewisse künstlerische Ökonomie und die Vielfalt der Interessen. Vom Großkaufmann hat er den ruhigen, richtigen Blick, der die Dinge abzuschätzen weiß, sich weder von eigenen Sentimentalitäten, noch vom Enthusiasmus fremder Reisebeschreibungen betrügen läßt, knapp und klar sein Urteil nennt wie einen Preis. Mit sicherem Gefühl hat er auch die eintönige Form einer Beschreibung vom Tag der Ankunft bis zum letzten Schritt über die Landungsbrücke vermieden, sondern in einzelnen Kapiteln gewisse interessante Sphären zusammengefaßt und sie mit hübschen Bleistiftzeichnungen geschmückt. Ganz außerordentlich interessant ist die Beschreibung von Kaschmir und West-Tibet, in der inhaltlich wie stilistisch eine große Lebensenergie zum Ausdruck gelangt. Ich glaube, von den Indien-Büchern dürfte dies eines der denkbar besten und sympathischsten sein, eben weil es nicht den Willen hat, ein abschließendes zu sein und ein definitives.

Willkommen sind, wenn man sich mit einem Lande befaßt, auch die gelehrten Abhandlungen über seine Kultur. Was Richard Garbe in seinen ›Beiträgen zur indischen Kulturgeschichte‹* schreibt, ist trocken, aber interessant. Die sechs Systeme der indischen Philosophie sind kurz und leidlich verständlich auseinandergesetzt, über die Witwenverbrennung, die räuberische Gemeinschaft der Thugs, den willkürlichen Scheintod indischer Fakire ist hier allerlei mitgeteilt, was zu einem Gesamtbild der geistigen Kultur fast unumgänglich ist und ein in deutscher Sprache noch nicht existierendes Geschichtswerk über Indien zum Teil ersetzt. Die persönlichen Eindrücke und Empfindungen Garbes von Indien, die er in einem ande-

---

* ›Beiträge zur indischen Kulturgeschichte‹ von Richard Garbe. Berlin. Verlag von Gebrüder Paetel. 1903.

ren Buche* niederlegte, sind freilich bedenklich uninteressant, enthalten nackte, unplastisch gegebene Tatsachen, Allgemeinheiten und nur hier und da hübsche Anekdoten.

Das zum Gebrauch und für eine Reise wertvollste Buch über Indien scheint mir die ›Indische Reise‹ von W. Fred** zu sein. W. Fred ist Journalist, aber das Wort in seinem besten Sinne genommen, in jenem Sinne vom neuen Journalismus, den Hofmannsthal einmal in einer sehr interessanten Studie entwickelte. Nämlich Journalismus im Sinne von Mitteilung persönlicher Kultur, Kleinteilung großer Bildung, Vermittlung und Belehrung. W. Fred hat in vielen Studien über Kunst und Literatur sein Verständnis bewiesen, in vielen Reisen sich auf diese größte Reise vorbereitet. Und sein Buch hat nun vor den andern Büchern den großen Vorzug, daß es journalistisch geschrieben ist, das heißt, nicht für sich selbst geschrieben ist, sondern für die andern, daß er als der einzige im Gegensatz zum Gelehrten und zum Dichter nicht seine privaten Interessen dem Publikum aufdrängen will, sondern innerlich schon eine Auslese des Interessanten und Wertvollen gemacht hat. Dieses also, das Vorausfühlen der Interessen, die Begrenzung des Materials auf das Interessante, möchte ich das Journalistische der Studie nennen. Denn sonst ist sie weit eher dichterisch, sehr lebendig, sehr farbig in den Landschaften, sehr klug und psychologisch in der Schilderung der Natur, sehr gebildet und gelehrt, in den kunstwissenschaftlichen und kunstgewerblichen Dingen. Stilistisch ohne Schwere, in leicht verdauliche Portionen gruppiert, geschickt verteilt und in allem das richtige Maß haltend, ist es eigentlich ein sehr un-

---

* ›Indische Reiseskizzen‹ von Richard Garbe. Berlin. Verlag von Gebrüder Paetel. 1889.
** W. Fred: ›Indische Reise. Tagebuchblätter.‹ R. Piper, München.

deutsches Buch, ist französisch geschmackvoll, englisch handlich und amerikanisch praktisch. Es ist ein internationales Buch und verdiente auch, international zu werden, eben um dieser Leichtigkeit der Orientierung, der Feinheit der Bemerkungen und der Lebendigkeit seiner Art willen.

Hat man diese Bücher aber alle hintereinander gelesen, so bleibt nichts Scharfumrissenes, nichts Festes, nicht Indien, sondern ein Vages, wie aus Nebeln Tauchendes, ein Lockendes und Fernes, die Sehnsucht nach Indien. Ein heißer Duft von Schwüle strömt aus allen diesen Büchern, viele Farben, die einen so müde machen, daß man die Augen schließen muß und nun halb in Träumen die vielen Bilder innen spürt. Langsam gerät man in ein sanftes Gefühl des Gehobenseins, ein schwelgerisches Genießen, und sanft schaukeln einen all diese hergeträumten Bilder, als sei es schon das Schiff, das einen über die murmelnden Wellen des Ozeans führt.

1909

Gwalior, die indische Residenz

Ich bin sehr froh, die schöne indische Stadt Gwalior in diesem Jahr gesehen zu haben, wo die starken und glühenden Farben noch überall durch die dünne europäische Tünche durchschlagen. In zwanzig, vielleicht schon in zehn Jahren wird der Ehrgeiz des fremdenfreundlichen Maharadja aus seiner Residenz eine jener antipathischen Mischstädte von Orient und Okzident, ein Klein-Bombay, ein Klein-Kalkutta geschaffen haben mit breiten Plätzen, elektrischen Bahnen und hohen Baukästen aus glattem Stein. Werden dann aber jene unvergeßlichen, kleinen, verflochtenen Straßen noch sein, wo die Läden ganz ohne Geheimnis sich auftun, wo rückwärts im Schatten man das Werk entstehen sieht, das vorn, gehütet von den freundlichen Besitzern, dem Blick, dem Kauf sich darbietet? Werden dann noch immer die Reiter in ihren bunten Trachten straßauf, straßab sprengen, mit grellem Leder die Pferde zäumend, hochaufgerichtet auf ihren breiten Sätteln von gesticktem Damast? Werden die Pfauen ihr Gefieder noch immer sorglos im Grün spreizen, wird dies Gewimmel von Pferden, Eseln, Kamelen, Elefanten, Kühen, von nackten spielenden Kindern zwischen den Häusern noch schwirren und wirren und werden sie selbst noch sein, diese zierlichen kleinen Häuschen? Und wie unersetzlich schön sind diese zarten Häuser der reichen Leute in der Safara, der Goldschmiedgasse, die sich mit dem oberen, fast schwebend leichten Stockwerk neugierig niederneigen! Wie Elfenbeinschächtelchen, ganz ausgeschnitzt und weiß, stehen sie voll unbeschreiblicher Anmut in der warmen Sonne, biegen sich in zitternden Balustraden heraus, überhöhen einander, unregelmäßig wie in einem Spielwarenladen, weiß fast alle und zierlich. Nur zum Ansehen, nur zum Spiel scheinen sie gebaut, Sommerkioske oder Gartenpavillons, die sich in eine krause Stadt verirrt haben. Aber viele Leute füllen sie mit bunten Gewändern und nicht minder buntem Beruf. Ab und zu sind diese weißen Elfenbeinhäuschen auch bemalt, aber durchaus nicht einheitlich, nicht mit Ornamenten und geordneten Linien, sondern der Maler hat seinen gelenken Pinsel farbig über die Wand spazieren lassen, hier einen großen blauen Elefanten gemalt, der gegen einen feuergelben Tiger zornig mit dem Rüssel schlägt, dort einen Sahab, einen europäischen Herrn, hier eine kleine Landschaft; – all das aber geht sorglos, ganz ohne ausgesparte Fläche, nur hinskizziert auf ein zufällig verwehendes Blatt. Grell scheinen die Farben, aber hat sie die Straße nicht auch? Safrangelb oder türkisblau glänzt der Turban des Goldschmieds, der da mit übergeschlagenen Beinen auf dem hingebreiteten Teppich sitzt, neben sich die goldgemalte Truhe mit ihren Schätzen, in der Hand die kleine Waage, auf der ein paar blanke Kettchen zittern, die Frauen sind gehüllt in farbige Musseline, über einen dicken Pack nasser Wäsche schwingt ein halbnackter Mann, bronzebraun, seine Keule, rot ist das Gewand des kleinen Lehrers, der an der Straße vor zwei Dutzend halbwüchsiger Jungen Schule hält. Dazwischen schieben sich die Gefährte, die kleinen Wägelchen mit den Ponys, die Zebukarren, die Reiter, die vielen Reiter, jetzt plötzlich auch ein Elefant, der mit seinem schweren Schritt die Häuser zittern macht. Zwei Tage, die man in einer solchen indischen Stadt verbracht hat, lehren einen das ganze äußere Leben dieses Volkes, so aufgetan ist alles. Man sieht, wie sie ihr Brot bereiten, wie sie die kupfernen Behälter schmieden, es zu bergen; wie sie die Teppiche weben, auf denen sie sitzen, die Kleider weben und färben, die sie schmücken; wie sie ihre Bilder malen, wie sie ihre Pantoffeln schneiden, wie sie die Häuser bauen.

Aber alle diese Farben – die in Gwalior nur noch frischer, nur noch glühender, noch weniger abgegriffen sind als in den meisten indischen Städten – machten diesen Fürstenhof seines Ruhmes noch nicht wert. Dies Gwalior ist nur das Laschkar, wie die Eingeborenen es nennen, das Feldlager, die Neustadt. Gwalior, das Berühmte, ist die Festung auf dem steilen Felskamm, der plötzlich aus der Ebene sich aufbäumt. Unbeschreiblich wirkt diese Plötzlichkeit. Tagelang, wochenlang hat man nur das niedere, gelbe Land gekannt, das schlaff daliegt, fahl, wie selbst vom Fieber ausgesogen, zu matt, um sich zu einer Höhe aufzurichten. Die berühmtesten Burgen der Mogulen, Delhi und Agra, wundervolle Steinburgen waren sie nur, nur Wälle aus der Niederung, mühsam mit Menschenarbeit emporgeschichtet. Aber hier springt plötzlich aus dem gelben Lehm der Fläche drohend ein breiter Fels. Er selbst ist die Festung. Und die Fürsten hatten nichts zu tun, als die Wälle seinen Schroffen einzupassen. Manchmal kriechen die Zinnen hinein ins Gestein, manchmal überhöhen sie den Fels wie der Nagelrand den Finger, aber immer sind sie verwachsen, in der Abwehr zusammengehörig. Oben stehen Paläste, Tempel aus allen Jahrhunderten. Denn solche Stellen scheint die Natur mit deutlichem Fingerzeig zu schaffen, daß Generationen und Geschlechter sie sich erwählen, sich entreißen, daß aber jede in den Zeichen, mit denen sie Vergangenes übertreffen will, ein Denkmal ihres Wandels sich setze. In solche einsame Höhen, in diese harten unwegsamen Steine schreibt die Geschichte ihre Lettern. Ein denkwürdiges Blatt dafür ist Gwalior. Steil bricht der Weg durch sechs aufeinanderfolgende Riesentore empor, kein Wagen bringt einen hinauf, zu Fuß muß man klettern oder sich von einem Elefanten emporschaukeln lassen. Beim letzten Tor, wie man in den emaillierten Mogulenpalast treten will, versagt für einen Augenblick der Schritt. Man fühlt hier jene Beängstigung der finsteren Burgen, den Festungsschauer, vor diesen kalten dicken steinernen Toren, von denen tausendmal Tod hinabsprühte. Toledo ist so, wenn man über die schmale Tajobrücke will, und nun dieses Gwalior mit dem Tore, wo jeder Stein mit Blut überschrieben ist, wo Völker und Völker Leben und Sterben tauschten für den Siegerblick von dem einsamen Felsen. Dann erst tritt man in den verfallenen Palast, kriecht hinab in die kellerfeuchten Gewölbe, von denen niemand mehr weiß, wem sie dienten, holt sich von den Zinnen zwischen den Schießscharten schönen breiten Ausblick über die alte, zermürbte Stadt zu Füßen, über die neue weißglitzernde nebenan, und greift dann weit hinein in das mattgrünliche und bald wieder eintönig gelbe Land. Neben diesen Palästen stehen Kasernen des Maharadja, vor denen Soldaten in Khakianzügen unseren Drill lernen, und daneben wieder – unendlich spannen sich hier die Gegensätze – uralte Jaintempel, zwei von den wenigen, die der Fanatismus der Mohammedaner verschonte. Vielleicht, weil es zu mühsam war, sie zu zerstören, denn hier ist Block an Block zusammengepaßt und trägt die gewaltige Wucht einer pyramidenförmig aufgestuften Decke. Starke Säulen tragen mit, und jede Säule ist, wie um ihr die Plumpheit zu nehmen, von einem Reigen ungelenker Figuren umsponnen. Jeder Winkel aber hat steinernes Leben. Aus den Nischen starren aufgerissene Götteraugen, Elefantenminiaturen rollen ihre Rüssel in Girlanden um den Stein, überall ist emsiges, wenn auch unvermögendes Bemühen zur Plastik. Und was hier in kleiner Schrift, in einer Unzahl von unlesbaren Lettern zu schreiben versucht wurde – das Bild der Gottheit, das Gebet ihres Glaubens – das grüßt noch einmal beim Niedersteigen in anderem Ausdruck vom Fels. Wie oben der Fels zur Festung umgemeißelt wurde, so haben sie ihn hier zum Götterbild umgesprengt. Giganten treten aus dem Gestein, ungeheure, vom Haß der Mogulen verstümmelte – Götter in zehnfacher Größe menschlicher Figuren mit roten Fratzengesichtern grinsen aus ihren Nischen, die schon Felshöhlen sind. Mit dem Rücken selbst noch Fels, stehen sie da oder hocken, schauerliche Wächter eines unbekannten Geheimnisses, finstere Symbole einer ungeheuren Gläubigkeit, die die Größe ihrer Hingebung am einfachsten Zeichen, in der Größe der Gestalt zu veranschaulichen suchte, einer Religion, die ihre Berge zu Tempeln aushöhlt, ihre Felsflächen zu Bildern umsprengt.

Von diesen wilden Gestalten führt der Weg rasch wieder zur Stadt und von da zum Maharadjapalast, der funkelnagelneu aus den Gärten glänzt. Eine ungeheure Distanz ist in diesem kleinen Weg. Von einer grandiosen Vergangenheit über eine sorglos heitere Gegenwart zu einer farblosen Zukunft hin, vom Indien der Heldenbücher nach Europa zurück. Denn der Maharadja von Gwalior, einer der reichsten Fürsten in Indien, ist in seinen Bemühungen um die Schönheit seiner Residenz nach meinem Empfinden nicht sehr glücklich. Er hat auf einen breiten Platz ein neues Postamt im griechischen Stil gestellt, eine Markthalle in englischer Gotik, mit Bogenlampen die Hauptstraße geziert, in den Tempeln sieht man statt der plumpgrellen, aber doch charakteristischen Bilder glatte Öldrucke. Sein Palast hat europäische Apartements, die schönen, blau und rot gemalten Elefanten dienen nur mehr der Jagd, und als ich die Ehre einer improvisierten Audienz hatte, war der Fürst ein Herr in Sportkostüm und Knickerbockers, der eben einem rotausgeschlagenen Automobil entstieg. So schwindet langsam die Pracht der indischen Fürstenhöfe in ein oberflächliches Nachbild europäischer Kultur, so wird nach und nach auch die Eigenfarbe dieser schönen Städte sich mengen und mischen. Dann wird auch Gwalior nicht mehr sein, was es war und heute noch ist. Der fremdenfreundliche Fürst, der alles zum Empfang von Gästen bereitet, wird ihnen wenig mehr zu bieten haben. Denn der Reisende sucht immer das andere, das Fremde und nicht das eigene und wird in Indien nicht Europa wiederfinden wollen, sondern Indien selbst.

Die Stadt der tausend Tempel

Benares, dies ist die Stadt, die mit so vielen glitzernden Türmen und Tempeln auf vielen geheiligten Treppen niedersteigt zum Ganges, dem großen Gotte, dem ewigen Sühnequell der Inder. Von allen Tälern und Bergen dieses gigantischen Reiches kommen die Pilger zu dieser Stätte der Heiligung und der große, breit und fast ohne Strömung dahinwandernde Fluß nimmt geduldig mit, was sie ihm anvertrauen, die Sünden der Lebenden, die Asche der Toten, die entstellten, leise an seiner Oberfläche schaukelnden Leichen der Heiligen. Die fast mythischen Fürsten des Radjputana kommen, die Maharadjas und die Ärmsten der Armen, die zu Fuß pilgern müssen durch den gelben Lehm der Ebenen oder [sich] in den Waggons der Bahnen zu Hunderten in engen Abteilungen drängen, aber hier wird alles gleich. Mit gleicher Welle rührt das langsame Wasser an den nackten Körper, denn gleich sind die Sünden in allen Kasten, gleiche Flamme zehrt die Leiber hier auf und wirft ihren Widerschein in den fließenden Spiegel. Die mystische Rose im Bündel der hellen, der grellen, der lebendigen Städte Indiens ist Benares, hier allein fühlt man, wie die Flamme des Glaubens noch stark und glühend unter dem kühlen Schein ihrer abgewendeten Augen brennt, hier dämmert Ahnung der geheimnisvollen Hoffnungen auf, um derentwillen diese demütigen und schweigsamen Menschen Knechtschaft fremder Völker geduldig tragen und die Ketten der Kaste. Hier und nur hier wird ein matter Schein dieser unsichtbaren Leidenschaft zur Ahnung, aber zur Ahnung nur, denn selbst in ihren heiligsten Zeremonien ist noch ein Letztes, das die Äußerlichkeit scheut, den Prunk, die Schaustellung und das Wort. Denn das letzte Geheimnis dieser Religion liegt hinter den Möglichkeiten der Rede, in einem undurchdringlichen Schweigen, dunkel und rätselhaft wie die zu Tempel[n] gehöhlten Felsen ihrer Vorzeit.

Nichts ist in dieser Stadt, das aufdringlich und laut die Heiligkeit des Ortes verkündete, nicht ungeheure Gebäude, amphitheatralisch aufgestufte Treppen, nicht prunkvolle Aufzüge. Man könnte zu ungünstiger Stunde, mit nicht vorbereiteter Empfindung hier vorüberkommen, fände eine schmierige, verwinkelte Stadt, ein Flußufer, schön, ohne grandios zu sein, mit vielen seltsamen Palästen, aber zernagt von den Überschwemmungen, und drüben ein flaches sandiges Ufer. Denn der große Heilige der Stadt ist nicht in Stein oder Marmor zu bergen: der Strom ist das Heiligtum, das ewig sich erneuernde Wunder der Sühnung, er, der von einer Unendlichkeit, von den Höhen des Himalaja, die von Wolken getragen sind, hingeht zur anderen Unendlichkeit des Meeres und am Wege das unreine Land hinweist zu den untrübbar reinen, göttlichen Elementen. Heilig ist der Ganges den Hindus, heilig, wer ihn berührt. Heilig vor allem also die Treppen, die Ghats, die immer seine Strömung fühlen dürfen, heilig die Gebäude, die ihre Stirne zu ihm kehren, ewig seines Anblickes froh; und heilig die ganze Stadt Benares, die seit drei Jahrtausenden wie auf den Knien vor ihm liegt. Heilig den Dienern Brahmas, Vischnus und Shivas und heilig seltsamerweise auch den Buddhisten, denn hier hat vor mehr als zweitausend Jahren Buddha zum erstenmal das Schweigen der Erleuchtung gebrochen, hier zum erstenmal die Lehre in Worten verkündet, die heute noch lebendig ist von Tibet, dem geheimnisvollen Felslande, bis zu den Inseln von Japan. Ein magischer Magnet des Glaubens, wie Jerusalem, wie Mekka, wie

Rom, ist diese Stadt für Millionen von Menschen und wie jene Stätten der Pilgerfahrten umsponnen mit einem unverwelklichen Rankenwerk von Legenden.

Der heilige Ort der Büßer, die Stätte der Weihe und des Todes, sind die Treppen, die Ghats, die steinernen Symbole des Niederstieges vom Unreinen, vom Vergänglichen in das ewige Element des Wassers. In langer Reihe stehen sie, von einem Ende der Stadt bis zum andern, auf den Schultern die Paläste der Fürsten tragend, jede besonders genannt, besonders heilig, jede eigen durch eine eigene Legende. Vom Grün des Landes bis wieder hin zum Grün ziehen sie den Strom entlang, und jeder Pilger muß sie alle betreten, von allen niedersteigen in die Flut. In der Mitte sind einige in den Strom gestürzt, an jene Fanatiker erinnernd, denen das Bad noch nicht Sühne genug ist, und die, sich in die Strömung werfend, den heiligen Tod erwählten. Glitzernd und feindlich steht zwischen den Gebäuden eine Moschee, mit zwei schlanken Minaretten dem Himmel zugewandt, ein Denkmal mohammedanischer Eroberung: aber nur das Leben konnte Aurangzeb in diesen Menschen knechten und nicht den Glauben. Fremd und feindlich leuchtet ihr Dach, keinen der Pilger verlockend.

Und hier spielt sich jenes wundervolle Schauspiel der Sühne täglich ab, gewaltiger in seiner Inbrunst als alle Riten abendländischer Religionen. Noch ist die Sonne nicht aufgegangen und schon sendet die Stadt aus ihren verschlafenen Häusern die ersten Menschen zum Strom. Undeutliche Gestalten nähern sich dem Ufer, treten in die Strömung und nehmen das heilige Bad. Einige zünden, wie vor einem frommen Bild, am Ufer kleine Kerzen an, die spiegelnd im Wasser widerzittern.

Und dann steigt die Sonne empor. Ihre ersten Strahlen treffen aufgerichtete Gestalten, die mit geschlossenen Augen, gefalteten Händen und murmelnden Lippen ihren

Aufstieg grüßen, unbeweglich, wie erzene Statuen verharrend, und erst, wenn ihr Glanz ihnen in die Blicke leuchtet, sich niederbeugend, um mit Gangeswasser den Mund zu netzen. Und nun, wie das Leuchten die Häuser trifft, beginnen sich die Ufer zu färben. Man sieht die Gewänder, die roten und blauen Musseline, in denen die Frauen kommen, und nun, wie sie sie abtun und niedertauchen in die Flut, sieht die braunen Gestalten der Männer, auf deren benetztem Körper die Strahlen tausendfach glitzern. Und immer mehr kommen aus den Gassen, Schiffe und Barken beginnen auf der blanken Fläche zu flirren, am Ufer tauchen hinter ihren gelben und grünen Riesenschirmen die Brahmanen auf. Ihre Tische sind überhäuft von Blumen und Früchten, den frommen Geschenken, und zum Dank malen sie den Gläubigen nun das grelle Zeichen Shivas, die Keile oder die Schmetterlingsflügel weiß auf die dunkle Stirne. Hoch oben in einem Verschlag, hockt eine nackte Gestalt in enger Zelle. Ein Yoghi, ein Heiliger ist das, der Tag und Nacht in diesem Gebälk verharrt, stet den Blick auf den göttlichen Strom gerichtet. Und immer mehr Badende kommen, und nun auch, leise nur den Fluß berührend, eine seltsame Barke. In weißes Leinen eingeschlagen, unbeweglich, liegt dort eine Gestalt zwischen den Ruderern und den reglosen andern. Ein Toter ist es. Und sie führen ihn hin zum Ufer, wo die Holzblöcke schon geschichtet sind, sprühen ihn noch einmal an mit dem heiligen Wasser und legen dann die Scheite um ihn. Wie unser Boot dann wiederkehrt, ist es schon eine Flamme, und bald wird es dunkle Asche sein, die den Fluß hinabgleitet. Täglich spiegelt die Strömung solche Flamme, denn die Fürsten und die ganz Armen, die drüben am nackten Ufer ihre Stätte haben, müssen so an die reinen Elemente ihr Sterbliches wiedergeben. Seit dreitausend Jahren lodern die Flammen, Generationen und Geschlechter, Dynastien und ganze Völker sind an diesem Ufer Asche geworden, sind hingeschwunden in diesem leise strömenden Wasser. Und immer sind wohl so in diesen verlorenen Zeiten und ebenso gestern die Verwandten, die Freunde reglos dabeigestanden, so ganz ohne sichtbaren Schmerz. Kein Grauen scheint sie zu rühren, keine Angst vor dem eigenen Schicksal sie zu befallen. Andere Maske muß hier der Tod tragen, ein anderes das Sterben bedeuten, anders müssen diese Menschen Grauen und Schauer fühlen. Denn wie wären sonst diese Szenen voll Entsetzen möglich, die einem eisig das Herz anrühren und die keiner von denen zu sehen, zu fühlen scheint. Dort am Ufer, mitten zwischen den Geschäftigen und Frommen, liegt ein alter Mann, röchelnd und allein. Seine braune Haut ist trocken wie Holz, an den hervorstehenden Knochen des eingefallenen Gesichtes schlottert ein weißer Bart. Und so liegt er hier auf dem nackten Stein, ganz allein, keiner hilft ihm, keiner spricht ihm zu. Sie haben ihn hergebracht, daß er hier sterben sollte, denn heilig ist hier der Tod. Und nun lassen sie ihn, sie, die kein Tier töten, die alte unbrauchbare Geschöpfe in eigenen Häusern pflegen, hier lassen sie ihn, den Menschen, röcheln und einsam verrecken. Im Wasser treiben aufgedunsene Gestalten, Raben sitzen darauf und pieken gierig in das faulende Fleisch: das sind die Leichen ihrer Heiligen, die das Vorrecht haben, nicht verbrannt, sondern dem Fluß überliefert zu werden. Und der treibt sie nun an seiner Oberfläche, zwischen den kleinen Blumenbooten, die ihm Frauen zum Geschenk, zum Opfer gebracht haben, derselbe Fluß, dessen gelbes, brackiges Wasser die Frommen dort trinken, zu dem die Tausende und Tausende verzückt niedertauchen. In solchen Augenblicken fühlt man den Schauer der Fremdheit, schreckhaft scheinen einem die finsteren Kulte dieser Menschen.

Aber wie rührend ist es dann wieder, wenn man sie in bunter Ordnung aufsteigen sieht, feucht noch das Haar vom Bade, Blumen in den Händen und hin in den goldenen Tempel, zum Frühgebet. Durch enggeschraubte Gassen geht der Weg, vorbei an den glotzenden Götzen aus Erz und ockergelbem Ton in den Nischen, vorbei an den vielen hockenden Bettlern, denen sie Reis und Früchte in die erhobenen Schürzen werfen, vorbei an den kleinen Läden, die gepfropft sind mit Idolen und Bildern zu dem großen Heiligtum, das zu sehen dem Fremden verwehrt ist. Aber man sieht durch die offene kleine Tür tief, tief drinnen über dem Gewühl der Menschen den Goldglanz jener furchtbaren Götzengesichter, sieht, wie sie, ehe sie eintreten, das heilige Zeichen Shivas über der Tür mit Blumen schmücken, mit Wasser aus ihren runden Kupferkrügen besprengen. Und Blumen, oh, wieviel Blumen gibt es hier! Rings in den Läden kann man die Ketten, die Gürtel von gelben Nelken kaufen, die ihren Körper schmücken, ganze Hände voll weißer mattduftender Blüten, Kränze von Farbe und Duft kann man hier haben für ein paar Kupferstücke. Und alle bringen sie Blumen und Früchte. Wie gerne möchte man mit ihnen durch die enge Tür – nicht um den Gott zu sehen, ein kaltes, edelsteingeschmücktes Fratzengesicht wohl, zu sehen aber diese Teppiche von Blumen, die jetzt innen schon sein müssen, diese Wolken von Duft, diese bunten Hügel von Früchten zu seinen Füßen. Immer neue Menschen kommen und gehen. Jeder schlägt beim Eintreten in die Vorhalle an eine Glocke und innen an eine hellere, fernere. Unablässig ist dieses Glockenschlagen, wie Frage und Antwort dröhnt es, nie wird dieser Tempel still. Ihn füllt das Murmeln der Menge, der Gesang der Brahmanen füllt seine Wölbung wie die Blumen seinen Estrich. Hinten sieht man einen Priester mit einer sehr seltsamen Schwingtrommel tanzen, langsam vor und zurück, ganz ohne Wildheit, aber mit einer Unbeweglichkeit des Ausdrucks und einer Ausdauer, die fanatischer wirkt als die verzücktesten Sprünge.

Und immer wieder treten Menschen durch die offene Tür des Tempels, der mit seinen goldenen Dächern weit über die armen Gassen strahlt, immer und immer hämmern die Glocken. Kühe, die heiligen Kühe gehen aus und ein, jeder weicht den plumpen Tieren ehrfürchtig aus, bietet ihnen Gras und grüne Stengel, und immer kommen wieder neue Menschen vom Fluß herauf. Schon ist der Weg mit dem tropfenden Wasser, mit zertretenen Blumen geschrieben, aber aus den lehmigen Gassen quellen erneute Ströme, unerschöpflich scheint das Meer der Gläubigen, seine Flut anschwellend vom Morgen bis zum Abend.

In dieser Fülle, in dieser Unablässigkeit des religiösen Dienstes ruht der erhabene Zauber von Benares. Wie seit Hunderten Jahren, so wird auch morgen hier wieder die Sonne jene Menschen sehen, die sie ehrfürchtig, im Gebet erwarten, wird sehen, wie sie – ohne Scham, ohne Unruhe, nur ganz dem Ritus hingegeben – in die Fluten tauchen. Unbeweglich wird ein Heiliger – vielleicht ein anderer wieder – dort oben in der Hütte sitzen, immer werden die Raben in großen Zügen den Fluß umschwirren, wo ihnen nie ihr Fraß mangeln wird. Immer werden die Scheiterhaufen lohen und immer die Glocken in den Tempeln dröhnen. Es gibt da kein Aufhören und Aussetzen, so wenig wie dieser Fluß seine gelben Fluten niederzurinnen aufhören wird, keine Pause ist hier in der Andacht, kein Nachlassen in der Hingebung. Man muß sich unwillkürlich an die Legendengestalten der indischen Bücher erinnern, an jene, die alles vollbrachten nur durch Beharrlichkeit, an die Fakire, die sich die Zunge im Munde verdorren ließen, die unbeweglich durch Jahre auf Säulen saßen, an dieses zweifellose, unerschütterliche Verbleiben im Zustande innerer Verzückung, jener unbeschreiblichen Anspannung der seelischen Kräfte, die das tiefste Geheimnis der äußerlichen Untätigkeit im indischen Volke zu sein scheint. Hier in Benares ahnt man zum erstenmal die ganze Gewalt dieser fremden Religion, die nur in diesem Volke leben kann, wie dieses Volk nur für sie zu leben scheint. Sie ist nicht ärmer geworden, seit die Engländer verboten haben, die Witwen zu verbrennen oder den Leib unter das Dschaggernat, das zermalmende Rad, zu werfen, seit ihre Fakire nicht mehr ihre Wunder auf den Straßen und in den Tempeln zeigen. Alles ist nur unterirdischer geworden, gedämpfter und versteckter, aber unzerstörbar scheint die wilde, ohne Ekstase beharrliche Inbrunst.

Und hier, ganz oben bei der Aurangzebmoschee, in einem versteckten Winkel, zu dem man vom Ufer emporklettert, habe ich noch einen dieser legendären Augenblicke gefühlt, wo die Inbrunst nicht versteckt, sondern lodernd in einer kurzen Flamme aufschlägt. Dort oben, in einem Winkel, wo ein Mann den Frauen aus den heiligen Büchern – mit vokalisch klingender Stimme und eindringlicher Beredsamkeit – vorlas, wo Greise Götterbilder verkaufen und in einer Ecke ein paar von diesen fanatischen Gestalten zusammengedrängt hocken. In einer Zelle saß dort eine Nonne, das Gesicht kalkweiß gefärbt – wie eine Europäerin sah sie aus, nur der dunkle Glanz der Pupillen machte sie fremd und drohend, unweit von ihr, auf einem Bett von Nägeln, ein halbnackter Büßer mit so edlem Gesicht, wie auf den alten Bildern die indischen Edeln es haben, beide vertieft in ihr Gebet, bis er plötzlich hintrat vor ihre Zelle und zu singen begann. Eine verzückte Melodie, mit tiefer ernster Stimme, der die ihre, heller, aber nicht minder leidenschaftlich antwortet, bis es ein Zwiegesang ist, ein wildes, drohendes Gebet. Herrlich tönen die Stimmen zusammen, denn jeder Morgen, jeder Abend hört ihren Doppelsang zu Shivas, des Furchtbaren, Ehre. Manchmal bleibt die eine Stimme zurück, setzt aus, dann fällt sie neu, verstärkt ein, spornt die andere an, glühender, inbrünstiger zu klingen. Und so, sich wechselseitig anspornend, die Hände zum Takte schlagend, singen die beiden, singen, singen – und plötzlich bricht es ab, der Büßer setzt sich wieder auf das Nägelbett, die Nonne vertieft sich in ihr Gebet. Und in diesem Augenblick des Abbrechens fühlt man ein Aufwachen in sich, Erwachen aus einem wilden Traum der Sinne. Man staunt, man starrt die beiden an. Sie aber fühlen weder Stolz noch Zorn über den Unberufenen. Ganz kalt, ganz tot, wie an etwas Fremdem, etwas Durchsichtigem geht der Blick an einem vorbei, als sei nichts gemeinsam zwischen ihrem Gefühl und dem unsern.

Und Fremdheit, unüberwindbare Fremdheit, das ist das letzte Empfinden gegenüber allen den Gefühlen dieses Volkes. Ihr ganzes äußeres Leben ist aufgetan. Die Gasse schweigt hier nicht, sie hat kein Geheimnis. Man sieht in die Häuser hinein, sieht, wie diese Menschen leben, wie sie schlafen, man reist auf den Schiffen, in den Bahnen mit ihnen, kann ihre Bücher lesen, ihre Tempel sehen – und doch, ihr inneres Leben bleibt unbegreiflich fremd. Wer kann sagen, daß er das Paradoxon dieses indischen Volkes verstünde, das seit Jahrhunderten Sklave ist bald der einen, bald der andern, das sich von einer Handvoll Abenteurer knechten ließ und doch wieder so stolz ist, daß es mit keinem seiner Herren an einem Tische sitzen wollte und von seiner Speise nehmen. Wer könnte sagen, welches die geheimnisvolle Hoffnung ist, der sie entgegenleben, daß sie alles, was uns Genuß und Begier ist, als unrein, als Schein und Trug verschmähen, daß sie diesen heimlichen Stolz hinter all der Demut nähren, mit der sie ihr armes Leben tragen. Ihr Glück und Leid, ihr Sterben und ihre Träume wissen von den unsern nichts, wir nichts von den ihren. Fremdheit ist das letzte Gefühl. Anders ist hier alles, so ohne Vergleich, ohne Ähnlichkeit anders in diesen Kreisen, in diesen Städten, fremd wie diese Palmen und Riesenbäume, die bei uns nur kümmerlich in verschüchterten Exemplaren gedeihen, fremd wie ihr Blut, fremd wie ihre Luft, die sich heiß und schwülend an den Körper legt. Und selbst der Blick, der sehnsüchtig hier nach einem Gleichen, uns und ihnen Gemeinsamen zum Himmel aufgreift, der bislang immer mit gleichen Zeichen über allen Fernen gegrüßt, auch er findet erstaunt andere Sterne, andere Kreise, die fremden Geschicken gebieten und eine andere Harmonie des Lebens zu verlangen scheinen.

Montmartrefest

An einem einzigen Abend war die große Wandlung geschehen. In der Dämmerung lagen die äußern Boulevards – diese graue Kette, mit der sich das Herz von Paris verschnürt – noch traurig da mit ihren fahlen Lampen, nebelfeuchten, entblätterten Bäumen und den hastigen Gestalten der heimkehrenden Arbeiter. Boulevard Clichy, Batignolles, Rochechouart zeigten ihr gewohntes Armeleuteantlitz, verrußt und unwillig. Trauriger Alltag hier und überall. Aber da kamen lange Züge schwerer, geheimnisvoller Wagen, nicht unähnlich den grünen, vergitterten Gefährten, in denen die Sträflinge ihre Fahrten antreten. Zwanzig, vierzig, hundert kamen. Die ganze Nacht hindurch dröhnte das Pflaster, Menschen gingen und riefen, ein fremdes und noch geheimnisvolles Leben begann für den neuen Tag zu wirken. Der nächste Tag sagte noch nicht viel. Zimmerleute turnten auf hohen Gerüsten, Handlanger versperrten alle Zugänge, und der mutwillige Rhythmus vieler Hammerschläge gellte einem ins Ohr. Aber schon schälten sich allerhand Dinge aus den Verkleidungen: die steile Serpentine einer amerikanischen Rutschbahn war ebenso unverkennbar wie der Inhalt eines großen, mit Gittern umzäunten Holzverschlages, aus dem dumpfes Brüllen tönte. Und auf den großen Plätzen unterschied man schon deutlich die breiten Drehscheiben gigantischer Karussells, deren Dampfmaschinen mit langsamen, stöhnenden Stößen ihre Kraft versuchten. Zwei Tage noch, dann war alles vollendet:

das große Volksfest der »Butte«, »La foire de Montmartre«, die Kirmes des fröhlichen Viertels von Paris, hatte begonnen.

Das ist ein sehr fröhliches Fest, um so heiterer darum, als es eigentlich ganz grundlos ist. Am Nationalfest tanzt zwar auch ganz Paris über die Straßen, aber die Historie macht diese Fröhlichkeit bedeutsam und gibt ihr ein beinahe politisches Gepräge. Und dann ist's in diesen Tagen ganz Paris, von Nord nach Süd, von Ost nach West. Diesmal aber nur der kleine Winkel des »sündigen Berges«, der eigentlich keines rechten Anlasses bedarf, um übermütig zu sein. Diese Kirmes ist eine fast provinzlerische, ein ganz ungroßstädtisches Schauspiel ohne Prätention und ohne Baedekersternchen. Es ist gelungen wie ein Inpromptu, und schön wie ein Straßenmädel, ganz ohne Eleganz also und tiefere Bedeutung.

Hunderte Buden drängen sich aneinander. Zuerst denkt man an den Wiener Würstelprater, aber der hält da doch nicht stand mit seinen paar zu Typen versteinerten Buden, mit seinen altmodischen Kalafati-Karussels, die schon zu Mozarts Zeiten die Leute erfreut hatten. Im Wesen ist allerdings das System das gleiche, denn der Charakter der Masse ist identisch wie der der Kinder. Der primitive Geschmack ist international. Jener Geschmack, der nicht in der Qualität und Nuancierung, sondern in der Intensität der Eindrücke ihren Wert sucht. Der, den Kindern gleich, zum Hellen, Lauten, Brutalen, Grellen hintappt, dem Flimmer Gold, dem Geschwindigkeit Zauberei ist. Eine einzige große Falle aller menschlich-primitiven Schwächen und Laster ist darum ein solcher Jahrmarktstag. Alle Toren werden gefangen und zahlen mit blanken Sous ihre Schwäche. Der Eitle schießt hier mit einem ungefügen Gewehr auf eine Scheibe, die er mit dem Lauf fast berührt: ein flitterndes Ordensband – aller Franzosen seligster Traum – lohnt ihm den verpulverten Franc. Der Grausame hält nicht lange stand vor einem Holzbau, der die Bastille darstellt und aus dem Stöhnen und Kettengerassel ertönt: mit saurem Gesicht schiebt er nach zwei Minuten an dem Ausrufer wieder vorbei, in dessen Taschen sein gutes Geld klingt. Der Abergläubische schreibt einen Gedanken auf ein Zettelchen, den ein Alraunenmännchen (für 2 Sous) hinabtaucht in eine geheimnisvolle Flüssigkeit: beschrieben, meist sogar unorthographisch buchstabiert, empfängt er diesen (oder einen andern) Zettel wieder, mit einer Mitteilung, die er nicht versteht. In schweren Massen stehen die Einfältigen vor großen Bildern. Die ›Ferme d'Auvergne‹ stellen sie vor, ein seltsames Gehöft, in dem die unglaublichsten Tierabnormitäten sich vereinen. Ein Bäuerlein mit besorgtem Gesicht schleppt sie zu den bebrillten Professoren, die sie interessiert umstehen. Und seltsam sind sie auch. Zur Vorsicht sagen die Tiere noch selbst, was sie sind: unter einer Kuh, die zwei Köpfe hat, steht deutlich geschrieben: »Je suis deux fois vache«, ein Ochse, dem ein Hummer aus der Schulter wächst, beklagt gleichfalls dieses Phänomen. Wo ist der Einfältige, der das nicht gesehen haben wollte, wo ein leichtgläubiger Pariser, der nicht in solchen Dingen einfältig wäre? In hellen Scharen drängen die Leute hinein.

Tausend Polypenarme strecken sich aber nach dem Spieler aus. Fast gar nichts wird hier verkauft, alles erspielt. Hunderte kleiner Roulettes drehen sich im Kreise, und was kann man nicht alles gewinnen. Messer, um die man im »jeu d'adresse« einen Kautschukring von einem Meter Distanz aus warf, Champagnerflaschen – natürlich unbekannter Marke – Revolver, Operngläser, Ringe, allerhand blitzende Nichtigkeiten. Aber auch Naturalien, meist Kaninchen, Hühner, Enten, Kanarienvögel und Backwerk. Selbst die ergötzliche Szene sah ich, wie ein

Glücklicher, umtost vom Jubel der Menge, ein Schwein gewann. Ein lebendes, rosiges kleines Schwein, das der Clou des Besitzers war; denn kniff er es in den zarten, schöngeringelten Schweif, so quiekte es laut und lockte die Leute viel besser herbei, als der große brüllende Mohr seines Nachbars oder der Texasreiter des Menageriebesitzers. Die Freude war übrigens rasch vorbei, denn der Gewinner fand keine Transportmöglichkeit des Tieres; so wurde es mit 5 Franken ausgelöst. Dies ist nämlich der Vorteil der Verkäufer. Zuerst meinte ich, der Verkäufer schwindle im Roulette und halte den Spieler für dumm. Dann sah ich, daß mehr gewonnen wurde als verloren und hielt den Verkäufer für dumm. Schließlich aber merkte ich, daß selbst das Gewonnene meist weniger wert ist als der Einsatz, und nun wußte ich wieder, wer der Dumme war.

Aber dennoch ist dieses Schauspiel so wunderbar schön. Es ist so farbenreich, so erfüllt vom Flimmerglanz und Kinderlachen, so lieblich in seiner Torheit und so toll in seinem Wirbel, daß man den Leuten ihren hingebungsvollen, fröhlichen Unverstand abneidet. Und es ist eine so pariserische Eleganz darinnen. Denn die da auf den hübschen Schweinchen des Karussels bald so elegant wie große Damen, bald zu dritt und viert frivol und wollüstig reiten wie Hexen auf einem Besenstiel, das sind die armen Mädel und die letzten Dirnen des Montmartre. Aber prächtig sitzen sie auf den kleinen Schweinchen. »Schweinchen«, sagte ich. Denn andere Karussells gibt's hier kaum: alles steht hier unter dem Zeichen dieses sympathischen Tierchens, das Karussell dreht sich selbst nach der Melodie des neumodischen Chansons, »Touts homm's sont des cochons«; und in den Zuckerbäckerläden gibt es kleine Marzipanschweinchen, auf die mit weißem gesponnenen Zucker der Name geschrieben wird. Und »Georges« und »Yvonne« verehren sich so wechselseitig, in Anerkennung ihrer amoureusen Qualitäten, solche zarte Symbole. Wie bei allem, ist auch hier der Geschlechter süße Neigung aller Spiele letzter Sinn.

Wunderbar schön ist dieses Schauspiel am Abend. Da flammt die ganze lange Straße in weißem Licht, flackert von tausend farbigen Flammen, klingt von Rausch, Jubel und Musik. Wie ein weißer Streif durchschneidet sie das schwarze stumme Meer der Häuser. Und wunderbare Poesie gibt ihr die Ferne. Denn hier wie bei allen Festen liegt Witz und Schönheit in der Distanz. Man darf nicht merken, daß die flammenden Zelte elektrisch beleuchtete Holzbaracken sind, daß die Sänger zerschlissen sind und zum siebzigsten Male ihre Chansons anstimmen, daß die Mädchen, die im raschen Vorüberflug des Karussells und im übermäßigen grellen Lichte, erstaunlich schön wirken – daß sie und das alles dies nur Flimmer und Rausch der Ferne ist. Begegnet man dann diesen Leutchen in den engen Montmartregassen, durch die weiß und feierlich die Sacré Coeur-Kirche im Frühdampf flammt, so erschrickt man vor den verlebten und matten Gesichtern, den unwilligen Gebärden. Und wieder hebt sich der schöngemalte Vorhang weniger Augenblicke vor dem ewigen Schauspiel der ›comédie humaine‹.

1911

Bei den Franzosen in Canada

Philadelphia, im März.

Der Winterabend in Boston war grau gewesen. In diesen amerikanischen Industriestädten fühlt man's gar nicht, wie der Tag schwindet: die graue Wolke von Rauch und Dunst, die Tausende von Schornsteinen und dampfenden Schiffen rastlos zusammenballen, wird immer dichter, immer trüber, immer bedrückender. Und dann mit einem Mal zucken die Leuchtplakate auf, schreiende Worte laufen mit halsbrecherischer Geschwindigkeit die riesigen Häuserfronten hinauf, stürzen kopfüber hinab und klettern wieder empor. Jetzt weiß man, daß es Abend wird: die Lichter schießen die Avenuen entlang auf, die brodelnde Menschenmasse stockt, und alles stürzt in ein dumpfes bleiernes Grau. In diesen Städten geht der Winter am liebsten im Nebelkleid.

Und dann hinaus aus dieser bedrückenden Stadt, nach Norden. Die Eisenbahn hat hier einen rascheren Rhythmus, die grauen Tage in diesen hastigen Städten gießen einem Blei in die Glieder, und man schläft einen dumpfen, schweren, satten Schlaf.

Morgens wache ich auf, unter mir rollen die Räder. Etwas hat mich geweckt, freundlicher als bisher jeder Tag in Amerika, etwas Helles, Leuchtendes. Ich schaue auf. Die Vorhänge sind geschlossen. Aber durch ihr Grün strahlt etwas wie südliche Sonne.

Den Vorhang auf! Und ich muß die Augen schließen. So blanken Schnee habe ich nie gesehen. Soweit der Blick reicht, Schnee, Schnee, Schnee, glatt gestreift in die unendliche Fläche der canadischen Steppen, blinkend klar in den ersten Strahlen der Sonne, die rot und rund den Horizont emporrollt. Die Luft ist still und klar: man kann auf Meilen hin sehen und sieht immer – und ohne Ermüden – einen wunderbar reinen, friedlichen weißen Winterschnee. Und immer blauer wird mit dem erwachenden Tag der Himmel darüber, immer glitzernder, immer blendender in der erstarkenden Sonne dieses unvergleichliche Weiß.

Und das geht nun Stunden und Stunden. Die Klarheit muß durch die Augen, durch die Lungen mir irgendwie in den Körper eingedrungen sein: eine wundervolle Festigkeit überkommt einen mit einemmal. Man möchte wegspringen von dem Zug, rennen, laufen in dieser berauschend klaren Luft: irgendein Gefühl von Tätigkeit – ähnlich wie man es hier auch in den amerikanischen Städten fühlt, nur weniger nervös hier und mehr kraftvoll – wird einem vor dieser unendlich gebreiteten Landschaft wach.

Stunden um Stunden im weißen Licht. Manchmal saust der Zug durch einen Wald: die Bäume haben den Schnee sich von den Armen gestreift und strecken sie frei ins Blau, die Füße stecken noch gefangen im weißen Grund. Auch die Häuser – Holzhäuser, rot und gelb, freundlich und blank – sind schon wach und blitzen mit den Fenstern, nur oben am First hängt ihnen noch die weiße Wintermütze über. In den Stationen sieht man die ersten Kanadier, frische, braune Gesichter, hohe Gestalten in bunten Sweaters, oder zottigen Pelzen, hört zum erstenmal das seltsame Französisch der Leute. Schlitten klingen mit kleinen, beinahe russisch aussehenden Pferdchen vorüber, einmal saust längs der Eisenbahn ein Trupp junger Mädchen auf Skiern heran, und wirklich, bei einem Niederstieg hält er fünf Minuten Schritt mit den gigantischen Riesenmaschinen der Canadian-Pacific. Dann schwinden sie ins Ferne, und es geht weiter im stillen Schnee.

Endlich Quebec, die alte Hauptstadt von Neufrankreich. Um sie zu erreichen, muß man von St. Levis den San Lorenzo-Strom überqueren. Und das ist nun grandios zu sehen, wie dieser ungeheure Strom von einem Ufer zum andern zu einem einzigen Eisblock gefroren ist. Große Dampfer sind in der grünen Decke fest gefangen, kleinere Segelschiffe bis hoch an den Mast hinauf mit Eis überkrustet, wie umhüllt von gläserner Decke. Für das Fährboot ist mit einem eigenen Eisbrecher Bahn gemacht, unablässig fährt es hinüber und herüber. Aber in dieser halben Stunde hat sich das Wasser schon wieder verkrustet: es knistert leise am Kiel, als bräche man gesponnenes Glas entzwei.

Drüben wartet Quebec. Ich weiß nichts Rührenderes in unserem heutigen Weltbild als diese einsamen Sprachinseln, die sich durch Jahrhunderte treu erhalten haben und nun leise abbröckeln, die trotzig und doch hilflos ihrem Untergang entgegengehen. Das ganze Deutschtum in Amerika ist eine solche zerrinnende Insel, aber dieser Untergang ist nicht so tragisch für den Blick, nicht so sinnfällig wie bei den französischen Besitzungen. Von Indien, das ihnen einst Dupleix eroberte, blieb ihnen nichts als Pondicherry – auch eine dieser rührenden kleinen Städte mit treuer Tradition –, von Kanada, das unter drei Königen ihr eigen war, nichts als diese paar Städte, die sich noch tapfer gegen die englische Sturmflut wehren. Zwei-, dreihundert Soldaten, damals rechtzeitig von Frankreich gesandt, hätten Indien, hätten Kanada gegen die Engländer retten können: traurig wiederholen es da und dort diese letzten Franzosen, die Abkömmlinge der Helden, die Cooper, die Thackeray in ihren Romanen gefeiert haben. Champlain und Dupleix, diese beiden großen Helden Frankreichs – denen nur der dauernde Erfolg als Schwinge ihrer Taten fehlte – sind geistig die eigentlichen Ahnherren Napoleons. Er ist ohne diese kühnen Abenteurer so wenig zu verstehen wie Shakespeare ohne die vorelisabethanischen Dramatiker. Beide haben sie vergessene Gräber, und man muß seltene Bücher oder ferne Länder aufsuchen, um den Umfang ihrer Taten zu kennen.

Dieses Quebec, das einst die wichtigste Stadt Amerikas war, der Ausgangspunkt, von dem Frankreich die Staaten bis hinauf zu den großen Seen beherrschte, – diese Stadt, einst voll wilder Indianerromantik – wirkt nun wie eine liebe kleine französische Provinzstadt. Mit einemmal vergißt man, daß man in Amerika ist. Die Menschen haben hier nicht die irritierende Hast, sie sind höflich und wie beglückt, spricht ein Fremder französisch zu ihnen. Zum erstenmal habe ich seit Wochen hier wieder richtig lachen hören, frei und ungezwungen, zum erstenmal wieder in engen Gassen etwas wie Heimeligkeit gespürt. Unten im Hafen schreien schon die englischen Plakate durch die Gassen, schieben sich die billigen amerikanischen Backsteinbauten vor (die der Schönheit nicht einen Cent zum Opfer bringen): aber die Menschen gehen daran vorbei. Man hört nur Französisch auf den Straßen und draußen im flachen Land bis weit in den Osten hinüber.

Dieser bewunderungswürdigen Zähigkeit, mit der sich hier ein paar tausend Franzosen nun an die hundertfünfzig Jahre ihrer Sprache erwehren, darf man seine Achtung nicht versagen. Sicherlich, sechs Millionen Deutsche, wenn nicht mehr, sind fast spurlos in Amerika versickert, nicht eine einzige Stadt, eine einzige Provinz haben sie der Sprache gerettet. Und da, diese paar tausend Franzosen, ohne Nachschub von der Heimat, ohne Unterstützung von irgendwem haben die Sprache und Sitte bewahrt. Es ist dies eine der merkwürdigsten Kraftproben der angeblich so dekadenten Rasse, beinahe beispiellos in der modernen Geschichte.

Manches erklärt einem davon ein Gang durch die Stadt. Rechts und links durch die Gassen begegnet man Nonnen und Priestern. Sie sind es, die den Widerstand eigentlich erhalten haben. Nichts hat die lateinischen Rassen – die Franzosen in Kanada und die schwachen, verrotteten spanischen Staaten in Zentralamerika – so vor der Amalgamierung mit dem Englischen geschützt, als die schroffe, abwehrende Haltung des Katholizismus, der im Engländer immer den Ketzer und Erzfeind sah. Während der deutsche Protestantismus sich rasch in der amerikanischen Freikirche auflöste, die meisten Pfarrer bald englisch predigten statt deutsch, haben die Priester hier in ihren Schulen die Kinder französisch und katholisch aufgezogen. »Omnia instaurare in Christo«, ist die Devise der französischen Zeitungen hier (die übrigens auch nationale Eigenart bewahrt haben, während die deutsche Presse das Reportertum der amerikanischen Blätter eifrigst nachäfft). Die Intransigenz des Katholizismus – und dann der berühmte und in Frankreich stets als Beispiel aufgezählte, aber nicht nachgeahmte Kinderreichtum der kanadischen Franzosen haben hier ein Bollwerk aufgerichtet, das ein Denkmal nationaler Energie ohnegleichen ist in unsern Tagen.

Freilich scheint dieser heroische Kampf gegen eine unendliche Übermacht nun seinem Ende nahe zu sein. Montreal ist den Franzosen schon verloren durch die Rapidität, mit der hier eine fremde Bevölkerung zuströmt. Diese Stadt, die in den letzten Jahrzehnten gigantisch sich entfaltet hat, ist der Kernpunkt einer von Jahr zu Jahr steigenden Invasion aus Europa. Und gerade die Internationalität dieser Massen bedingt die Gemeinsamkeit einer Verkehrssprache, die notwendig das Englische sein muß. Jeder Vernünftige müßte den Franzosen hier raten, ihren Widerstand (der gerade jetzt in der Gefahr trotziger wird) aufzugeben, aber hier ist das Unvernünftige so wundervoll heroisch, daß man diese Nachfahren kühner Abenteurer nur ermutigen möchte. Sie teilen heute nach hundertfünfzig Jahren das Schicksal jener Indianer, die sie als erste von ihren Heimstätten vertrieben, aus den heiligen Urwäldern in die Steppen gejagt haben, bis sie zerrieben waren, aufgelöst in fremde Nationen, zerstaubt und zerschellt. Jetzt werden sie selbst von heimischer Art, aus einer (sicherlich überlegeneren) Kultur, aus dem Französischen ins Amerikanische getrieben: nichts kann sie erhalten als ein Dichter, der käme und, wie Cooper den Untergang der Mohikaner, dieses schmerzhafte Übergehen, den heimlichen Heroismus des letzten Zurückweichens den späteren Geschlechtern überlieferte. Ihr Schicksal war, nichts zu sein als eine Episode. Mit ihnen schließt ein Band Geschichte, und ein neuer beginnt, der des Imperiums dieses gigantischen kanadischen Staates, von dem die nächsten Jahrzehnte vielleicht schon ein Blatt entrollen werden.

Der Rhythmus von New York

Ein paar Tage erst in dieser verwirrenden, durch ihre fremdartige Vielfalt gleichzeitig erschreckenden und anziehenden Stadt. Nicht genug, um sie ganz zu begreifen, sie, die hundert Sprachen spricht, die Menschen zweier Erdteile zum erstenmal gegeneinander schleudert, Elend und Reichtum zu einem nie dagewesenen Gegensatz auseinanderreißt. Noch verstehe ich ihre Stimme nicht, ahne kaum ihre Formen, aber schon fühle ich, und in jeder wachen Sekunde deutlicher, ihren Rhythmus, diesen unwiderstehlichen, stürmisch erregten Rhythmus der amerikanischen Metropolis.

Denn nicht als Ruhendes, als Festgefügtes lassen sich diese Städte begreifen, nur als Bewegung, als Rhythmus. Wir in Europa haben Städte, die nichts sind als eine höchste Form der Landschaft, die wie Musik wirken, weil sie Harmonie sind, eine reinste, notwendige Zusammenfassung der Natur in ein geistiges Bild. Ihr Ruhen, ihr Sein bedeutet ihre Schönheit. Man wünschte sie immer schlafend, ohne Menschen, ohne Wachstum und Werden, eher noch abbröckelnd, zurücksinkend in das Zeitlose und Unbelebte. Florenz ohne Fremde, ohne geschäftige Menschen; deutsche Kleinstädte, wenn sie ganz stille sind, mit Mondsilber über den schlafenden Dächern, sie sind am wunderbarsten, wenn sie traumhaft werden, reine, lautlose Bilder. Die Schönheit der amerikanischen Städte liegt in ihrer Wirklichkeit, ihre Gewalt im Lebensrhythmus. Sie sind Verhöhnungen, Vergewaltigungen der Natur; aber sie haben den Rhythmus der Masse, den beseelten

Atem des Menschen. Am Sonntag, wenn dieses schwarze Blut ihren Adern fehlt, sind sie tot, kalt, häßliche, nackte Steinbrüche, sinnlose Ansammlungen geschichteter Massen. Doch in den Tagen der Arbeit klingen sie in einem wilden Takt, von einer barbarisch grandiosen Musik, die wie ein Triumphgesang auf den Menschen tönt: sie bezeugen mit einer uns unbekannten und erschreckenden Gewalt ihre schwellende Lebenskraft. Ein wunderbarer Rhythmus des Lebens geht von ihnen aus. Hier in New York klingt er vielleicht am lautesten. Denn hier ist das äußerste Ende des neuen Landes gegen die Alte Welt; hier gischtet am wildesten die Menschenflut ineinander. Und dieser Rhythmus von New York ist schon die erste Manifestation des ganzen amerikanischen Lebensgefühles: wer ihn fühlen kann, versteht auch den hochgespannten Willen, der in allen Nerven dieses unermeßlichen Landes vibriert.

Zuerst habe ich diesen Rhythmus auf Brooklyn-Bridge gefühlt. Dieser gigantische Bogen, der – ein zierliches Netzwerk von der Ferne – in jenen gewaltigen Massen, die einen am ersten Tag erschrecken und die man nach einer Woche schon wie selbstverständlich fühlt, zwei Millionenstädte verbindet, scheint wie ein Symbol der Festigkeit. Man steht auf der Höhe des Brückenbogens wie auf dem Gipfel eines Berges und mißt mit Bewunderung eine weitgebreitete Landschaft. Rechts und links je eine ungeheure Steinmasse mit zackigen Spitzen, den Wolkenkratzern, von beiden Seiten rauscht ein Murren vielfältiger Geräusche. Zwischen ihnen, tief unten, der breite Strom, gerade im Augenblick, da er Bucht wird, und das Meer. Eine Jagd von Schiffen zittert darin: kein Feld ist so gepflügt wie dieses Wasser, ununterbrochen graben Kiele die graue Flut auf. Von Ufer zu Ufer rufen sich die Ferryboote Worte zu, die Züge heulen ihnen entgegen, große

Dampfer vom Ozean schieben sich feierlich in das wilde Getümmel. Keinen Augenblick ist Ruhe: wie an Fäden herausgeschnellt, zucken immer neue Schiffe heraus aus den Docks, keine Sekunde ohne Ruf oder Antwort in diesen unverständlichen Lauten.

Man möchte ruhig all das betrachten: aber der Blick wird verwirrt. Rechts saust hier auf der Brücke ein Zug heran, ein zweiter über einem, links zischt ein Automobil vorbei, hier mitten auf der Brücke ist man wie zwischen den Geleisen eines Bahnhofes. Dazwischen strömen Menschen, diese Brücke ist Eisenbahn, Straße, Fahrweg zugleich, fünfzig Wagen trägt sie in einer Minute, sie klingt von Lärm, mitten auf steiler Höhe, gewölbt über einem Fluß, steht man auf einem Kreuzweg von zehn Straßen. Und das setzt nicht eine Sekunde aus, die Wagen sausen einander nach, als wollten sie sich zerschmettern, immer mehr Menschen drängen herüber, hinüber.

Irgendein leises Gefühl von Schwindligkeit überkommt einen, man faßt das Geländer. Und da – es ist ein merkwürdiger Moment – spürt man: es schwingt einem unter der Hand. Man tastet nochmals. Und wirklich, es schwingt; schwingt ununterbrochen, manchmal stärker, manchmal schwächer, aber stets in gleichem, nie aussetzendem Rhythmus. Von früh bis nachts, von nachts bis früh schwingt diese ungeheure Brücke, deren stählerne Kraft und Wucht gar nicht zu beschreiben ist, wie eine dünne Saite von der menschlichen Masse, seit Jahren vibriert sie so von der elektrischen Spannung dieser Stadt. Dieser Strang, der die zwei Millionenbündel New York und Brooklyn als Nerv verbindet, zittert beständig in jedem Molekül, und jeder, der hier oben steht, schwingt mit von der Erregung der fremden Masse. Hier habe ich zum erstenmal den Rhythmus von New York gespürt.

Und dann hinein ins Herz der Stadt, um noch stärker ihren Schlag zu fühlen. Man will in die Untergrundbahn, versucht noch zu fragen, ob es die rechte ist, aber hier hat nur die Masse ihren Willen und biegt jeden einzelnen entzwei. Es gibt da kein Stehenbleiben, man ist in irgendeinen Wagen geschoben, weiß gar nicht von wem, eine Kette klirrt, ein Verschlag fällt nieder, und dann saust das Geschoß mit den hundert, zweihundert Menschen in das Dunkel des Tunnels. Manchmal hält es an, Menschen werden herausgeschwenkt und hineingeschüttet wie in ein Gefäß, und noch strudelnd im Durcheinander sausen sie weiter. Endlich am Broadway. Man ringt sich heraus aus dem Knäuel Menschen, in den man geknetet ist, und klettert hinauf zur Straße.

Diese Stationen der Untergrundbahn haben hier in New York durch die Masse der Menschen etwas von der Kontinuität einer Naturgewalt. Jeden halben Kilometer ist so eine schwarze Quelle an der Straße und speit trüben Schwall von Menschen herauf, die sie, von weiß Gott welchen Entfernungen, herholt, und daneben ist ein anderer Schlund, der sie wieder einschluckt. Man kann Stunden stehen und keine dieser beiden Quellen, die aufschäumende und die niederstürzende, versiegen für einen Augenblick.

Man blickt um sich, im ersten Aufschauen verwirrt durch das Getöse, und findet sich mühsam zurecht. Denn dieser Broadway ist vielleicht die merkwürdigste Straße der Welt. Er teilt die ganze langgestreckte Halbinsel entzwei, beginnt hoch oben, zwischen den Feldern noch, strömt als breite, ebenmäßige Flut hinab gegen das Meer. Und da plötzlich, knapp ehe er sein Ziel erreicht, wird er zur Schlucht. Er drängt sich zusammen, die Häuser türmen sich links und rechts wie überhängende Felsen zusammen, man kann nicht mehr aufschauen zu ihnen. Immer höher werden sie, zwanzig, dreißig Stockwerke, und unten wird der Menschenschwall, je näher man zu dieser Tiefe kommt, immer hastiger. So wie ein Gebirgsstrom an einer Enge zum Wirbel wird, so ballt sich auch hier die Masse, der Lärm wird Getöse, es gibt kein Vorwärts und Rückwärts mehr, nur eine wirre, kreiselnde Bewegung. Man hat das Gefühl ganz verloren, selber zu gehen: man ist nur Brandung dort an jener Ecke von Wallstreet gegen die aufgetürmten Mauern. Die Tramways und Wagen bleiben wie Felsblöcke in einem Wildbach für Minuten aufgestaut, nichts hilft ihnen, nicht das Hämmern der Glocken und alle Rufe. Erst eine neue Welle wirft sie ein Stück weiter, und wieder dann stocken sie in der Flut.

Hier wird die menschliche Masse Naturgewalt und ahmt ihre Bildnerin nach. Und das ist das Geheimnis dieser barbarischen und zuerst befremdenden amerikanischen Städte, daß sie sich nicht einem landschaftlichen Plane unterordnen, sondern selbst elementar wirken wollen. New York ahmt unbewußt das Gebirge nach, das Meer und die Ströme. Sieht man die Stadt von fern am Abend, so scheint sie eine zerklüftete, nackte Gebirgskette, etwa wie der Montserrat mit jähen Schroffen und Zinken. Und diese Menschenflut in ihren Straßen wieder ist wie das Meer geregelten Gesetzen untertan: auch hier ist Ebbe und Flut; morgens strömt die Welle der Menschen herab, abends ergießt sie sich zurück in einer einheitlichen, geschlossenen Masse, der kein einzelner widerstehen kann. Die ganze Stadt, die ganze Insel scheint zu beben unter dieser gleichmäßigen Bewegung, diesem leisen, elektrischen Zittern, das immer die Entladungen der Kräfte begleitet. Allgegenwärtig ist diese Unruhe. Man spürt sie unten auf der Straße genau wie oben in den Türmen der Häuser; es zittert hier von der Schwelle bis zum First, und in geheimnisvoller Übertragung strömt diese Vibration über in die Nerven der Menschen, die feinsten Verästelungen des Gehirns. So wie man auf einem Dampfer jede Sekunde das Hämmern der Schraube fühlen kann, die das ungeheure Schiff durch die Flut preßt, so spürt man hier unentrinnbar den pulsenden Herzschlag der Stadt, den Akkumulator der gesteigerten Kräfte, den wilden, heißen Rhythmus von New York.

Unmöglich, sich diesem Rhythmus zu entziehen, ruhig, teilnahmslos zu bleiben in dieser Frenesie der Masse. Man versuche es, am Broadway zuzuschauen, stehen zu bleiben oder gar eine photographische Aufnahme zu machen: im Nu ist man zur Seite gestoßen, weggedrängt, weitergeschwemmt, wieder eingeordnet in die allgemeine Bewegung. Für Ruhe ist hier kein Raum: diese Stadt denkt nicht daran, einem Rast zu geben. Man fühlt das so recht, wenn man von Paris kommt. Im Februar, mitten im Winter, schoben sich dort an jeder Straße die runden Tische mit Sesseln und Bänken vor den Kaffeehäusern heraus; jede Ecke war eine Ladung zum Sitzen, zum Rasten, zum Zuschauen. Und folgt man der Lockung, so bereut man es nicht, denn wie an einem unendlichen Film rollt sich dann der Kinematograph der Straße vor einem auf als Schauspiel für den Betrachter. New York hat keine Gelegenheit, keinen Raum für den Zuschauer, den Untätigen. Nichts ist hier für Rast, für Ausblick eingerichtet. Die Häuser haben keine Balkone, die Squares nur wenige Bänke, und selten sieht man jemanden darauf ausruhen; die Restaurants der Geschäftsstadt sind nur für Eilige eingerichtet, manche haben gar keine Tische, nur kleine Sessel, wie eine Bar, und die Menschen, die hier ihr Essen eilig hinabwürgen, sind gleichzeitig noch anders beschäftigt, sie lesen Zeitung oder verhandeln. Der Bummler hat hier keinen Raum, der Rhythmus schwemmt ihn weg wie ein abgefaultes Holz. Diese Unruhe des Tages dringt bis in alle Kreise: selbst die Untätigen, die Frauen der vornehmen Kreise, sind hier immer beschäftigt, Sport und Mode hetzen sie hin und her, unablässig sieht man sie in ihren Automobilen die Straßen entlang sausen. Selbst in den

Museen ist hier ein Betrieb: in den Sälen werden Vorlesungen gehalten. Die ruhige Betrachtung scheinen die Menschen hier nicht zu kennen. Man muß am Schiff oder in den Bahnen gesehen haben, wie die Männer hier unter ein paar Stunden gezwungener Untätigkeit leiden, wie hilflos, unerfahren sie sind im Nichtstun, wie sie in jeder Station nach Zeitungen rennen, spielen und rauchen, alles aus jener merkwürdigen Unruhe heraus, die schon in ihr Blut eingedrungen sein muß. Und wirklich, auf einmal findet man sie in sich selbst, hat ein Gefühl der Hochspannung: man möchte hier nicht leben ohne eine ständige Arbeit, die einen von früh bis nachts in ihren Umschwung reißt. Selbst der Fremde ist hier einer Arbeit verfallen: trotz aller Müdigkeit hetzt man weiter, noch mehr zu sehen, mehr Menschen, mehr Straßen, unbewußt paßt man sich schon dem Rhythmus an. Und man rastet in den Straßenbahnen: also auch in Bewegung.

Die zwingende, unentrinnbare, allgegenwärtige Gewalt dieses Rhythmus ist mir das Unvergeßlichste von New York. Hier ist schon eine Vorahnung jener Energie gegeben, die Amerika beherrscht, das Land, das in hundert Jahren den Weg zurücklegen will, zu dem Europa zwei Jahrtausende gebraucht hat, und darum so hastet, so gierig, so mit verbissenen Zähnen vorwärts will. Der Rausch der Geschwindigkeit, den man bei uns im Sport empfindet oder bei der Automobilfahrt, ist hier das Lebensgefühl eines ganzen Landes. Europa ist wie ein Strom, der schon sein Bett gefunden hat und nun in gemächlichem Hinrollen Muße findet, die ganze Welt und den Himmel in Kunst und sanftem Genießen zu spiegeln. Hier ist noch die Unruhe des Unerreichten, der Durchbruch der gestauten Kraft in unbekannte Ufer: wer Urkräfte liebt, kann sie hier ungestüm und barbarisch sich entfalten sehen.

Am Abend verlischt plötzlich dieser Rhythmus, er bricht zerknickt in sich zusammen. Man war im Theater gewesen, bei ›Parsifal‹, der hier räuberischerweise gegeben wird, bei Maeterlincks ›Blue Bird‹ oder Bahrs ›Konzert‹, und wie man dann auf die Straße tritt, fühlt man sich auf einmal in fremder Umgebung. New York scheint versunken zu sein, und man muß an die Magnetstadt aus ›Tausendundeiner Nacht‹ denken, die ganz aus stählernen Platten gebaut ist, stumm, kalt, mit zu Schlaf erstarrten Bewohnern. Die Menschen, die dunkle, grollende Masse ist fort von den Straßen, die jetzt kaltes, häßliches, schwarzes Gestein sind, und die Stille tut einem fast weh. Auf den Dächern springen noch die Leuchtplakate, so wie letzte Funken aus der Asche springen, ehe alles auslischt. Nichts Häßlicheres als New York im Schlaf, New York ohne Menschen.

Und plötzlich spürt man da auch in sich jenes Niederbrechen der Energie: während in anderen Städten mit der Nacht einen Unruhe überkommt, jetzt erst sie aufzuspüren bis in die dunkelsten Ecken, sie zu beschleichen in ihrem Schlaf, fühlt man hier nur das Blei in den übermüdeten Gliedern. Hinauf in das Zimmer, irgendwo im elften Stock, schlafen, ausruhen, ruhen mit der Stadt, nachdem man mit ihr gefiebert. Ein Blick vom Fenster noch. Wie seltsam ist dies! Der Himmel hoch oben ist verhangen von Dunst und Dampf, aber da unter einem scheint ein anderer zu sein. Von vielen fernen Fenstern blinkt es her wie Sterne, seltsame Leuchtkegel, schimmernde Milchstraßen zittern auf diesem Firmament. Auch hier, noch im Schlaf, ahmt diese Stadt die Natur nach, die gestirnte Himmelsdecke, und jetzt, jetzt auf einmal hört man auch noch ein leises Tönen von unten. Wie Meer, wie Flut, wie Brandung klingt es von unten in ebenmäßigem Rauschen herauf. Man beugt sich vor: ist es wirklich das Meer, das ferne? Nein, nur die Maschinen rauschen so von einem

Hof herauf, die hier in diesen Riesenhotels tausendfache Arbeit verrichten. Die bleiben noch wach, ewig wach wie die Elemente, wenn die Menschen schon schlafen, und während die Stimmen ruhen, brauen sie aus der Stille neue Kraft und neue Geschwindigkeiten, die dann morgen die Menschen mitreißen werden in ihrem Rhythmus, den unvergeßlichen Rhythmus dieser verwirrenden und unergründlichen Stadt.

Parsifal in New York

Die Oper, das berühmte Metropolitan-Opera-House, ist hier nicht gesondert vom schwarzen Block der Häuser, sie hat nicht Raum rechts und links zu ihren Seiten, sondern steht mit eingezwängten Schultern mitten in einer Avenue. Der Lärm, der teuflische Lärm einer amerikanischen Riesenstraße schlägt wie eine breite Schmutzwelle tief in die Vorhalle hinein. Und jetzt, fünf Minuten vor Beginn, wird das Getöse infernalisch: Automobile tuten sich ungeduldig heran, die Ausrufer schreien wie besessen, ein Kartenagent läuft verzweifelt hin und her, ein Bündel unverkaufter Karten in der Hand, brüllt immer geringere Preise mit ausgeknarrter Stimme.

Denn man spielt heute ›Parsifal‹. Geraubt, heimtückisch entrissen wie Amfortas Speer (»heilig und hehr«, klingt's einem hymnisch im Ohre nach) wird hier Wagners Festspiel durchs Land gehetzt, Cleveland, Buffalo, Missouri, Kentucky und hundert andere Städte haben seine Weihe schon empfangen (wie schade, daß man's nicht merkt!) und nun ist der Karren wieder glücklich in New York eingetroffen. Mit andächtigem Gemüte (und Kaugummi im Mund) strömt die Menge herbei.

Der Saal selbst groß und weniger protzig, als man es erwartete. Surren und Geschwätz von überall. Dann plötzlich Dunkel und Applaus. Ein dicker Dirigent (darf ein guter Dirigent Fett ansetzen? frage ich mich) schwingt sich mit sehr viel Mühe – er ist sehr dick – auf den Stuhl. Herr Hertz, wie der Zettel verrät. Jetzt ist es stockfinster. Man sieht nur die paar Kerzen an den Notausgängen in unsicherem Licht und die Glatze des Herrn Hertz.

Musik, hymnisch rauschende Musik, und dann endlich ein sehr abgeblaßtes, vom Herumwaggonieren ramponiertes Szenenbild. Die Kostüme hängen abgetragen um gute Stimmen. Aber das Schauspiel ist anderswo. Im Publikum nämlich. Das mag die Finsternis nicht (die, außerhalb Bayreuths, glaube ich, Gustav Mahler erfunden hat) und weiß sich resolut zu helfen. Sie wollen die Textbücher (½ Dollar) doch mitlesen! Und plötzlich blitzt es rechts und links mit leisem Knacks auf, elektrische Taschenlampen, die sich die Vorsorglichen mitgebracht. Rechts und links sieht man die kleinen, zitternden Lichtkegel auf den Textbüchern flimmern. Weihefestspiel im praktischen Land!

Auf der Bühne geht etwas vor (ich glaube, ein Schwan wird geschossen) und unten braut man Musik. Aber das ist jetzt Nebensache. Alle Köpfe wenden sich in eine Richtung, ein paar Namen surren durch den Raum. Astors sind in ihrer Loge (oder waren es Vanderbilts, ich weiß nicht mehr), eine Diamantenkrone funkelt von dort durch das Dunkel (ach, dieses widerliche Dunkel, das einem wirklich die interessantesten Dinge verdirbt).

Der Vorhang fällt. Beifall von allen Seiten. Aber ein paar wissen es besser, sie wissen, man applaudiert nicht bei ›Parsifal‹. Also zischen sie. Das reizt die anderen (war es denn nicht »wonderful«), und sie klatschen wie irrsinnig und werfen irgendein kurzes stoßweises Heulen ins Getöse. Eine liebliche Schlacht der Begeisterungen.

Die zweite ist dann im Foyer um »ice-cream«, die wirklich das Beste ist, was es in Amerika gibt. Ich begnüge mich mit den Brocken der Gespräche. Meist sind es ekstatische Interjektionen, wie »grand«, »wonderful«, »astonishing«, aber so gleichgiltig intoniert, mit so kalten, toten Stimmen, daß ich immer glaube, es galt der »icecream«.

Dazwischen ein, zwei rührende Gespräche. Es sind viele

Deutsche da, und die sind wirklich ergreifend in ihrer schönen Freude, endlich wieder Musik, deutschen Gesang, gehört zu haben. »Ich bin von Philadelphia hergekommen und fahre noch heute nachts zurück, morgen früh ist wieder office«, höre ich einen sagen. Er ist ein junger Bursche, blond und still, wohl noch nicht lang von Deutschland herübergekommen. Denen ist's wirklich ein Fest, ein Weihespiel; den Wenigen, die förmlich frieren nach Musik in diesem Land, das die Geräusche taub gemacht haben für die Musik. Sie fahren Nächte durch, um ein paar Stunden Wagner zu haben, der ihnen Deutschland ist, sie sparen – ich sah es an ihrer Kleidung – den letzten Dollar, um den ›Parsifal‹ erleben zu dürfen: wirklich ergreifend war mir der Glanz von Freude auf dem blonden Gesicht. Denn die Deutschen haben drüben keine andere Heimat als ihre Musik. Wie sie dankbar sind, wie beglückt, diese Verbannten, wenn sie für ein paar Stunden – und sei's auch dank einem listigen Betrug – in dem edelsten Werke unserer Zeit ihre Ferne vergessen dürfen, wie sie aus dankbaren Augen strahlten, da die fromme Schwinge dieses einzigen Werkes einem Engel gleich sie hinübertrug in die verlorene Welt. Nie habe ich mehr gefühlt, als an diesem beglänzten Blick inmitten snobistischem Yankeetreiben, wie viel Wagner für Deutschland bedeutet, wie sehr er selbst Deutschland ist, höchstes, eindringlichstes Symbol seiner Nation und seiner Zeit.

Die Stunde zwischen zwei Ozeanen
Der Panamakanal

Jahrtausende alt ist der Kampf um den schmalen Streifen Land dort bei Panama, diesen dünnen Nervenstrang, der Nordamerika mit Südamerika zusammennietet. Lang vor den Zeiten von Mensch und Tier hat er begonnen, in jenen dunklen Jahren, da noch kein Irdischer war, den leeren Begriff der Zeit zu zählen und einzig die Elemente im wehrlosen Leib der Erde wühlten. Unsere Geschichte weiß noch nichts davon zu sagen, nur die Geologen lesen heute die Spur jener Evolutionen aus den Gestaltungen des Gesteins. Damals, erklären sie, im Dunkel der Urzeiten haben zwei Ozeane um dieses Land gerungen, das, viel massiger als heute, wie ein rundgegürteter Leib das Herz des amerikanischen Kontinents beschützte. Von rechts aber drängte der Pazifische, von links der Atlantische Ozean heran, zwei blaue, ungestüme Giganten, gierig, einander zu begegnen, von unten wühlte vulkanisch das hilfreiche Feuer. Das Fließende rang gegen das Feste, bis sie endlich an einem Tage die Erde mit Feuer und Wasser zerrissen. Siegreich stürzte das Meer über das zerspaltene Land: Cuba, Portorico und die kleinen Inseln des westindischen Archipels sind die letzten Fetzen jenes urweltlichen ertrunkenen Kontinents. Aber die Erde blieb störrisch und stark. Einen letzten Streifen ihres zertrümmerten Landes ließ sie nicht zerspalten, und den türmte sie in erbittertem Widerstand zwischen die beiden Meere, eine dünne Mauer und doch einen Hohn gegen ihre endgiltige Vereinigung. Lächerlich dünn scheint sie, gemessen an der Unendlichkeit der beiden Ozeane. Der Wind, der leiseste Wind, reicht herüber von einem Meer zum anderen, fast können sie die Stimme ihrer Wogen in Rede und Antwort hören. Die Möwen rasten bald am pazifischen, bald am atlantischen Strand, und ein nicht allzu hoher Hügel der Panamaenge gewährt sogar das in der Welt einzige Schauspiel, zwei Meere mit einem Blick zu umfassen. Ein schwankes Papierblatt, von der leichtesten Anstrengung zu durchlöchern, scheint dieser dünne Streifen Landes zwischen den ungeduldigen Meeren. Aber vergebens werfen sie nun schon seit Jahrhunderten ihre Fluten im Sturm dagegen: die Erde ist störrisch und hart geblieben und hat mit steinerner Barre den Weg von Flut zu Flut gesperrt. Den grausamen Verstümmelungen zum Trotz ist sie Siegerin geblieben im Ringen der Elemente.

Aber ein neues Wesen mengte sich vorwitzig in den alten Kampf der Elemente. Der Mensch, kühn geworden durch die Taten seiner Rasse, unternimmt nun, zu vollenden, wo die Natur zu schwach war, unterfängt sich, den Willen gigantischer Meere mit seiner kleinen irdischen Kraft zu verwirklichen. Die ersten europäischen Menschen, die unter entsetzlichen Qualen die Enge von Panama durchforschten, begeisterten sich schon in der vagen Idee der vereinten Meere, und Champlain, der kühne Eroberer Kanadas, sandte dem französischen König eine Relation über die Möglichkeit eines Kanals. Doch der Mensch von damals war noch zu schwach. Er hatte nichts als seine nackten Hände, hatte nur das, was ihm die Natur selbst geschenkt hatte, die Kraft seiner Arme, den Willen und die Kühnheit. Er war gerade stark genug, um andere schwächere Menschen zu unterjochen, Königreiche wie Mexico, Peru und die Wälder der Rothäute im Spiel zu erobern, einen Kontinent sich untertänig zu machen, aber ohnmächtig blieb er gegen die Natur, wenn sie seinem Willen nicht gefügig war: Jahrhunderte mußten erst reifen, ehe er sich vom Traum zur Tat wagen konnte, sich anmaßen, die Widerstrebende mit Gewalt zu bändigen.

Der Mensch mußte erst warten, bis er Herr der Natur geworden war und Meister der Elemente. Um diese Tat von Panama zu vollenden, mußten durch viele dunkle Jahre Gelehrte in ihren Stuben lebendige Erkenntnis aus toten Formeln ziehen, mußten Forscher der Natur erst einzelne ihrer Gesetze abringen, um daraus Waffen gegen sie selbst zu schmieden. Erst die Zeit, die dem Blitze sein Geheimnis entrissen, die Luft als treibende Kraft dienstbar gemacht, das Feuer in Knechtschaft gezwungen, erst unsere kühne und heroische Zeit durfte wagen, mit offener Stirn vor eine solche Aufgabe zu treten. Die Menschheit brauchte einen Mittler im Kampfe gegen die Natur, sie mußte erst lernen, sich und ihre Kraft zu vervielfachen, mußte die Maschinen finden, sie, die, selbst den Zufällen der menschlichen Natur fremd, doch die höchste Verwirklichung ihrer Erkenntnis bedeuten. Sie mußte erst den Raum zwischen den Ländern überbrückt und jenen großen internationalen Zusammenschluß erreicht haben, um die Kapitalien flüssig zu machen, die Millionen und Milliarden, die nötig waren, einen so gigantischen Kreuzzug gegen die Natur ins Werk zu setzen. Alle die geistigen und technischen Errungenschaften unserer Zeit waren notwendig, ehe es der Mensch wagen durfte, selbst Natur zu spielen, das Antlitz der Erde nach eigenem Willen zu verändern und den Plan der Elemente vorbedacht zu zerstören.

Vor dreißig Jahren glaubte sich Europa stark genug für diese größte seiner Taten. Die Franzosen haben sich zuerst an das Unternehmen gewagt. Dieser erste erbitterte Kampf zwischen der Erde und den Menschen hat seinen Homer noch nicht gefunden, dieser erste blutige Kampf, in dem die Menschen unterlagen. Wir hier in Europa kennen nur das Komische der Affäre, das Satyrspiel, die bestochenen Parlamentarier, den Krach der Aktien in Paris, das verhängnisvolle Börsenmanöver, und wissen wenig von der Tragödie, die sich indes dort drüben am andern Ende der Welt vollzog. Zwanzigtausend Menschen sind bei den Arbeiten am Kanal zugrundegegangen, eine Milliarde sauer erworbenes Geld nutzlos versickert im weißen Sand, langsam versunken in den trüben Morästen, vergeudet in verlassenen Häusern und verrosteten Maschinen. Denn die Natur kämpfte dort in Panama, wie von einem heimlichen Instinkt gewarnt, mit den gefährlichsten Waffen der Heimtücke um ihren Bestand. Nicht nur, daß sie im Trotz ein ganzes Gebirge zwischen die beiden Ozeane gestellt hat, das Zoll für Zoll, Schaufel für Schaufel abgetragen werden wollte, auch alle Gefährdungen der Tropen sind dort wie in einem Köcher gesammelt, aus dem die vergifteten Pfeile des Todes fliegen. Von den Niederungen her kriechen die giftigen Ausdünstungen des Fiebers, überall schwirren hier die kleinen, gefährlichen Mücken, mit dem Tode auf ihren surrenden Flügeln. Unmerklich, aber unentrinnbar haben sie ihr Gift, das ihnen die Sümpfe im Dunkel der Urwälder brauten, dem von der Hitze geschwächten Menschen ins Blut gejagt, bis die Arbeiter entflohen, die Ingenieure niederbrachen und eines Tages die keuchenden Maschinen, sie, denen Krankheit und das grimmige Sonnenfeuer nichts anhaben konnten, verlassen, wie Leichname auf dem Schlachtfelde blieben. Diese Katastrophe von Panama, der verunglückte Kanal, war die furchtbarste Niederlage der Menschheit in unseren Zeiten. Zehn Jahre blieb die Natur Siegerin, die Menschen verließen, vom Schrecken gejagt, die mörderische Walstatt, wildwucherndes Unkraut hat seitdem die verlassenen Maschinen förmlich gefressen. Heute noch sieht man sie am Wege liegen, als grüne Hügel von Schlingpflanzen und Gesträuch, denn die tropische Vegetation reißt hier alles rasch in ihre Arme, die Häuser wurden verlassen, die ausgegrabenen Schächte sickerten wieder zu, und weit drüben, in Europa, büßten Tausende die Kühnheit der vorschnellen Unternehmer. Die Natur, die hundertfach vom Menschen gedemütigte, hat ihm dort ein letztesmal ihre Macht gezeigt.

Aber zum letztenmal. Denn unsere Zeit, unser neues Jahrhundert weicht nicht mehr zurück, sondern schmiedet neue Waffen, wenn die alten zersplittern. Eine neue Generation hat dieses Ringen noch einmal, zum letztenmal und nun siegreich begonnen. An die Stelle der Franzosen sind die Amerikaner getreten, die mit ihrer unheimlich konzentrationsfähigen Energie, ihrem stählernen Optimismus und ihrer prachtvollen Waghalsigkeit das Werk gefördert haben. Belehrt durch die Katastrophe ihrer Vorgänger, haben sie den Ingenieuren vorsichtigerweise die Ärzte vorangeschickt, zuerst die Sümpfe ausbrennen lassen, aus denen die Moskitos schwirrten, haben Spitäler gebaut und für gesunde Unterkunft gesorgt. Erst in gesundetes Land sandten sie Arbeiter ans Werk, aber nicht nur die Menschen allein. Ihr nationales System, die hinfälligen, unzuverlässigen Menschen durch die eiserne Maschine zu ersetzen, hat sich nirgends besser als in diesen verseuchten Gegenden bewährt. Wie im Spiel ist heute schon mehr als die Hälfte der Schwierigkeiten überwältigt, und nicht ohne Geräusch rüsten die Yankees für das Siegesfest. Denn ein Kapitel in der Geschichte ihres Landes schließt damit triumphierend ab: zum erstenmal dürfen sie sich rühmen, Europa überflügelt zu haben, Sieger dort geblieben zu sein, wo jene zurückweichen mußten, und ein Werk geschaffen zu haben, dessen Gewalt und Bedeutung kaum zu berechnen und fast unmöglich zu schildern ist. Ziffern könnten die Gewalt dieser Schöpfung vielleicht ahnen lassen, aber Ziffern sind kalt und unsinnig, sie rühren an den Verstand und nicht an das Gefühl. Das Wort wiederum greift vergebens nach dem Vergleich, denn hier ist wirklich eine Tat im Reifen, die ihresgleichen in der Geschichte nicht hat.

Man darf nicht versuchen, dieses Unternehmen mit dem Suezkanal zu vergleichen, denn das hieße arg verkleinern. Der Suezkanal, mag er für seine Zeit auch ein Gewaltiges gewesen sein, ist in seinem Plan, in seiner Ausführung doch irgendwie primitiv, einfach und geradlinig. Zwischen zwei Meeren wurde durch weichen Sand ein Kanal gegraben. Die Natur, das Klima boten kein Hindernis, die Arbeiter waren zur Stelle. Den Suezkanal kann man einem Kinde erklären, es wird seine Idee verstehen, wird vielleicht selber am Meere in flüchtigem Spiel mit seiner Schaufel eine Rinne zwischen zwei Vertiefungen graben, um ihn nachzuahmen. Die Tat am Panamakanal aber ist phantastisch. Etwas Unirdisches, Unbegreifliches haftet ihr an. Hier mußten Berge versetzt, Wälder verbrannt, künstliche Seen geschaffen, die ursprünglichen Formationen der Natur in ihr Gegenteil verwandelt werden, hier war es notwendig, Arbeiter erst herzuschaffen und ihnen Wohnstätten zu bauen, neuzeitliche Kultur in einer Wildnis zu errichten. Hier in Panama wurde – es klingt unglaubhaft – die Wasserstraße hoch zwischen den beiden Meeren angelegt; nicht auf ebenem Spiegel, sondern hundert Meter über der natürlichen Fläche werden die Schiffe von Ozean zu Ozean fahren, gehoben auf der einen Seite und wieder niedergesenkt zum Meere auf der anderen. Die Franzosen hatten noch das Primitivere versucht, sie wollten, wie in Suez, auf ebenem Spiegel die beiden Meere verbinden. Für die Amerikaner ist inzwischen das Kompliziertere, die Wasserstraße hoch über dem Meeresspiegel, schon das Einfachere geworden. Zwanzig Jahre technischen Fortschrittes haben hier ein vorher Unmögliches zur Leichtigkeit gemacht: In solchen Verwandlungen und Veränderungen ahnt man das hitzige herrliche Tempo unserer Zeit, in so stürmischen Fortschritten, die das heute Unmögliche zum Selbstverständlichen von morgen machen und die kühnsten

Träume einsamer Phantasten in lächerlich kleiner Frist zu alltäglichen Taten verirdischen.

Kein Lehrbuch, und auch nicht das modernste, kann einem so viel von moderner Technik bewundernd erzählen als diese zwei Stunden Eisenbahnfahrt von Colon nach Panama, vom Atlantischen zum Pazifischen Ozean. Ein grandioses Schauspiel von Arbeit und unbändiger Energie rollt sich auf, nirgends ist Ruhe, Rast, überall Bewegung, Eifer, Tätigkeit, nirgends mehr reine, stille Landschaft, sondern überall gebändigte, unterjochte Natur. Hier, inmitten tropischer Wildnis nahe dem Äquator, habe ich stärker als je in Europa die triumphierende Gewalt der geistigen Kultur empfunden.

Colon selbst, der Ausgangspunkt des Panamakanals, ist eine kleine, tropische Flibustierstadt, ein weißer Sonnenfleck in einem grünen Rahmen von Palmen. Teuflisch brennt hier die Hitze nieder. Zwei Gassen vom Meere schon, wenn man die leise, schwach atmende Brise nicht mehr an den Wangen spürt, zittert's an einen in heißen Wellenschwingungen heran, wie weißglühendes Erz strahlen die Wände von der brütenden Sonne. Ein ungeheurer kochender Kessel, dessen Ränder bis an den Horizont reichen, scheint dieses Land: blau steigen aus den Niederungen, aus den Wäldern die qualmigen Dünste auf, um im weißen Licht gespenstig zu zerfließen. Dort kocht das Fieber seine gefährlichsten Säfte. Nun versteht man auch auf einmal, weshalb rings um die offenen Holzhäuser hier überall ein Sturz aus Drahtgeflecht, ähnlich den Tiroler Fliegenhauben, gestellt ist, warum jedes Fenster, jede Tür dieses dünne, durchsichtige Gitter hat. Stolz und vordringlich, mit weißem Leuchten steht als das wichtigste Haus inmitten der kläglichen Hütten das Hospital, und links von der Bahn winkt einem ein Friedhof mit vielen Kreuzen drohend ab: die furchtbaren Hekatomben der zwanzigtausend Opfer. In wild aufschießendem Grün sind sie hier gebettet mit dem Blick auf den Ozean, hinter dem ihre Heimat liegt. Paradiesisch schön ist dieser dunkle Hain, aber hier ist nicht gut zu verweilen. Der Zug fliegt weiter, Luft zwischt durch die geöffneten Fenster herein, ohne zu kühlen, wie lauer Dampf nur fliegt sie einem über das Haar und die Hand. Zu beiden Seiten starren grüne Mauern, undurchdringlich und nicht zu zerbrechen, der Urwald drängt sich hier überall hungrig hart bis an das menschliche Haus. Nach zehn Minuten sausender Fahrt ist das erste Ziel erreicht, der Eingang des Kanals, die Gatun-Locks, die berühmten gigantischen Schleusen.

Mit Ziffern kann man keine Ahnung ihrer Leistung geben. Sie sind stärker als alle Riesen der Vorzeit, diese fast turmhohen Wände aus Zement, die hier plötzlich auftauchen. Was besagt es im leeren Wort, daß hier Schiffe von 30- bis 50 000 Tonnen in drei Stunden hundert Meter über den Meeresspiegel hochgehoben werden? Man muß sich erst daran erinnern, daß jedes dieser modernen Riesenschiffe mit seinen 3000 bis 4000 Mann an Bord eine ganze Stadt mit kleinen Fabriken, Werkstätten, gigantischen Maschinen, mit Restaurants, Vergnügungslokalen, Schwimmbassins, einer öffentlichen Bibliothek, mit künstlichen Gärten, Musikkapellen und sogar einem kleinen Theater ist; muß bedenken, daß solch ein Schiff ein Gewicht darstellt, das wir gar nicht ausdenken können, wir, die wir in einem Hafen schon staunen, wenn eine Lokomotive von der Polypenkralle eines Krans wie spielend in die Luft gehoben wird. Und man muß sich vorstellen, daß all dies – also etwa eine mitteldeutsche Kleinstadt – in diesen Schleusen wie auf einem flachen Handteller behutsam hundert Meter hoch gehoben (indes die Passagiere friedlich beim Tee sitzen oder Bridge spielen) und dann ebenso sanft wieder in den anderen Ozean fünf Stunden später herabgelassen wird. Die ganze Höhe aber wiederum, zu der die Schiffe mittels Elektrizität und hydraulischen Druckes so emporgetragen werden – jetzt noch eine ungeheure Fläche niedergebrannten Dschungels – wird mit künstlichen Zuleitungen inzwischen in einen gewaltigen Binnensee verwandelt, etwa von der Größe eines Salzkammergutsees, auf dem die Ozeanriesen mit Volldampf eine Stunde lang fahren können. Dann erst beginnt der eigentliche durch diese geniale Niveauerhöhung stark verkürzte Kanal.

An dieser Stelle hält der Zug wieder Rast, und hier am Culebra-Cut wartet eine neue Unwahrscheinlichkeit. Die Karten zeigen hier eine hohe Bodenerhebung, ein ganzes Gebirge an, aber man sucht es vergebens mit dem Blick. Er ist fortgeschafft worden, dieser Fels von Culebra, von den Franzosen zur Hälfte, von den Amerikanern zur anderen. Wie versunken scheint er, weggezaubert ohne Spur. Wo ist er hin, wo seine Spuren, wo die Erdmassen, die doch Lagerung um Lagerung abgehoben werden mußten? Der Ingenieur, den man fragt, lächelt leise mit verhaltenem Stolz, ob wir denn nicht den Damm bei den Gatun-Locks, die Aufschüttungen an der Bahn gesehen hätten? Dort ist jetzt der Berg, künstlich als Schutz gegen das Meer gebaut, der hier als Hemmnis dem Kanal sich entgegenreckte, und wirklich, tief unten auf der Fläche, auf dem Grunde des Kanals sausen auf fünf Geleisen nebeneinander die Eisenbahnen, lange Züge, jeder belastet mit Schutt, tragen die Erde in die Ferne, um neue Dämme zu bauen. Dazwischen donnerts dumpf: das Dynamit reißt jeden Augenblick neue Stücke aus den Flanken des Gesteins. Schon ist das Strombett des Kanals schwindlig tief: hier von oben sieht sich das rege Getümmel der Arbeiter dort drunten wie Fischlaich am Rande eines durchsichtigen Gewässers an. Eine unheimliche Geschäftigkeit kreist um diesen kühlen Abgrund, Menschen und Maschinen im bunten Gewirr. Wie bezaubert starrt man hinab, aber der Ingenieur lächelt wieder: wir müssen noch vierzig Fuß tiefer, meint er, das wird bald geschehen sein. Und wirklich, man zweifelt nicht mehr, sieht man unten die Riesenzangen der Maschinen, wie sie geschäftig ganze Wagenladungen Schutt mit einem Griff aufreißen und beinahe graziös in die offenen Waggons laden, die dann mit gellem Jubelschrei ihrer Dampfpfeifen sie hastig wegtragen, um nach fünf Minuten wieder leer mit aufgesperrtem, hungrigem Maul zur Stelle zu sein. Die Menschen neben ihnen scheinen winzig klein. So tief sind sie da drunten im Schacht, daß man ihre emsigen Bewegungen kaum merkt, nur hie und da blitzt ein Strahl Licht herauf, wenn sich die Sonne mit einem blanken Spaten kreuzt. Ihre Tätigkeit ist unsichtbar und für den Blick ganz unverständlich. Alles scheinen die großen schwarzen keuchenden Tiere, die Maschinen, zu schaffen. Und man könnte es auch gar nicht begreifen, daß Menschen allein dieses Unwahrscheinliche vollbringen, Ozeane zu vereinen, Berge zu versetzen, Länder in Seen zu verwandeln, fließende Straßen über ein Gebirge zu ziehen, diese wahrhaftig biblischen Taten, die man hier noch im feurigen Werden belauscht. Ein Taumel überfällt einen inmitten dieser fiebrigen Arbeit, der Rausch des Vollbringens. Ich weiß, wie ich, mitten im Anblick des Werkes in glühender Sonne die Erdwellen auf- und niederkletternd, plötzlich die infernalische Hitze vergaß vor innerer Erregung, die Glut der Sonne nicht mehr spürte und erst der Müdigkeit gewahr wurde, als dann Panama erreicht war, der blaue, unendliche Pazifische Ozean mit dem Trugbild Japans hinter seinen stillen Wellen.

Seltsames, unvergleichliches Gefühl, da unten im noch trockenen Strombett des neuen werdenden Flusses zu wandern, ein Stück irdischer Schöpfungsgeschichte zu erleben, teilhaftig zu sein an einer Umgestaltung der Welt! Irgendwie feierlich war mir's doch, da an die Erde zu rühren, die Nord- und Südamerika zur Einheit macht, kurz vor der Frist, ehe die Wellen sie für alle Ewigkeiten entzweispalten. Dann werden sich beide Ozeane umschlingen, wieder wird die Erde enger sein für unsere Hast, kürzer für den edlen Rausch der Geschwindigkeiten, der dies Jahrhundert so heroisch erfüllt. Ein neues Tor der Welt ist dort neuen Wegen und neuen Werten aufgetan. Die Distanzen werden sich ändern, die Idee von Raum und Zeit, die Machtfülle der Nationen, und vielleicht beginnt dort Amerika sein Imperium mundi. Ob sie es ahnen werden, die Späteren, die dann auf diesem neuen Strom hingleiten, daß sie in dieser schläfrigen Stunde, hingereckt auf ihren Liegestühlen, die feurigsten Träume von Tausenden Toten erleben, ob sie es spüren werden, daß jeder Fuß breit Wasser unter dem eiligen Kiel mit dem Blute, mit der edelsten Anstrengung einer ganzen Generation bezahlt ist? Wundervoll ist es, diese Umwandlung, diese Umwertung, diese Sekunde vom Alten zum Neuen in Panama heute noch als einer der letzten erlebt zu haben. Denn diese Tausende Menschen dort drunten im noch leeren Kanal, die sich in bitterer Sonnenglut mühen, die Ingenieure und selbst die stummen Maschinen, sie alle formen mit ihren Taten zugleich den Sinn eines Wortes für alle Ewigkeiten um. »Un Panama«, bis zu unseren Tagen war's ein Schimpfwort, von der Schleuder der Verachtung als bösartiges Invektiv dem Gelächter hingeworfen. Spätere Zeiten werden das Wort »Panama« anders aussprechen. Wer einmal dort zwischen der Wildnis von einst und diesen neuen menschlichen Werken stand, dem schwingt schon heute in diesen drei Silben ein unendlicher Jubelruf, der Siegesschrei unserer starken, heroischen Zeit, die endlich Herrin ward über die störrische Natur, die zum erstenmal ihren irdischen Willen Gebirgen und Meeren, die bislang nur Gott und den Elementen gedient, gebieterisch aufzwang.

1913

Herbstwinter in Meran

Oktoberwende hat längst die letzten Trauben von den Reben gelöst, aber noch glühen die Weingärten in einem sanften und doch feurigen Licht. Blatt an Blatt leuchtet, blank und messingfarben, und immer, wenn eine sanfte Brise die zitternden umlegt, meint man sie klingen zu hören wie feine metallene Scheiben. Dunkler sieht der Herbst ins Land. Selten nur blicken mit ihren roten Kinderwangen die Äpfel durch das mürbe Gesträuch, häufiger und schneller entblättern sich die Kastanienbäume und schleudern die letzten dunklen Kerne aus der matten Umhüllung nieder, doch der Winter scheint noch immer unendlich weit. Seit Tagen ist der ernste November in das Tal getreten, aber die Landschaft lächelt ihm geruhig zu. Die Berge haben schon Schnee auf dem Scheitel, doch ihre Brust liegt noch frei und grün, und leuchtend umschnürt ihre tiefe Hüfte der farbige Gurt der Weinberge. Ganz weit scheint der Winter noch. Nur die Höhen, die weiter in die Ferne schauen, scheinen ihn bereits erspäht zu haben, das Tal freut sich noch der Sonne und wird nur feuriger in den herbstlichen Farben. Wie brennende Büschel flackern einzelne Bäume rote Warnung ins Land, rostfarben leuchten die Stämme, und das heitere Gelb der welken Blätter mengt sich fröhlich ins dunkle Grün der Matten. Unwandelbar aber schließt oben der blaue Himmel mit einem weiten, voll ausgespannten Klang den bunten Reigen der Farben. Es ist ein Herbst ohne Ende, ein Herbst ohne Bitterkeit, der hier langsam Winter wird und – man fühlt es schon – ein milder geruhiger Winter, ohne Härte und Harm.

Es ist mir nicht neu, das vielfältige Farbenspiel dieser Landschaft. Oft hab' ich sie schon so gesehen im Zauber des Übergangs, immer beglückt und immer neu begeistert. Aber immer nur wie etwa ein Maler es sehen mag, froh der Reinheit der Luft und der seligen Klarheit der Farben und fraglos hingegeben im sanften Genießen. Doch heute lüstet es mich, diese Schönheit nach ihrem Sinn zu fragen, denn es gibt Stunden, da der Genuß eine Rechenschaft fordert und selbst die Beglückung noch ihren Sinn. Ich sehe in ihre heiteren Züge hinein und frage das eigene Herz, noch heiß im Entzücken, warum gerade ihr diese seltsame Macht gegeben ist, so reine Beruhigung in mir auszubreiten und von ihrer sanften Heiterkeit einen Widerschein in mich zu streuen. Ich weiß gewaltigere, gekrönt mit den heroischen Insignien großer Vergangenheit, Landschaften, die das Meer zu ihren Füßen haben, das unendliche oder einen See, ständig das Bild ihrer Anmut zu spiegeln, Landschaften, die wie urweltliche versteinerte Gedanken sind, Tragödien aus Fels und Wald. Ich sehe sie an, suchend, an hundert Stellen ihre Schönheit zu fassen, und nichts Einzelnes gibt Antwort. Denn nichts in ihr ist eigentlich sonderbar oder einzigartig, nichts reißt herrisch den Blick an sich, freundlich läßt ihn eine Linie in die andere fließen. Und diese Harmonie des Überganges ist ihre Magie. Denn alle Elemente der Schönheit sind nicht nur verteilt im Meraner Tal, sondern auch vereint. Sie hat Größe und Gewalt, diese Landschaft am Fuße der nordischen Alpen, aber eine, die nicht drückt und beschwert: schieben sich die Berge in ihren Rücken wie zornige Falten auf der Stirn eines Giganten drohend zusammen, scheint von allen Seiten Begrenzung dem Blick zu drohen, ihm im Sinnbild die eigene warnend zu zeigen, nach Süden tut sich die verschlossene Landschaft unendlich auf, ein sonniges Tal führt den Blick, den befreiten, heiter fruchtbare Felder ins Ferne entlang. Sie ist großartig, diese Landschaft, und doch nicht streng, ihre Nähe schön und ihre Ferne erhaben. Ihr felsiger Bau beängstigt nicht wie etwa eine verschlossene Gebirgslandschaft, deren schroffe Felsen sich einem schließlich um das Herz bauen, ihre Weite ermüdet nicht, weil sie nicht flach ins Ferne rinnt, sondern überall den Höhen sich verkettet. Alles ist Übergang in diesem Anblick. Die Stadt selbst, uralt, mit ihren Laubengängen und Herrensitzen und doch geschmackvoll in den neuen Villen und Burgen fügt Vergangenheit und Gegenwart in eine gesellige Gemeinsamkeit. Weiß und doch schon grün durchädert von den Parken und Anlagen, klettert sie langsam in die Wiesen und Weinreben hinein, die selbst wieder aufsteigend hinschwinden in den dunkeln Wald. Dieser wieder verliert sich klimmend in den Fels, dessen Grau mählich mit dem kühlen Weiß des Firnenschnees sich überstäubt, und diese höchste zackige Linie wiederum zeichnet sich rein ins unendliche Blau. So klar und rein entfaltet sich hier der Fächer der Farben, nichts befeindet sich, alle Gegensätze sind harmonisch gelöst. Norden und Süden, Stadt und Landschaft, Deutschland und Italien, alle diese scharfen Kontraste gleiten sanft ineinander, selbst das Feindlichste scheint hier gesellig und vertraut. Nirgends ist eine brüske Bewegung in der Landschaft, nirgends eine zerrissene abgesprengte Linie: wie mit runder, ruhiger Schrift hat die Natur hier mit bunten Lettern das Wort Frieden in die Welt geschrieben.

Meisterschaft des Überganges: das ist die Gewalt dieser Südtiroler Täler. Und nicht nur in der Struktur in ihrem eigenen Leben ist der Wandel der Erscheinung bezwungen, auch der Umschwung der Jahreszeiten, der Himmel, unter dem sie ruhen, scheint gebändigt von ihrer beruhigenden Gewalt. Die Jahreszeiten, die vier feindlichen Schwestern, hier halten sie sich noch friedlich Hand an Hand, leise umwandelnd im Reigen. Sie stoßen sich nicht zornig weg, eine der anderen den Platz zu rauben, sondern geben sich wie einen bunten Ball diese Welt weiter im heiteren Spiel. So weiß ich's nicht zu sagen, ob jetzt noch Herbst ist oder Winter schon, fast vermeint man, Höhe und Tiefe, Fels und Tal hätten sich hier geeint, beide gleichzeitig zu empfangen. Oben auf den Firnen glänzt schon der Schnee, auf wilden Stürmen sprengt der Winter durch die Tannen hin, indes unten das Tal in durchsonnter Luft golden funkelt und einen südlichen Sommer, eine ewige Jugend zu den grauen Felsen emporspiegelt. Und im Sommer wiederum, wenn der Juli im überhitzten Kessel der Tiefe brodelt, glänzt oben auf dem Vigiljoch und der Mendel ein heller Frühling durch die fast winterlich kühle, würzige Luft. So mildert hier immer die doppelte Welt das Übermaß der Jahreszeiten durch die nachbarliche Gegenwart der anderen, und selbst an einem einzigen Tage, im Kreise weniger Stunden, vermag man hier beide zu empfinden, den Winter am Morgen, den Frühling zu Mittag, wenn die Sonne den weißen Reif weggetrunken und ihre freundliche Wärme über das Tal gebreitet hat. Geschwisterlich sind hier die Jahreszeiten. Wie auf einem antiken Bild, geschmückt mit den bunten Allegorien der Früchte, wandeln sie dahin und verstatten das freundliche Wunder, ihnen vereint zu begegnen.

Dieses Wunder hat die Landschaft von Meran vollbracht dadurch, daß sie den Störenfried verbannte, den Wind. Denn der Wind ist es allein, der die Jahreszeiten gewaltsam trennt, der ihren ruhigen Reigen jäh auseinanderreißt. Wie oft hat mans im Norden erlebt; nachts haben die Fenster geklirrt, ein Heulen war in den Straßen, ein Stöhnen von verzweifeltem Widerstand, ein Schreien und ein Kampf, und erst am nächsten Morgen wenn der Schnee weiß über den Dächern liegt, wußte man's, der Herbst war entführt worden für ein ganzes langes Jahr, weggerissen von unsichtbaren Ketten. Und so gewalttätig stürzt der Sturm den Frühling wieder über den Winter und den Winter wieder über den Herbst. Mit einem Ruck reißt er den schlotternden Bäumen ihr gelbes Gewand ab und streut es in die Ferne, mit jähem Stoß schleudert er den Schnee von den Bergen, daß die Flüsse aufschäumen und rasend ins Tal rollen. Weggepeitscht in wildem Erschrecken entflieht vor ihm jede Jahreszeit, man erschrickt und staunt unvermutet über das neue Antlitz der Erde und ist befremdet, ehe man sich gewöhnt. Hier aber wehrt die Landschaft mit hohen Schultern seinem zornigen Ansturm. Nicht plötzlich ist der Übergang, sondern unmerklich zart, fast wie Musik. Jeden Tag spannt die Sonne jetzt etwas enger ihren Bogen, jede Nacht entsaugt der Frost den Blättern einen Tropfen grünes Blut. Erst beginnen sie zu gilben, dann rosten sie zu einem bräunlichen Rot, dann erst schrumpfen und welken sie, um schließlich, wenn sie ganz schwach und müde sind, schläfrig vom Baum zu taumeln und auf die Erde zu sinken in sanftem kreisenden Flug. Aber sie wehen nicht fort, sondern sinken nur matt zu den Füßen und umscharen weich den entlaubten Stamm, als wollten sie mit ihrem welken Laub noch die Wurzeln für den neuen Frühling wärmen. Und so wie jedes einzelne Blatt hat auch die ganze Landschaft hier ihr volles Farbenspiel und verstattet, daß man den Herbst, den Winter nicht wie eine Überraschung empfinde, wie einen Überfall, sondern geruhig wie ein Schauspiel genieße. Frucht auf Frucht fällt hin, Farbe um Farbe lischt mählich aus, aber niemals legt sich der Schnee weiß und tot zwischen Welken und Blühen, und dem Absterben nähert sich schon der Neubeginn. Unentwegt hält der Efeu aber dazwischen überall seine grüne Wacht bis zum Frühjahr, bis die Farben wieder zart einsetzen. Keine Pause ist hier im anregenden Spiel der Farben und des Lichts, nur Übergang, eine sanft anklingende und sanft wieder abschwellende Harmonie.

Dies ist das eine Geheimnis ihrer Schönheit, die Feindschaft mit dem Wind, und das zweite ihre rege Freundschaft mit der Sonne. Meran lebt vom Licht, und man fühlt's nie stärker als an einem Regentag, wenn plötzlich all ihre heiteren Züge wie in Tränen untergehen und die Ferne wolkig ihr Haupt verhüllt. Die Farben leuchten dann nur stumpf, wie durch eine Mattscheibe, die Menschen mit dem regen Bunt ihrer Gewandung verbergen sich in den Häusern, der Sinn der Stunden ist verwirkt, man findet seine innere Beziehung zu der gestern noch so nahen Schönheit nicht mehr. Meran lebt nur im Licht. Denn die Sonne hat hier eine seltsame, fast mythische Macht: sie zählt die Stunden, sie gliedert den Tag, sie nährt die Kranken mit Hoffnung und die Früchte mit heißem Blut. Erst wenn sie aufglänzt, beginnt der Tag, wenn sie niedersinkt, ist er vorbei. Mit glühendem Zirkel mißt sie die Stunden zu, breiter im Sommer, enger im Winter, immer aber geregelt und genau, und jeder mißt seine Zeit an ihr. Ist man ein wenig eingewohnt in Meran, so kann man bald die Uhr entbehren, denn die Rosawolke auf dem Berg, die vorauseilend ihr Kommen ankündigt, deutet eine bestimmte Stunde und wieder eine der Augenblick, wenn sie mit ihrem schrägen Strahl jetzt jenes Kirchendach erreicht, und jene wieder, wenn ihr Leuchten endlich bis in die Passer niederfunkelt. Und so wieder, wenn dieses Haus in Schatten sinkt und dann jenes: allmählich verwandeln sich dem wissenden Blick alle einzelnen Punkte der Landschaft zu Zahlen eines Ziffernblattes, an dem man das Steigen und Neigen der Stunde zu erkennen vermag. Eine ungeheure Sonnenuhr ist die ganze Landschaft, und diese sichtbare Regelmäßigkeit hat einen wundervollen Reiz für jeden, der schon dem heiligen Zeichen der Himmelsuhr sich entfremdet hat. Denn wir in den Städten spüren Morgen und Abend kaum anders als im Zimmerlicht, wir wissen, daß es Nacht wird, wenn uns die

Zeile im Buch zerrinnt und wir das Licht zünden müssen, und vergessen ganz die spendende Kraft, der alles Licht entstammt und die dort so unablässig sinnlich gewärtig ist. Hier dämmert der Morgen nur müßig hin bis zum Augenblick, da sich die Sonne von den Bergen nieder ins Tal getastet hat. Dann erst wird sie wach, die Welt, mit einem Male sind Menschen auf den Straßen, Musik sammelt sie auf der Promenade und in den Gärten, denen das Licht mit raschem Finger die Feuchte des Frostes abstreift und die sommerlich plötzlich leuchten, als wollten sie noch einmal aufzublühen beginnen, mit Blumen und Früchten. Alles drängt sich heran, Sonne zu trinken, die ganze Stadt ist ihr gleichsam zugewandt, südwärts halten die Häuser ihre Balkone und Terrassen entgegen, auf denen, großen Sonnenblumen nicht unähnlich, das Rund der Schirme über den Kranken wacht, die Helligkeit der Landschaft wird doppelt in jedem Blick, und die letzten Nebel fliegen als weiße Wolken leuchtend in den Himmel hinein. Nur wenn die Sonne hier wach ist und nur solange sie das Tal mit ihren warmen Wellen badet, dauert hier der Tag. Goldene Kugeln, glühende und große im Sommer, mattblinkende und kleine im Winter, rollen diese Sonnenstunden von Berg zu Berg, das ganze Leben in vielfaches Spiegelbild einschließend, rollen es aus Nacht wieder in Nacht zurück. Sinkt die Sonne hinter dem Berg, so fällt die Dämmerung kühl und rasch wie ein feiner, grauer Aschenregen. Alles wird anders. Die Luft, die von der Sonne durchfiltert, weich und golden sich anfühlte, wird plötzlich schneekühl, die Farben erlöschen und die Menschen verschwinden. Immer ist hier in der Dämmerung eine Viertel-, eine halbe Stunde gleichsam des Erschreckens, ein Niedersturz ins Dunkle, so plötzlich und überraschend, wie wenn man in einem Eisenbahnzuge aus dem Betrachten schöner, sonniger Landschaft plötzlich in einem Tunnel sich alles entrissen fühlt und mit befremdeten

Augen in eine unerwartete Nacht starrt. Aber Beruhigung beginnt, sobald die Lichter in den Häusern zu funkeln anheben und, wohnt man auf der Höhe, so ist es unbeschreiblich schön zu sehen, wie das tiefe Tal nun von tausend Funken durchglüht ist. Ein Sternenreigen, flirren sie unten in der Tiefe, dazwischen die kleinen Monde der elektrischen Bogenlampen und matt glänzend in ihrer Mitte wie eine Milchstraße die schäumige Passer. Wie ein Spiegel hält unten der irdische Sternenhimmel dem Unendlichen sein Bild zurück, eine Welt ahmt die andere nach, und oben am Rande der Berge funkelt manches Licht der Höhe schon frech in das Ewige hinein. Nun erst fühlt man in dieser Landschaft, deren heiterer Sonnenblick tagsüber nur Milde offenbart, die innere Strenge, nun erst in der immer tieferen Stille vernimmt man ihre Rede, das stürzende Brausen des Flusses. Sah man tags nur ihr Lächeln, nun hört man ihr Herz.

Diese wunderbare Gleichzeitigkeit aller Kontraste scheint mir das Liebenswerte der Meraner Welt, der ich mich verbunden fühle durch die Heimatlichkeit einer immer wieder erneuten Wahl. Nie wird es – ich fühle es immer mehr im Versuche – gelingen, ihre gastliche nachgiebige Schönheit jemandem zu erklären, der in der Schönheit immer nur das Sehenswürdige will, das sichtbar Besondere, die Sehenswürdigkeit, diesen Begriff der Eiligen und Unverständigen, die aus innerer Armut des Schauens Landschaften und Werke in der Presse des Ruhms zu Banknoten der Menschheit gestempelt haben. Die nicht ahnen, daß man mit einer Landschaft Freundschaft schließen kann, mit ihr Zwiesprache halten, daß man sich selber zu mäßigen vermag am bloßen Anblick ihrer Farben und lernen an der Gelassenheit, mit der sie sich dem notwendigen Umschwung der Zeiten entgegenbietet. Nichts vermag solche Beruhigung zu erklären, die oft von einer einzigen Linie eines sanft sich niederneigenden Berges, von den klingenden Halden eines schön geschwungenen Berges einem bis ins Blut strömt und in weiterer Verwandlung selbst Entschlüsse und Gedanken freundlicher formt. Aber ich glaube, unbewußt bildet sich in den Jahren fast in jedem Menschen schließlich eine Vorliebe für eine bestimmte Gegend, die sicherlich mehr bedeutet als gemeine Zufriedenheit mit Wohnung und Klima. Man spürt, daß die Landschaft, die mit solcher Beharrlichkeit einen verlockt, doch des eigenen Charakters unruhige und fließende Form schon in festem, darum aber nicht regellosem Bilde innehabe und freut sich, seine eigene fließende Existenz irgendwo in ewigem Bilde versteinert zu sehen. So liebe ich diese Meraner Welt mit an den Jahren nur gesteigerter Sehnsucht, von ihr zu lernen, die notwendige innere Zwiespältigkeit des Lebens sich durch Harmonie zu lösen, und selbst hier in der Stadt, der himmellosen und bedrückten, ist es mir oft Beruhigung zu wissen, daß dort unten dieses Leben, in dem ich durch Liebe und Hingabe viel von mir gelassen habe, so heiter weiterblüht, wie vielleicht in mir selbst irgendein innerer Trieb unter aller Verwirrung und Geschäftigkeit. Fern von ihr spüre ich ihre ruhige Gelassenheit noch nachklingen in meinem Blut, und wenn hier die Stadt sich zusammenkrampft unter der Faust des Winters und im Nebel die Sterne erlöschen, mühe ich mich manchmal, zum Trost innen ihr Antlitz zu schauen, wie es jetzt unten im leisen Mittagslicht sich milde hineinlächelt in den Winter und mit Schnee auf den Firnen doch vom nahen Frühling träumt.

1914

Lüttich

Wien, 10. August.

An Salzburg gemahnt sie ein wenig, die wallonische Stadt mit ihrer Zitadelle auf dem beherrschenden Hügel und dem strömenden Fluß, der das wirre Häusergeviert in zwei ungleiche Hälften teilt. An Salzburg gemahnt sie durch die vielen Kirchen, nur daß sie hier nicht in den üppig-zierlichen Formen des italienischen Barock in einen heiteren Himmel streben, sondern schwer und wuchtig zu nordischen Wolken sich heben, immer ein wenig verschleiert vom Dunst der Kohle aus den vielen Fabriken. Bischofsstadt wie Salzburg und jahrtausendalt wie sie – Walter Scott hat die Tage ihrer Größe meisterhaft in einem seiner Romane geschildert – hat Lüttich viel seiner altertümlichen Formen dem Luxus preisgegeben: breite Straßen, unschön und lärmend, durchbrechen mit Lichtern und Plakaten die alten Quartiere, und die ernsten Kathedralen stehen fremd inmitten einer großen Geschäftigkeit. Überall spürt man die kleinen Städten so gefährliche Neigung, die innere Anmut zu ersetzen durch eine Wirkung ins Dimensionale, die provinzielle Sehnsucht, Boulevards zu haben wie Brüssel und Paris, den unnützen Willen zur weltstädtischen Allüre, der das eigene Maß verachtet. Kaum, mit Ausnahme von Nürnberg, gibt es eine Stadt, deren Schönheit der Industrialismus und der eigene rasche Reichtum so gefährlich geworden ist wie diesem wallonischen Bischofssitz, der in den letzten fünfzig Jahren sich zu einer Kapitale weltlichen Erwerbes umgestaltet hat.

Man muß sich einen der kleinen Dampfer nehmen und die Maas stromauf oder stromabwärts fahren, um die ganze Wandlung im Stadtbild lebendig zu spüren. Innen, im Bereich der Brücken, ist's noch still, man hört die Glocken klingen von den vielen Kirchen und vermeint – blickt man auf die stillen Häuserfronten und Villen – in einer Kleinstadt zu sein. Aber kaum, daß der Fluß ins Grüne biegt, hört man von rechts und links das Pochen der Eisenwerke, überall sind die roten Stifte der Fabrikschornsteine in die liebliche Landschaft gesteckt, Dunst von Kohle verschattet den Himmel. Rückwärts steigen wie Gebirge aschgraue Pyramiden empor, die Hochöfen und Erförderungen, unablässig fahren Schiffe vorbei mit schwarzer Kohlenfracht, Züge donnern in die Stadt hinein und hinaus. Immer meint man das Land, die Natur schon erreicht zu haben, aber der schwarze Wall der Gruben ist breit um die Stadt getürmt, unabsehbar die Tätigkeit, die sichtliche und unterirdische der tausend Werke. Nachts, von der Höhe der Zitadelle kann man ferne die roten Fanale der Hochöfen sehen, diese ewigen Flammen der Arbeit, die noch brennen, wenn die Häuser längst Dunkel in den Fenstern haben.

Eine Arbeitsstadt, eine starke kräftige, industrielle Werkstatt ist nun dies Lüttich, das seit Jahrhunderten, von Orlando Lasso bis Cesar Franck die Stadt der Musik gewesen war. Sie ist, seit die Provinzen vereinigt sind, nur eine der großen Städte Belgiens mehr und doch noch geistig eine Hauptstadt, das Zentrum der wallonischen Rasse. In dem Maße nämlich, als sich die Zwietracht der Flamen und Wallonen – die Tendenz Frankreich zu und Deutschland – so sehr im politischen Leben verstärkte, ist die Universität die Hochburg des französischen Geistes geworden. Alles tendiert hier nach Paris, und stellt Antwerpen den Schwerpunkt des flämischen Elements dar, Brüssel die Schwebe, wo beide Nationen sich das Gleichgewicht halten, so ist Liège – denn selten sagen sie dort Lüttich – trotz aller örtlichen Nähe zu Deutschland der Hort des Franzosentums. Die Professoren, Maurice Wilmotte vor allem, ermahnen die Jugend zur französischen Kultur und bereiten im geistigen Leben die Angliederung an die Republik vor, die von der wallonischen Partei oft ganz offen erwünscht wird. Die Bevölkerung steht durch Temperament und Sprache dem westlichen Nachbar näher als dem östlichen, und so war dieser starke Stoß der deutschen Armee auf Lüttich zwar nicht politisch, aber doch tatsächlich ein Eingriff in Feindesland.

Löwen

Unfaßbar beinahe ist's dem Gefühl, von einer Stadt wie von einem Verstorbenen zu sprechen und von einem gestern noch lebendig blühenden Stück Welt zu sagen: es war. Vor einem Monat kaum sah ich von der Station diese backsteinroten Dächer und darüber – ein Sonntag, ein warmer Julisonntag neigte sich blau über das Land – friedlich das Geläut der frommen Glocken, silbern durchrieselt vom flämischen Glockenspiel, das dort jede Stunde begleitet. Menschen, feiertäglich geputzt, warteten auf dem Bahnsteig, und eine Stille lag über den Gassen, so wie im nahen Land, kaum lauter war ihr Atem, als der des Getreides, das sie damals gelb umwogte und durch das die Brise des nahen Meeres glitt. Freundlichen Antlitzes sah dies Löwen damals noch dem wandernden Blick entgegen, heiter und geruhig, das jetzt eine rauchende Masse ist, ein geschwärzter, zerrissener Kadaver, vernichtet von seiner eigenen unreinen Leidenschaft.

Erinnerung baut sie jetzt nur so wieder, wie sie war, die alte Heimat der Herzoge von Brabant: in den Wirklichkeiten ist keine Stätte mehr für sie. Wieder gehe ich den schmalen Weg von der Station an den kleinen Läden und Schenken vorbei, die spießbürgerlich mit ihren Insignien sich jahrzehntelang schon anblicken, denn Löwen war keine Stadt des Fortschritts, unbewegt blieb sie wie das sumpfige Wasser der stockenden Kanäle in ihren Straßen und spiegelte geruhig Geist und Art vergangener Zeit. Indes Brüssel, Antwerpen und Lüttich nach fünf Jahren Abwesenheit neues Bild dem Auge brachten, neue Schönheit und üble Modernisierung, indes diese nachgebornen Städte sich streckten und dehnten, mit arbeitenden Gliedern sich vordrängten in die neue Zeit, lag dieses Löwen in einem satten träumerischen Schlaf. Alle Schilder an den Türen waren die gleichen in den Straßen, und der beflügelte Schritt wurde ungeduldig, bald zur Grande Place zu kommen, um dort die Denkmäler der alten Größe zu sehen, jenes Löwen, das nicht Kleinstadt war, sondern eine der geistigen Emporien der Welt.

Und da stand jenes einzige Bauwerk, das Stadthaus, schön wie einst und erhöht dem Gefühl, durch die Erwartung, es wiederzusehen; wie ein Reliquienschrein geformt, aber in erhabenen Maßen hob es sich stolz empor über die schüchternen Häuschen zur Seite, die mit kleinen Augenfenstern aus ihren roten Backsteingesichtern aufblinzelten zu seiner kunstvollen Schönheit. Wie Spitzen so leicht und zierlich war hier der Stein geklöppelt, wie gebosselte Lanzen so steil und zerbrechlich stachen die sechs Türmchen in die Luft, als wollten sie dies Zierwerk aus Filigran vor Vernichtung beschirmen. Zahllose Schutzpatrone aus Stein umstanden die Stockwerke, die Prinzen und Fürsten, das Schwert zur Faust und die Apostel mit frommen Büchern: für Ewigkeiten schien dies geschirmt gegen alle Unbill der Zeit. Gegenüber, ernst und wuchtig, drohte der Dom St. Pierre, und diese beiden Riesen der weltlichen und himmlischen Macht kündeten die Größe verschollener Tage, da dieses Löwen weit in das Land sich dehnte und mit starkem Wall die Häuser umschloß. Aber indes die andern Residenzen mit weißem Stein das grüne Land des Niederganges wachsend überschwemmten, war in Löwen, einer Stadt, die Natur gegen die Behausungen vorgedrungen, mit Gärten und Parks drängte sich die Landschaft gegen die Straßen vor, und mitten in einem Garten ruhte, überwuchert von Efeu, der letzte Rest eines alten zerbrochenen Schutzturmes.

Friedlich schien alles, nur gedämpft in diesen Straßen. Selbst die Universität in der alten Stadthalle mit ihrem breiten Stiegengeländer war gleichsam sordiniert: in der Aula standen schweigsam die Studenten mit den Priestern, meist Theologen und Juristen, die hier unter der Obhut der kirchlichen Erziehung sich heranbildeten. Und abends, kaum daß die Bürgerkapelle auf der Grande Place ihr Konzert beendet hatte, standen die biedern Bürger von ihrem Glas Faro auf, und die elfte Stunde schlugen die Glocken über einer schlafenden Stadt. Nicht wie in Heidelberg und Göttingen, in anderen Universitätsstädten brachte hier die Jugend in eine kleinbürgerliche Welt die Wildheit ihrer Jahre: die gleichgültige monotone Trauer der Dinge schien hier alles zu überschatten. Und ich mag's gut begreifen, daß gerade hier die deutschen Soldaten lässiger auf ihren Wagen die Straßen durchzogen, denn hier, in diesem träumerischen Winkel Welt, war Leidenschaft am wenigsten zu vermuten und Verrat. Aber es ist, als wäre da die alte Seele der Stadt wieder erwacht, die vor fast tausend Jahren die Ratsherren überfiel und sie vom Stadthause niederschleuderte in die blutigen Picken der Landsknechte. Und gleich hat sich heute wie damals ihr Schicksal erfüllt. Niedergezwungen mußten sie wie damals büßen, da dreitausend Häuser von der Rache des Siegers geplündert und verwüstet wurden. Löwen ist heute zurückgestürzt um Hunderte Jahre in seine eigenen Vergangenheiten und ist vielleicht überhaupt nicht mehr. Trümmer rauchen jetzt dort schwarz und qualmig, wo vor Tagen eine Stadt lässig hinträumte. Ich lese es in den Blättern und vermag's nicht zu erdenken. Im inneren Bilde sehe ich noch immer die steinerne Reliquientruhe des Hotel de Ville weiß aus dem schweigenden Platze glänzen, und in den Ohren summt mir leise das silberne Glockenspiel ihrer frommen Türme mit einer ganz heitern und volksmäßigen Melodie.

Antwerpen

Immer wieder findet sich der Name dieser Stadt in Napoleons Briefen und Erlässen. Auf dem spanischen Feldzug mitten im Kampfe um Madrid, in Rom, in Deutschland, in Rußland, am Ebro, an der Moskwa, an der Donau, zwischen den blutigsten Schlachten ebenso wie in seinem Palast zu Fontainebleau und St. Cloud gedenkt er dieser seiner Lieblingsschöpfung mit leidenschaftlicher Sorge. Man solle Arbeiter von den Werften in Brest und Toulon holen, gebietet er seinen Generalen, er befiehlt den Intendanten, Waffen aufzustapeln und Magazine zu erbauen, eine ganze Flotte muß dort in zwei Jahren – und doch viel zu langsam für seine Ungeduld – entstehen, der die Wälder Deutschlands die Balken und Masten liefern. Zwei Bassins läßt er graben und Schanzen nach allen Seiten, unüberwindlich wie Gibraltar soll diese Festung werden, eine Trutzburg zu Wasser und Land. Die erste Ruhepause zwischen dem österreichischen und dem spanischen Krieg nützt er, um sein Werk zu besehen, und hält im April 1810 seinen Einzug – »la joyeuse entrée« – mit dem Prunk eines morgenländischen Herrschers. Im bewimpelten Schiff zieht er auf dem Rüpelkanal von Brüssel nach Antwerpen, mit Hunderten Geschützen donnert die neue Armada ihm Willkomm zu, es ist ein Einzug, wie ihn Antwerpen seit jenem Karls des Fünften nicht gesehen, den Makart auf seinem berühmtesten Bilde verherrlicht. Schiffe werden vor seinen Augen von Stapel gelassen, er inspiziert die Festungen und die Werft. Über ihm brausen die Glocken von den jahrhundertalten Türmen, und die

Bürgerschaft Antwerpens, die seinem Genius neuen Reichtum und ungeahnte Belebung dankt, jubelt ihm zu wie einem Gott.

Mit jenem rasch wissenden und fast unfehlbaren Blick, der auf den Schlachtfeldern falkenhaft die schwache Flanke des Gegners faßte, hatte Napoleon früh die Bedeutung dieses Nordhafens erkannt. Bei Trafalgar war seine Flotte von den Engländern zerschmettert worden, nun sperrten sie ihm das Meer wie er ihnen den Kontinent. Nirgends waren sie, die gefährlichsten Feinde, für ihn zu fassen. Er hatte sie an ihrem Lebensnerv zu treffen gesucht, in Ägypten und in Gibraltar, beidemal war die Waffe seinen Händen entglitten. Nun schmiedete er diese Stadt zur furchtbaren Angriffswaffe um. Nahe dem Inselreich für einen Überfall und doch organisch dem französischen Sprachgebiet verbunden, war dieser vortreffliche Hafen das beste Nest für eine rasch vorstoßende, rasch zurückflüchtende Flotte, ein Nest, auch vortrefflich, um neue Schiffe auszubrüten. Breit strömt die Schelde dort ins Meer, aber ihr vorgelagert ist die Insel Walcheren, die mit starken Batterien rechts und links wie Skylla und Charybdis jeden Eindringling bedroht. Das flandrische Hinterland mit seiner blühenden Fülle von Getreide und seinen satt im salzigen Grün weidenden Viehherden bannt jede Hungersgefahr, und Deiche, bei einer Belagerung leicht zu durchstoßen, vermögen die Stadt rasch in ein gepanzertes Eiland zu verwandeln. Hier oder nirgends war für Napoleon der Punkt, die englische Welt aus ihren Angeln zu heben, und mit der ganzen Feurigkeit seines Temperaments verhärtet er in zehn Jahren die von der österreichischen Regierung vernachlässigte Handelsstadt zu einer furchtbaren Festung, die auch tatsächlich einem englischen Überfall trotzt und selbst beim großen Zusammenbruch des Kaiserreiches als einziger Auslandshafen bis zum Tage des Friedensschlusses in französischen Händen bleibt. Wie eine gereckte gepanzerte Faust droht sie zum Todfeind hinüber, nach England, und sinkt erst zusammen, als Europa mit seinen Truppen ins Herz Frankreichs stößt: nach Paris.

Aber Napoleon liebt Antwerpen noch in einem anderen Sinne als mit der nüchternen Erkenntnis des Strategen, der Romantiker in ihm, ständig bemüht, seinen eigenen Genius in Analogie mit jenen der Vergangenheit zu bringen, sucht die erhabene Tradition der Stadt dauernd mit seinem Namen zu vereinen. Venedig, Rom, Moskau, Konstantinopel, alle jene Städte, die einmal Herrscherstädte des Weltkaisertums waren, üben auf seinen vom Sinnlichen ständig ins Übersinnliche, oft auch ins Abergläubische aufstrebenden Geist eine merkwürdige und meist dann verhängnisvolle Faszination. An Antwerpen reizt ihn vor allem der Nimbus der Unbezwinglichkeit, denn keine Belagerung seit den Tagen Roms war jener Epoche so ruhmreich gewärtig als jene der flämischen Stadt, von der uns Schiller eine klassische und in ihren Peripetien geradezu dramatisch wirkende Schilderung gegeben hat (die in diesen Tagen nachzulesen jedem herzlich empfohlen sei, weil hier zufällige Umstände der Zeit zu einem meisterlichen Werke der Kunst glücklich zurückführen). Es reizt ihn, den Emporkömmling, die Erinnerung an Karl den Fünften, den Herrscher beider Welten, der hier Heerschau hielt, aller Ruhm der erlauchten Stadt soll, so wünscht es dunkel sein Wille, neu aufflammen an seinem Namen. Von seiner ungeheuren Lebenskraft gibt er der entkräfteten und in Lässigkeit zurückgefallenen Stadt neues Leben, er entzündet in ihr wieder die niedergebrannte Flamme des Reichtums und der Macht: aber die meteorenhaft schnelle Form seines eigenen Auf- und Niederstieges sieht nur den Anfang und nicht das Ende dieser glorreichen Erneuerung.

An einzelnen Denkmalen kann man noch heute diese

einstige Weltherrschaft Antwerpens erkennen: der Dom, hochgewölbt über Stadt und Hafen, ragt noch hinein in die prunkvollen Tage Karls des Fünften und seiner Ahnen. Damals begannen Brügge und Gent zu verkümmern, der Hafen versandete ihnen und damit siechte der Reichtum. Antwerpen aber, an der strömenden Schelde gelegen, blühte auf zu einer fast tropischen Üppigkeit. Rubens, der Meister, ist gleichsam ein Symbol ihrer Prunkhaftigkeit, er bringt in die graue verhangene Welt des Nordens seine überschwengliche Farbenlust, sein barbarisch-üppiges Griechentum. Was Venedig dem Süden ist, wird Antwerpen nun dem Norden: aus allen Weltteilen quillt das Seltsame her, Essenzen und Stoffe, seltene Hölzer und Steine, die Prunkliebe wird gereizt, das Fremdartige zu versuchen, und die Maler, Rubens im Norden wie Tizian und Tintoretto im Süden, schwelgen in der Farbe wie ihre Landsleute im lebendigen Besitz. Während im nüchtern protestantischen Amsterdam und London, in den biederen Hansastädten das Geld nur gehäuft wird, strömt es in Antwerpen wieder fort, glitzert als Schmuck auf den Frauen, sammelt sich in Seltsamkeiten und Gemälden, formt sich bei Meister Plantin in kostbare Bücher. Das »neue Karthago«, wie sie stolz ihre Heimat nennen, sucht nicht wie Venedig Weltherrschaft und Ruhm, es treibt emsig seinen Handel und genießt den Gewinn: es wird eine Stadt der Lebensfreude und fällt erst mit ihr unter dem Fallbeil der Inquisition.

Von jener Zeit, aus den Tagen des Rubens, stammt alles wahrhaft Große in Antwerpen und dann wieder aus unserer Zeit. Städte sind, auch die lebenden, wie jenes Troja in Aufdeckungen Schliemanns gleichsam in der Sezierung zeigt, immer in Schichten übereinander aufgebaut. Sie verschütten sich unablässig ihre eigene Vergangenheit, aber das Gewaltigste jeder Epoche hat Bestand und bohrt sich gewissermaßen durch jene Erneuerung unverstümmelt durch. Antwerpen hat sich seine Pracht von einst und seinen Wohlstand noch einmal neu und verwandelt erschaffen müssen; von seiner einstigen Form war ihm nach den Verwüstungen der Spanier und der Gleichgültigkeit der österreichischen Regentschaft nichts mehr geblieben als die lebendige Ader seines Lebens, die Schelde, die heute, wie vor hundert Jahren, Schiffe bringt und in die Ferne führt, und sein steilgerecktes Gottesschwert, der Dom, der aus prachtvoll gedrungenem Knauf mit zierlicher Klinge in den Himmel stößt. Ein paar Kirchen noch, das Stadthaus des Cornelius van Vriendt, der Steen sind übriggeblieben, aber das niedere Gewirr der hölzernen Häuser ist längst zersprengt von breiten wuchtigen Straßen. Der neue Wohlstand will Raum um sich und Bewunderung: stolz und ruhig in ihrer gesicherten Pracht stehen hier auf der »Meir« die Häuser der reichen Kaufleute, unzugänglich und nur durch Gartengrün erhellt, die Villen an der Schelde. Antwerpen hat keinen anderen Stil mehr als seinen Reichtum. Theater und Ausstellungen kündigen mit einer gewissen Deutlichkeit an, daß der Sinn für Kunst in der Heimatstadt des Peter Paul Rubens nicht erloschen sei, und in den äußeren Quartieren der Matrosen gibt ein Blick ins Fenster oft die derben Genrebilder des Jan Steen und Terborch. Aber das sind nur Schatten und Spiegellichter der Vergangenheit, die alte flämische Sinnlichkeit hat sich hier längst ins Kosmopolitische verloren, nicht wie in Brüssel und Lüttich spürt man bei aller Größe des Raumes noch immer die Enge und Ängstlichkeit der Provinzstadt: hier weht vom Meere der Wind der Welt. Nichts Stockendes ist in der Luft. Im Leben, in den Straßen, in dem unaufhörlichen Menschenwandern, in diesem steten Wirbel der Börse – dem Riesentrichter, der alle Tätigkeit in einem wilden Getöse fängt – spürt man eine Absicht, die hinausreicht über das Geschäft des Tages und der Stunde. Nur in Hamburg vielleicht noch spürt man so stark Amerika wie in Antwerpen der Geschäfte[!], und es ist vielleicht nicht zufällig, daß man so viel Deutsch in den Straßen hört. Unterirdisch durch die Kanäle des Handels eingedrungen, lang ehe sie die Grenze überschritten, hat die deutsche Kaufmannschaft Besitz von diesem Emporium genommen: ganze Straßen sind von ihnen erobert und drängen mit deutschen Schildern vor gegen den Hafen, den sie durch ihre Docks und Kontore umschließen.

Dort erst, an der Schelde, wird man der Größe Antwerpens gewahr. Eine Stunde weit im Grünen, bei Bornhem und St. Amand, in kleinen lieblichen Dörfern hat man den schönen Fluß noch friedlich gesehen, weiße Wolken spiegelnd, Blumenboote tragend und flache Fähren, selbst fast eine Wiese zwischen Wiesen, eine sanft wandelnde und blaue. Und plötzlich, kaum daß sie zum Hafen sich buchtet, überwächst sie ein Wald von Masten, tausendfältiges Brausen und Rufen wühlt in ihrer Flut, Nacht und Tag kennen keine Rast, die großen Amerikadampfer kommen ganz nahe heran, kleine Motorboote surren dazwischen, es ist, als ob ungeheure Schwärme von Bienen aus und ein summten in die Waben der Docks. Und dort löst man ihnen den kostbaren Seim der Waren von den Schwingen. Die Kräne stöhnen vor Lust, wenn sie mit ihren Fingern in die Schiffe greifen und die Kostbarkeiten ferner Zonen aus dem Dunkel aufgraben, vom Ufer gellen Signale hin und wieder, große Glocken hämmern den Auswanderern die Mahnung zu, den letzten Gruß zu tauschen, alle Sprachen der Erde tönen hier zusammen. Und auf einmal begreift man den Sinn dieser Stadt, die zu groß ist für ihr kleines Land: sie muß ganz Europa dienen, dem ganzen Kontinent. Vergeblich hat sie die Weltherrschaft von einst wieder an sich gerissen, nur an sich selbst und für eigenen Gewinn, nicht für eine Nation, für ein Volk. Es ist wahrhaft das »neue Karthago«, der Hafen der Makler und Kaufherren, nicht wie Marseille das Südtor eines Reiches, nicht wie Hamburg der Weltwille eines Volkes. Heimatlos seit Hunderten Jahren, bald Spanien zu eigen, bald den Niederländern, dann wieder Österreichern und Franzosen, ist Antwerpen längst weltbürgerlich geworden, dem Stärksten und Tüchtigsten zur Beute, der es mit der Überlegenheit seiner Handelskraft oder mit seinen Waffen gewinnt. Immer ist es anderen entgegengereift, Karl dem Fünften, Napoleon, immer den Stärksten der Stunde. Zum letztenmal erlebt die alte Stadt heute die Tragödie eines Widerstandes gegen das Unabwendbare, und Deutschland gelten nun die Worte Schillers, mit der er seine berühmte Schilderung der Belagerung Antwerpens einleitet: »Es ist ein anziehendes Schauspiel, den menschlichen Erfindungsgeist mit einem mächtigen Element im Kampfe zu erblicken, und Schwierigkeiten welche gemeinen Fähigkeiten unübersteiglich sind, durch Klugheit, Entschlossenheit und einen standhaften Willen besiegt zu sehen.«

1915

Galiziens Genesung

Wien, 30. August.

In einer unvergeßlichen Stunde habe ich dieses unser verlorenes und nun wiedergewonnenes Land zum erstenmal gesehen, in der Stunde seiner Genesung nach einer Zeit heroischen Leidens. Oft war es mir schon gegeben, Länder und Städte in einem Augenblick des Aufschwungs und der Ekstase zu sehen, festliche Züge bei festlichem Anlaß, Straßburg einmal im Rausch, da zum erstenmal ein Zeppelin kanonenumdonnert das Münster umkreiste, Venedig im Tripoliskrieg, tobend und irrwitzig am Abend eines aufgebauschten Sieges, Paris in den Tagen des englischen Königsbesuches, eine Orgie der Hoffnung auf die Revanche, und Wien selbst vor einem Jahre, als die Kriegserklärung die unerträgliche Spannung zerblitzte – aber alle Freude, so laut sie sich gebärdet, ist gering gegen die noch ungewisse, schwankende und doch tausendfach beseeltere, die aus dem Leiden aufblüht, die aufsproßt aus den dunkelsten Tiefen der Verzweiflung und des Verzichtes. Ein ganzes Land, schwach noch und mit unvernarbten Wunden, blutleer, ungelenk und betäubt vom Ungeheuren, ringt hier sich ins Licht, jede Stadt, jedes Dorf hebt hier über zerschossene, verkohlte Häuser die Fahne der Hoffnung, im Blick jedes Einzelnen funkelt hier ein zaghaft vorglimmendes Feuer, Widerschein einer noch fernen Freude, überall rüstet gedämmte, niedergehaltene Kraft sich zum Werk. Wie ein einziges Feld ist dieses ganze Land, das ein Gewitter mit schmerzhaftem Hagelwurf zu Boden geschlagen und wo beim ersten Sonnenstrahl Halm um Halm knisternd sich wieder aufhebt, weiterzublühen, seine Frucht der Zukunft entgegenzureifen. Wohin immer mein dienstlicher Auftrag mich hier führte, in Land und Stadt, überall und selbst an den Brandstätten der Schlachtfelder, zwischen Ruinen und Trümmern habe ich am stärksten Eines gespürt in dem wiedergewonnenen Land: Zuversicht und Wille zur Auferstehung.

Vor mir war ein anderer gegangen, der Gewaltigen Gewalttätigster, der Krieg. Welchen Weg immer man hier nehmen mag, überall war es auch der seine. Es ist kein Ort, keine Stadt, kein Weiler, kein Flecken, keine Wiese, kein Wald hier im Land, wo er mit ehernem Huf nicht durchgeschritten, wo seine blutige Pflugschar nicht das blühende Fleisch des Volkes zermalmt und zerrissen. Breit hat er sich dann niedergelassen, monatelang mit seinem unerträglichen Gewicht über dem stöhnenden Lande gelastet, bis ihn mit Feuerbränden unsere Armeen aufscheuchten und zurückjagten in das Land, aus dem er gekommen, auf russische Erde. Nun ist er ferne, so ferne, daß selbst sein Schatten kaum mehr zurückfällt auf das entlastete Land. Die metallenen Schläge der Weltuhr donnern jetzt andere Stunden, Warschau, Iwangorod, Brest-Litowsk messen jetzt die Ewigkeit des Krieges aus, hier aber rollt nur das kleine geheimnisvolle Räderwerk des Feldzuges weiter, der mechanische, wundervoll präzise Betrieb der Etappe, ein Friedenswerk beinahe, nur unendlich gesteigert in seiner Energie, seiner Zielbewußtheit, seiner Kraft. Was Galizien jetzt noch vom Kriege sieht, ist nicht sein grausames Antlitz mehr, nicht seine mörderischen Hände, sondern gleichsam sein Muskelspiel, seine Nervenspannung, das Inwendige und nicht minder Grandiose seines Wesens. Die Last ist geschwunden, die ärgste, der russische Alp – zaghaft, aber immer voller und bewußter geht der Atem des Landes und saugt die nährende, belebende Luft der Sicherheit, des Geborgenseins mit vollen Zügen ein.

Furchtbar sind noch die blutigen Striemen zu sehen, die der Krieg diesem Hiob unter den Völkern geschlagen. Viele haben sie geschildert, die geplünderten Häuser, die Krater unserer Mörsergeschosse, die Brandwege des russischen Rückzuges, die Qual und Not der verschreckten, verschleppten, von Heim und Recht weggewirbelten Menschen, viele haben sie geschildert, und keiner, der diesen Kalvarienweg gegangen, kann sein Herz diesem sinnfälligen Elend verschließen. Ich aber mag nur dessen gedenken, was mich hier am meisten zu bewunderndem Erstaunen zwang, was mir tiefstes Erlebnis und Lebenslehre war: daß selbst das Furchtbarste keine Macht hat über den schöpferischen Willen eines Volkes, daß im Gegenteil Brand und Stahl, Not und Bedrängung die Lebenskraft des einzelnen wie der Gemeinschaft nur noch leuchtender und feuriger entflammt. Denn noch nirgends habe ich die triumphierende Lebensgewalt, die Unüberwindlichkeit alles Irdischen stärker empfunden als auf dieser galizischen Wanderung durch Schutt und Asche.

Über Schlachtfelder geht der Weg, geht hier jeder Weg. Man muß sie in diesem Lande nicht suchen – man kann ihnen nicht ausweichen. Überall war hier der Kampf. Bis hart an die Geleise der Bahn ist er vorgedrungen – tiefe Trichter von Granaten im Boden zeugen davon – er hat den Damm überflutet, die Bahngebäude hat er mit Feuer zerfressen – leere steinerne Skelette stehen sie schreckhaft am Weg – die gigantischen Brücken mit seinen Kinnladen zermalmt, daß sie niederhängen mit zerbrochenen Gelenken. Mit tausend Blicken starrt er einen an, aus den schwarzen Pupillen, die Mörser in den Häusern aufgerissen haben, aus den Zahnlücken der Straßen, wo hochragende Gebäude in ein Häufchen Kehricht zusammengepoltert sind. Nach allen Richtungen sind die Felder von Schützengräben zackig zersägt, durch zersplitterten Wald ziehen sich die eisernen Spinnweben des Stacheldrahts, Eisenbahnwaggons, die Räder in der Luft, liegen wie tote Riesenkäfer verbrannt an der Strecke. Und eine seltsame Blume hat er ins Feld gepflanzt, hier, dort, überall, in Reihen, einzeln, in Schwaden: die Kreuzblume des Krieges. Aus Holz ist sie, zwei Pfähle, die sich kreuzen, und oft an einem Schild den Namen des Toten halten, über dem sie wachen – die Grabkreuze, die unendliche Schar. Überall stehen sie, an Straßen und mitten in Wiesen, eingeschattet in Wald und an der Senkung der Bäche. Denn man mag schreiten nach Osten und Westen, nach Süden und Norden, alles war hier Walstatt, überall war hier der Krieg.

Allmählich lernt man in ihnen lesen, in den Schlachtfeldern, wie in einem aufgeschlagenen Buch. Die zackigen Linien der Stellungen sind wie eine Schrift in der lebendigen Natur, die Vergangenes festgehalten hat, sie erzählen von Widerstand und Sturm, die Grabkreuze einzeln und in Gruppen sagen den Preis. Man sieht, wie die Granaten sich näher getastet haben, näher und näher, ehe sie endlich die Stellung fanden und sie zerhämmerten; man sieht, wie in neuer, rückwärtig bereiteter Stellung der Feind noch einmal sich sammelte zum Widerstand, Konservenbüchsen, weggeworfene Zeitungsfetzen belehren einen durch die deutschen oder kyrillischen Lettern, ob es eine Stellung der Unsern war oder der Feinde, Moleküle des Zufalls zeigen so einem Schicksalsstunden der Weltgeschichte. Und im vernarbten, zerrunzelten, zerpflügten, gequälten Antlitz der Erde steht noch das Maß der Leiden, die Anspannung und die Qual der Menschen geschrieben.

Aber wunderbar: hier war, in Grodek oder bei Lemberg, ein beispielloses Gemetzel, ein Kampf um Tod oder Leben ganzer Nationen, und die Natur, die gleichgültige, hat es vergessen. Blut, edelstes Blut hat sich noch vor Monaten, noch vor einer Woche vielleicht hier in die braunen Adern der Erde gedrängt, Tote um Tote hat man eingesenkt in ihren ewig gierigen Schlund – aber nicht für einen Augenblick hat das Feld seine dunkle Arbeit ausgesetzt. Die Schlachtfelder – es ist ein unbeschreiblicher Eindruck, grauenvoll und trostreich zugleich – blühen weiter, sie reifen und gedeihen, zwischen den erstürmten Schanzen flutet golden und weich das üppige Getreide. Schon ist die Zerstörung überwuchert und mehr noch: die Natur, die rastlos tätige, hat sie sich nutzbar gemacht. Ein Granatenloch, riesengroß, vom Regen zum Tümpel gefüllt, dient jetzt als Tränke, einen Bauernjungen sah ich die Pferde dort striegeln, als sei es gewesen von immerdar. Im betonierten Unterstand, kühl und trocken hat ein anderer die abgemähten Garben gehäuft, ein Schützengraben vom vergangenen Jahr, aus der ersten Grodeker Schlacht, ist schon geglättet zum friedlichen Feldweg. Roter Mohn überblüht wie sprossendes Blut zerschmetterte Deckungen und Stacheldrähte: mit der ganzen Kraft des geheimnisvoll unablässigen Wirkens, der unterirdischen Ausgleichung ihrer Fläche saugt die Erde alle Unebenheiten auf, zerstört sie die Zerstörung. Geduldig schaffend wandelt sie das Verhängnis unabänderlich wieder in Fruchtbarkeit, und die Kreuze, die jetzt noch anklagend ihre hölzernen Arme spreizen, auch sie werden einsinken in Vergessenheit. Das gesunde Leben, die schöpferische Kraft überwindet wie im Spiel alle Wunden und Narben: nichts kann den unterirdischen Ausstrom der Blüten, die Kraft des von Sonne und Erde gesegneten Samens hemmen. Tod und Leben, Schicksal und Geschichte ist hier überflutet von Getreide, von reifendem werdenden Brot.

In diesem Symbol des Schlachtfeldes, dem wundervoll unerwarteten, fühlte ich's zum erstenmal, was ich in hundert Zeichen dann immer wieder hier erkannte: die Erneuerung ist stärker als die Vernichtung, die schöpferische Kraft des Friedens noch gewaltiger als die mörderische des Krieges.

Die Natur zeigt es als erste und am eindringlichsten, die Arbeit der Menschen zeigt es abermals. In den falschen Vorstellungen der Ferne hatte ich vermeint, alle technischen Werke des Friedens hier in Trümmern zu finden, das Netz der Bahnen zerrissen wie Spinnweb, die Dämme zersprengt, die Brücken ins Wasser gesunken, die Bahnhöfe als trostlose Brandstätten, das Leben erloschen und erstarrt. Und wirklich, die Bahngebäude sind niedergekohlt, hohläugig blickt ein grauenhaftes Nichts aus ihren schwarzen Fenstern, die eisernen Brücken liegen wie von gigantischer Hand in der Mitte zerbrochen in der trüben lehmfarbenen Strömung, die Wassertürme sind zerblasen und zerquollen, die Sektoren in sich zusammengestürzt – alle Adern des Verkehrs scheinen gehemmt, aufgesprengt, für immer vernichtet. Aber doch: der Rhythmus ihrer Bewegung ist nicht gehemmt. Vorsichtig wie Kranke, die noch unsicher sich rühren, fahren die Züge, aber sie fahren, einer hinter dem anderen, Hunderte und Hunderte, jeder gefüllt mit Menschen und dem kostbaren Ballast des Krieges. Sie fahren, Tag und Nacht auf den neugefügten Schienen, gelenkt von der Botschaft der neugespannten Telegraphendrähte. Was eine Stunde zerstörte, hat die nächste schon neu erbaut. Über die Flüsse sind neue Brücken gezimmert, noch funkelt hell das frische Holz. Wie von Zauberhänden sind sie gebaut neben den niedergebrochenen Trägern, aber Wille und Kunst haben ihnen die Schultern gestrafft, daß sie ohne Beben die schwerste Last tragen. Hütten aus Brettern sind aus dem Boden geschossen, in ihnen münden die Sprachrohre des Telephons, Weichenstellen scheinen improvisiert über Nacht – auch hier ist das Gewaltige getan, die Zerstörung des Krieges überwunden durch seine schöpferische Tat.

Hier erst begreift man das merkwürdige Doppelantlitz des Krieges. Hinter dem Zerstörer schreitet Schritt für Schritt der Erbauer wie der Säemann hinter dem schneidenden Pflug. Hinter den Tausenden, deren Tat das Zertrümmern ist, die Vernichtung des Lebens und der Kultur, wirken – unsichtbar dem Fernblick, der nur das Heroische schaut – die unendlichen Scharen der Erneuernden und Erhaltenden. Ehre, o Ehre auch ihnen, die hier im stillen wirken, den unermüdlichen Pionieren, die im eisigen Wasser, in Schilf und Sumpf stundenlang die Balken tragen, neu die zerstörten Pfeiler aufrichten, den Ärzten der Straßen und Wege, die alle zerrissenen Adern wieder binden, Ehre den schweigsamen Helden der Lokomotiven, die als erste die schwere Wucht der Züge auf schwankendem Gefüge erproben, Ehre all ihnen, die eine neue Ordnung schaffen im grausamen Chaos des Krieges! Wunderbar ist es zu sehen, wie ihr Wille alle Schwierigkeiten besiegt, und tröstlich ist diese Gewalt, weil sie zeigt, daß selbst Vernichtung ihr Gesetz fordert, Zerstörung die Erneuerung und der Krieg die Sicherung des Friedens. Hinter die zügellose Welt des Schlachtfeldes bauen sie die alte der Ordnung wieder auf, und nirgends empfindet man den Triumph der Technik, der Kultur stärker als dreißig Kilometer hinter der blutigen Sichel des Mords. Der Krieg, der zügellose, ist untertan der ernsten Arbeit des Tages, und er würde niederbrechen in seinem Lauf, würde verdurstend und verhungernd in sich zusammensinken, wäre hinter seiner Zerstörung nicht Erneuerung, nicht der menschgewordene Wille der Natur zum Leben.

Die Landschaft zeigt es, die Arbeit der Menschen zeigt es wieder und schließlich jedes einzelne belebte oder unbelebte Ding, wie schwer es ist, zu zerstören, etwas in

Nichts zu verwandeln. Was einmal gestaltet war, hat eine Kraft des Lebens in sich, die unbewußt gegen die Vernichtung ringt und sie überwindet. An tausend Beispielen habe ich es hier gelernt. Eine Lokomotive steht geknickt auf einem Nebengeleise. Vier Stunden haben die flüchtenden Russen an ihr gewütet, sie zu zerstören. Der Kessel ist gesprengt, die Ventile mit Haken zerschlagen, mit allen Mitteln ist sie unbrauchbar gemacht und doch – drei Wochen, sagt der Ingenieur, der sie betrachtet, und sie ist wieder ganz. Im Lazarettzug liegt schweratmend ein Verwundeter: die Lunge ist ihm durchschossen, pfeifend stößt er die Luft durch den halboffenen Mund, der Fuß ist ihm zerschmettert, vier Wunden hat er, der Unselige, am Körper und doch – er wird leben, wird gesund, sagt der Arzt voll Zuversicht. Da ist der Bahnhof in Lemberg: acht Tage lang haben die Russen Zünder gelegt und die Flamme bereitet. Und doch: das Portal, die ragende Halle war stärker als Lyddit und Dynamit und nach sechs Tagen glitten Tausende Züge über die erneuten Geleise. Da ist Przemysl, die Stadt, die monatelang unter den feurigen Meteoren der Geschosse stand, bestürmt, verlassen, bestürmt, erobert – und doch: lebendiges Leben flutet durch Straßen und Cafés, neben dem Fort, wo Zehntausende ihr Grab fanden, schaukelt sich auf einer Hängematte lachend ein Kind, und Tauben gurren verliebt auf einem efeuumsponnenen Dach.

Und da begreift man's, aufatmend, wie schwer es ist, ein ganzes Land zu zerstören, ein Volk zu vernichten, begreift es mit einer Lust, die einen für eine Sekunde – aber nur für eine Sekunde! – mit dem Kriege versöhnt. Und man weiß, was immer hier vernichtet war, in Galizien, wird sich wieder erbauen und vorahnend fühlt man schon die ganze, schüchtern aufquellende Freude eines Volkes, das in seiner furchtbarsten Stunde schon jene andere schönere spürt: den ersten Schnee der Auferstehung.

In den Städten sieht man's am sichtlichsten, wie aus Sicherheit des Lebens, aus Gesundung des Fühlens sofort wieder, über Nacht, rotblütig die Freude aufschießt. Noch sind sie wie taumelnd von dem Licht der Befreiung, das über sie so jählings gefallen, noch regt sich nicht das Aderwerk des Betriebes mit vollem Schlag: zu viel Bürger sind noch geflüchtet, zu viele verschleppt, zu viel arbeitende, werktätige Kräfte noch im Krieg. Aber schon sind von den meisten Geschäften die Rolläden, die lang verschlossenen, emporgerasselt, der Kreislauf von Handel und Tausch beginnt aufs neue. Überall hört man Hämmern und Schaffen, selbst die geplünderten Geschäfte füllen sich wieder mit Gut, das Militär gibt vielfältigen Verdienst und für die entzogenen Arbeiter hat der Krieg ihnen neue geliehen: braune, sehnige Gestalten mit Tellermützen über dem kindlich fremden Gesicht, die russischen Gefangenen, die hier zu Tausenden neu schaffen müssen, was sie selbst oder ihre Brüder zerstörten. Überall sieht man sie; auf der Straße hämmern sie den Schotter klein, an den Bahnen bessern sie die Gebäude, sie bauen Baracken, sie fegen die Straßen – für tausend und tausend arbeitende Hände hat die Verwaltung dem Lande andere geliehen, und die vernichten sollten, bauen jetzt in österreichischem Land.

Überall ist Leben und Bewegung. In Lemberg flutet abends auf der Karl Ludwig-Straße ein regelrechter Korso mit Eleganz, Flirt und selbstfroher Schaulust. Man muß sich's immer sagen, daß hier vor wenigen Tagen noch die Säbel der russischen Offiziere über das Pflaster klirrten, daß all die Geschäfte, die jetzt fahnenumrauscht die Bilder der beiden verbündeten Monarchen im Fenster zeigen, verschlossen waren – daß all dieses Leben in ein paar Stunden aus der Knospe der Befreiung aufgebrochen ist. An der Freudigkeit der Leute, ihrer Sicherheit kann man ihre Angst ermessen, die bis zum Paroxysmus gesteigert war in den letzten Tagen. Von Grodek her hörten sie die Kanonen donnern, die Explosionen der Bahnhöfe klirrten ihnen nachts die Fenster entzwei, keiner wußte, ob die Russen nicht eine Brandfackel des Abschieds von Lemberg aus über das Land flackern lassen wollten. Die Angesehensten waren gefaßt, jede Stunde als Geisel weggeschleppt zu werden, jeder einzelne wußte, daß, wenn er die Straße überquerte, er zur Schanzarbeit gepreßt werden konnte. Innen in ihren Häusern waren sie tagelang verkrochen und wagten kaum zu atmen, niedergestaut war das Lebensgefühl einer Viertelmillion Menschen. Und nur so kann man jene einzige Explosion des Jubels erklären, die – oft und oft wird es noch geschildert werden – um unsere einreitenden Patrouillen aufsprang, die Blumen und Jubelrufe um sie meilenweit schleuderte, daß die ganze Stadt bebte und für Augenblicke mit ihrer Stimme den Donner der nahen Kanonen überschlug. Jetzt ist diese Ekstase einer heiteren Sicherheit gewichen, sie hat sich in schaffende Belebtheit, in Arbeitsfreude verwandelt. Überall spürt man heiße, ungeduldige Tätigkeit und selten habe ich so sehr in einer Stadt den schöpferischen Lebenswillen empfunden wie im Lemberg dieser Tage.

In den kleineren Städten ist dieser starke Rhythmus natürlich vermindert. Sie sind tiefer getroffen vom Krieg, da ihr Wesen offener liegt; in viele hat er mit Granaten hineingeschmettert, indes Lemberg ihn nur außen spürte, an der Umschalung der Erdwerke und nicht innen, im belebten Kern. Tarnow, Rzeszow, Jaroslau, Dembica, Sanok, Stryj, Sambor, Boryslaw – sie alle hat er gezeichnet mit dem Stigma des Feuers, überall seine schwarzen Wahrzeichen eingebrannt zum Gedenken, daß sie ihm hörig waren. Aber nirgends hat er einen dieser Orte – selbst Grodek, den umstrittensten – wirklich abtöten können. Überall regt sich der Wille, gestaltet sich Ordnung, überall ist dieses aufatmende Gefühl des Erwachens aus bösem

Traum. Oh, wie man sie hier überall spürt, die brennende Ungeduld des Genesenden, schon ganz gesund zu sein, wieder tätig und stark, wieder seines eigenen Wirkens froh – aus jedem Menschen leuchtet sie, aus jedem Haus grüßt ihr Zeichen. Fast überall wehen hier Fahnen auf den Häusern, schwarz-gelbe, weiß-rote, wehende Fahnen wie Flammen der Freude. Nicht nur die öffentlichen Gebäude tragen den Schmuck, auch in kleinen niederen Läden glänzt irgendein Emblem des Jubels, die tiefste Armut, die Zerstörung selbst trägt hier einen bunten Wimpel der Hoffnung. Und ergriffen sah ich ein Haus, vom Brand zerstört, nackt und halbeingestürzt die verkohlten Mauern. Aber eine Fahne wehte doch tanzend auf dem First, eine breite windumwogte Fahne. Wie ein Sinnbild des ganzen Landes war mir dieser Anblick, denn Galizien selbst ist heute so ein zerschossenes, verwüstetes Haus, aber mit der wehenden Fahne des Hoffnungsjubels am First.

Um voll zu gesunden, bedarf dieses Land noch vielerlei, der Zeit vor allem, die Wunden heilt, des Friedens, der letzten Bürgschaft alles Gedeihens, es bedarf des Geldes, dieses stärksten Erregers aller Tätigkeit, und es bedarf seiner Menschen. Zu viele sind ihm jetzt genommen vom Feinde, von der Armee und durch die Flucht, um alles Verlassene zu bestellen, alles Vernichtete zu erneuern, blutlos ist sein Organismus, schwächlich und mehr des Willens voll zur Tat als des Tuens selbst. Seine Menschen sind ihm weggeströmt – man spürt es in den Städten, wo viele Häuser einen starr ansehen aus leeren Fenstern, wo viele Geschäfte gesperrt sind und der Strom der Straße nur zaghaft sickert, neubelebt freilich durch die feldgraue Flut der Soldaten, das neue Getriebe, das fremde, inmitten des eigenen. Aber die Häuser selbst, die Städte sind irgendwie verlassen, sie sehnen sich nach den Flüchtigen, nach ihren Kindern.

Die Heimat will ihre Flüchtigen zurück, um zu leben, und die Flüchtigen wollen ihre Heimat. Hier in Wien, am Nordbahnhof, spürt man's schon, wie sie sich drängen, Männer, Frauen, Kinder, um heimzufahren, um ihr Hab und Gut, ihren Ort, ihre Welt zu sehen. Zur Untätigkeit verurteilt, der Mildtätigkeit preisgegeben, wollen sie wieder zurück in ihr wirkliches Leben. Und es ist unvergeßlich, zu sehen, wie sie ankommen, wie in den zerschossenen Stationen die Verwandten, die Freunde, die Heimat sie erwarten, wie da von Schrei und Schluchzen – komisch halb und doch zutiefst tragisch – hier nachts die Stationen sich füllen, wie die Heimkehrenden hasten, nur rasch die Zerstörung zu sehen. Im Nu ist der Hausrat, die Familie auf ein Wägelchen gepackt, und das Pferd muß die Peitsche der Ungeduld fühlen. Eine Stunde ist das, zehntausendfach hier erlebt, an jedem Ort und an jedem Tage, eine kurze Stunde der letzten Spannung. Aber am nächsten Tag sieht man dieselben, denen man gestern ein Lächeln nicht weigern konnte, bewundernd schon inmitten ihrer Tätigkeit. Der Mann hämmert neue Pfosten in die verbeulte Tür, die Frauen fegen die Stuben, die Kinder helfen mit, der Ryhthmus der Arbeit klingt hell und schaffend in ihr Tun. So schaffen Tausende und Tausende jetzt dort ihr eigen Heim, ihre alte Welt, aber sie alle bauen unbewußt an einem Gemeinsamen, sie bauen das vernichtete Land wieder auf. Nicht über Nacht kann so Ungeheures vollbracht sein, aber knapp hinter dem Kriege schon ist die Arbeit begonnen, in seinem Schatten gleichsam, und wer diese Tätigkeit gesehen, ist gewiß: dies Land wird auferstehen, stärker und schöner, als es jemals gewesen. Denn nie war der Wille zum Werke so stark hier als jetzt. Die Vernichtung erst lehrt den Wert des Bestandes, die Invasion war vielleicht vonnöten, um den Bürgern aller Rassen hier ihre wahre Zugehörigkeit zu erweisen; an der Folie der russischen Herrschaft erst haben sie sich als Österreicher erkannt, und die Arbeit, die sie vollbringen, gilt jetzt dem Ganzen, fördert und gründet das neue Reich.

Noch ist's das große Dunkel vor Tag hier und nur ein zager Schimmer des neuen Frührots, das man erblickt, aber dies Gefühl des Ahnens, der werdenden Lebenswärme ist wunderbar. Andere haben hier vielleicht nur das Grauen der Zerstörung empfunden, mir aber ward immer das eine hier stärker und stärker bewußt, daß in der Tiefe des Leidens irgendeine Kraft des Lebens wohnt, die mit nichts vergleichbar ist auf Erden, eine Trunkenheit der Erneuerung, eine Steigerung des inneren Willens, die der gemeine Tag nicht kennt. Im Kriege glaubte ich hier das Größte zu sehen, aber ich spürte bald, daß das Stärkere die Kraft ist, die ihn überwindet. In keinem Lande wird man die siegreiche Lebensgewalt heute stärker empfinden, als an diesem Kreuzweg aller Leiden, als in Galizien, denn dieses Land, das wie ein Winkelried alle Lanzen, die gegen das Reich gerichtet waren, in sich aufgefangen, es lebt, blutend und schwankend, weiter und weiß den Wert alles Lebens. Fünfzig Kilometer hinter dem Krieg empfinden diese erlösten Städte schon die Seligkeit des Erwachens aus bösem Traum, die erhabene Trunkenheit der Befreiung, die unser Land, die ganz Europa einmal fühlen wird, wenn die Kämpfer ihre Waffen sinken lassen werden und der Völkerzwist sich in Frieden löst, wie ein Gewitter in das ewige heitere Blau der seligen Himmel. Ein Abglanz ist hier der reinen, vollatmenden Freude, die uns allen das Ende schenken wird, des österlichen Auferstehens einer gekreuzigten Welt, und nirgends habe ich so starkspiegelnd unser zukünftiges Menschheitsgefühl am Friedenstage vorauserlebt als hier mitten im Kriegsland, im befreiten Galizien.

Aus den Tagen des deutschen Vormarsches in Galizien

Lemberg war gefallen, und Wien hatte es an einem unvergänglichen Abend gewußt. Von Haus zu Haus flatterten sich die Fahnen zu, winkten sich die Menschen entgegen, und abends auf der Ringstraße formten sich Zehntausende zur gewaltigen Masse, ein Leuchten und Glühen war an diesem Abend die ganze Stadt. Begeistert fühlte hier ein Volk den Sieg mit gewaltigen Schwingen über sein Land rauschen und fühlte beglückt und ungewiß, daß er sich noch nicht niedersenken wolle, müde und matt, sondern weiter aufschweben, höher und ferner über die ganze Welt.

Bald nach diesen Tagen war ich im Auftrage des k. und k. Kriegsarchivs nach Galizien gesandt worden, und Ungeduld dehnte mir die Reise. Ich war niemals dort gewesen in diesem Kronland, und innerlich verzehrte michs, für die Namen, die uns allen eingegraben waren von Gericht und Sieg, für Tarnow, Gorlice, Grodek, Przemysl, Lemberg das Lebendige einzutauschen, die beseelte wirkliche Anschauung. Nachts hatte ich Wien verlassen mit einem Militärzug, der von Heiterkeit und Gesang widerhallte, und morgens war es schon fremde Welt vor dem Blick. Leeres flaches Land, aber schön, wogig gefüllt mit reifendem Getreide, ein Sommerglanz, der nichts mehr wußte von Kampf und Not. Langsam fuhr der Zug weiter von Krakau in die galizische Ebene, langsam, viel zu langsam für meine Ungeduld. Aber – bald war es zu fühlen – jede Meile, jeder Kilometer, jeder Schritt ging hier durch die furchtbare Furche des Krieges, wie Spinnwebe waren die eisernen Brücken zerrissen und lagen geknickt im lehmigen Wasser der Wyslocka, des San und all der andern Ströme, deren Name, einst flüchtig gelernt in den Tagen der Schule, nun in den Stunden des großen Lernens für uns geheimnisvoll, gewaltig und fast mythisch geworden war. Je heißer das Herz vorwärts wollte, näher der Stirn, dem Vorstoß des Heeres zu sein, um so langsamer fuhr der Zug. Wo immer eine Station war oder besser das Skelett, der verbrannte, hohläugige Leichnam eines Bahnhofgebäudes, da mußten wir halten stunden- und stundenlang. Es ging nicht vorwärts. Immer waren Züge vor uns, hinter uns, neben uns, wir waren nur ein einziges Glied noch in einer ungeheuren Kette, die langsam wie ein Paternosterwerk sich vor- und zurückrollte in ewigem, geduldigem Wandern. Stundenlang mußten wir oft liegen in den einzelnen Stationen, und wenn ich die Offiziere fragte, die mit uns waren, so lächelten sie. In ihrem Lächeln war ein Geheimnis, aber ein helles und heiteres, irgendeines, das froh machte, auch wenn man es nicht erriet.

Immer gab es Nachbarschaft in den Stationen. Wo unser Zug stand, warteten auch andere, mit deutscher, österreichischer, ungarischer Mannschaft bunt gemischt. Immer gabs da, wenn wir kamen und gingen, ein Grüßen, eine kurze, rauschende Explosion von Jubel. »Servus Bayern«, »Hurra Österreicher!« Jubel, Jauchzen und Scherz. Eben war wieder ein Zug eingelaufen, unendlich lang, 50 und 60 Waggons. Auf den offenen standen blank geputzt und schmuck wie Spielzeuge aus der Schachtel eines Riesenkindes die Feldkanonen, in den geschlossenen Waggons hämmerten und scharrten ungeduldig die Pferde, bei den offenen Schiebetüren saß geschmückt mit frischem Laub deutsche Kavallerie. »Woher kommt Ihr, Kameraden?« fragte einer hinüber. »Aus Frankreich«, riefs zurück. »Fünf Tage sind wir unterwegs, waren wieder einmal in Deutschland, haben die Heimat gespürt. Jetzt gehts gegen Nikolai.« Von Fenster zu Fenster gings hinüber und herüber, Grüße, Erzählungen, Scherze, lebendiger Tausch und Freude gegen Freude, Mut gegen Mut, dann pfiffs irgendwo, und einer der Züge rollte vorwärts, um bald in der nächsten Station wieder zu stehen, stunden- und stundenlang. Wieder war Artillerie da, wieder fragten wir: »Woher kommt Ihr, Kameraden?« »Aus Ungarn«, antworteten sie und erzählten vom heißen fremden Land. Aus Ungarn kamen die einen, aus Frankreich die andern und auf den Bahnen stand die Inschrift: Brügge, Courtrai oder Ypern, und mit einem Male spürt man die Weite des ganzen Krieges, wie die Deutschen das unendliche Stück Welt, das sie kämpfend und siegend umfahren, und wieder Züge, Züge, Züge, beladen mit Pontons aus frischem, lichtem, duftendem Brückenholz. Wieder lächelten die Offiziere, als sie es sahen und klopften freundlich daran. »Pontons, das ist ein gutes Zeichen«, sagten sie. Die andern lächelten zurück. »Wir sind lange genug still gelegen. Nun gehts los.«

Es ging los. Wir spürtens alle, daß sich hier etwas vorbereitete, etwas Gewaltiges, das eine unendliche Menschenwoge sich hier hob, um stürzend niederzufallen auf die feindliche Welt. Nachts in J., wo wir endlich ankamen und Schlaf suchten in einem dumpfen, engen Zimmer, nach vierzig Stunden Fahrt, beginnt es ganz plötzlich zu dröhnen. Ich springe auf und zum Fenster. Unten rollt etwas Mächtiges, wie Elefanten, Ungetüme, die mit Segeltuch überspannt waren. Aber unter der Uniform spürten wir doch deutlich das Geheimnis unserer Mörser. Wie ein Gewitter schwer und drohend rollten sie durch die Gassen nach Norden und verklangen. Wieder tastete ich zurück, aber da klangs schon anders, heller, leichter, so wie die klappernden Schläge auf einem Xylophon: Reiterei, Reiterei, Reiterei. Da kamen sie schon, vier Reihen, die Fähnchen an den Lanzen, in Schritt und Trab, als gings zur Parade. Die ganze Nacht wars ein Kommen und Gehen, wie in einem Mühlbach rollte und stürzte es nach vorwärts, immer rauschend und rauschend von ewiger Bewegung: Fußvolk, Reiter, Infanterie und Train. Es rollte und rollte bis hinein in den Schlaf, und man spürte sich selbst mitgleiten, traumhaft, in die gewaltige Woge.

Und am nächsten Tage wieder auf den Bahnen, auf den Straßen immer und überall dasselbe. Immer wieder Züge lang und langsam starrend in Waffen und doch von Klingen, von Heiterkeit, eine gewaltige Karawane auf den blanken Gleisen, die vorwärts rollte einem Ziele zu. Aus allen Richtungen drängte es vorwärts, kam es und flutete in eine einzige weiter; ungeheure Kraft schien sich zu sammeln zum Stoß. Nachts ging das und Tag. Man saß mit den Soldaten in den engen Abteilen, einer gedrückt an den andern; unter dem flackernden Öllämpchen holten sie ihre Karten heraus, spürten nach, wo sie waren, und gaben der fremden Landschaft, die da draußen vorüberrollte, dampfend in der warmen Julinacht, Namen und Erinnerung. Ungeduldig war keiner und doch alle erwartungsvoll, alle spürten wir, daß etwas Gewaltiges beginne, dem die Geschichte erst den Namen schenken müsse, daß sie, selbst sie, die kleinen, unwissenden Tropfen, Kraft in der ungeheuern [Kraft] waren, die jetzt niederströmte und die russischen Dämme sprengte. Unvergeßlich waren diese Nächte, in den Ecken lag mancher verkrümmt und schlief an den Nachbar gelehnt, dazwischen erzählten andere von Heimat und Krieg, aus dem Nachbarabteil quiekte eine Harmonika, und irgendwo, vom Ende des Zuges antwortete Gesang. Ergreifend war dieses Zuhören all dieser Lieder, deutsch, ungarisch, kroatisch, hier in der Fremde gesungen, für keinen und alle, um nur Heimat mitzuspüren auf dem Wege ins fremde, unbekannte Land.

Und dann kam eine Station, eine Stadt, da hielt der Zug, Soldaten kletterten heraus, blank wurde alles geputzt, die Gewehre zu Pyramiden gestellt. Ein paar Kommandos, dann formten sich Reihen, und es ging vorwärts, vorwärts. Eine Kolonne auf fremder Straße, bald nur eine Staubwolke und bald nur mehr Erinnerung. Schon aber landete wieder ein neuer Zug. Russische Gefangene mußten helfen, rasch die Geschütze herabzunehmen, die Pferde stapften heraus, sprangen ein bißchen herum, als wollten sie ihre Glieder proben, dann wurden sie eingespannt, und weiter ging die Kolonne, den andern nach, vorwärts, vorwärts ins Unbekannte.

Überall war es dasselbe: Fünfzig, hundert Stationen, die ich gesehen, in allen Städten, Dörfern und Straßen, dieses Vorwärtsströmen einer Richtung zu. Geheimnisvoll fühlte man sich mitgezogen. Es war, als ginge nur vorwärts dieser Weg und nicht mehr zurück, und man mußte sein Herz halten, daß es einen nicht mitzog in das Geheimnis hinein, das man spürte und immer stärker empfand, je mehr es dem Worte sich wehrte. Aber ich mußte weiter nach Lemberg, in die Stadt, wo ein eigenes Leben im inneren Kreise klopfte, innen aber blieb der geheimnisvolle Zug, die drängende Frage.

Und plötzlich acht Tage später hatte es Namen, das wundervolle Geheimnis, das ich erlebt, und gehörte der Welt. Der Vormarsch hatte begonnen nach Warschau und Iwangorod, und die da gingen auf der Straße von einem Ort zum andern, waren weiter gewandert bis tief ins moskowitische Reich. Die Mörser, die ich mit verbundenem Munde gesehen, hatten gesprochen, die Reiter waren vorgestürmt, nachgestürmt, die Pontons hatten die Weichsel überquert, alles was damals unwissend sich gerührt, hatte einem Unsichtbaren gehorcht, das wir alle ehrfürchtig gefühlt hatten wie den Gott einer großen Zeit. Und als dann die Weltuhr ihre dumpfen Schläge schlug: Warschau,

Iwangorod, Brest-Litowsk, da mußte ich an das wundervolle Gehäuse mit Ergriffenheit denken, in das ich den Blick getan, an jedes einzelne Menschenrad, das da geduldig Zahn um Zahn, Schritt um Schritt seinen Weg, den gewaltigen, ging, und rückschauend erkennen, was ich erlebt und nun doppelt fühle, seit ich seinen Namen weiß und seinen Sinn verstehe.

1917

Donaufahrt vor zweihundert Jahren

Irgendwo in unserer neuen Literatur gibt es ein kluges und unterhaltendes Buch mit dem hübschen, verheißungsvollen Titel: ›Die Kunst des Zuhausereisens‹. Darin ist aufs ergötzlichste geschildert, wie man, hingestreckt auf sein Sofa, die Zigarre im Mund, ein Reisebuch oder eine Landkarte in der Hand, die schönsten Exkursionen machen könne, ohne ein anderes Vehikel als die wanderbereite Phantasie. Freilich, so ist dorten ausgeführt, muß der Reiter auch ein Pferd haben, und je besser das Pferd ist, um so weiter wird er kommen, und mit diesem Pferde meint der etwas umständliche Autor das Buch. Diese bequeme Art des Reisens von Büchern und Bildern aus ist eine Kunst, die eingeboren sein muß, aber doch durch fleißige Übung aufs glücklichste gefördert werden kann, und mancher bringt es darin so weit, daß ihn ein trockener Baedeker oder ein Dutzend bunt kolorierter Ansichtskarten schon stundenweit forttragen in fremde, nie gesehene Welt.

Ganz phantastisch aber wird dieser Reiz des Mitreisens von zu Hause her, wechselt man nicht nur den eigenen Raum mit fremder Welt, sondern auch die gegenwärtige Zeit mit Vergangenheit. Denn da lebt man mit einemmal in fremden, längst vergangenen Häusern, wandelt in verblichenen, vergessenen Trachten, reist in Postwägelchen und kleinen Segelschiffen, man atmet die abgestorbene Luft vergangener Jahrhunderte und vergleicht sie und sich in anregendem Spiel beständig mit der Gegenwart. Ob man nun mit Marco Polo nach China reist oder mit der

Lady Hamilton durch Europa, immer strömt aus diesen alten Folianten lebendiges Leben und hinreißendes Weltgefühl, der Zauberduft der Ferne und die Phantastik des Unerreichbaren. Und was das Seltsamste ist, noch fremdartiger und interessanter als Indien und die Reiche der Mandschuren muten einen dann in solchen alten Büchern die Dinge unserer eigenen nahen Welt an, vertraut im Namen, hingebettet in die gleiche Landschaft und doch durch die Jahrhunderte eigenartig und anziehend gemacht. Nichts liest sich schöner als diese Fahrten in die eigene Vergangenheit.

Ein solches Wanderbuch durch unsere eigene Welt, wundervoll alt und doch zeitgemäß wie wenige, umwittert noch dazu vom Geheimnis der Unveröffentlichtkeit, ist der schöne, prunkvoll gebundene Lederfoliant im k.u.k. Kriegsarchiv, der eine Donaureise aus dem Jahre 1751 schildert und aus dem diese Zeitschrift einige Bildproben zum erstenmal der Öffentlichkeit übermittelt. Er ist ein Meisterwerk technischer Ausführung, dieser starke Goldschnittband mit den Hunderten eingezeichneten Karten, Prospekten und Ansichten, die offenbar im Auftrage der kaiserlichen Regierung unternommen wurden. Der schöne gemalte Titel lautet: ›Atlas du cours de Danube avec les plans, vues et perspectives des villes, chateaux et abbayes qui se trouvent le long du cours de ce fleuve, depuis Ulm jusqu'à Widdin; dessiné sur les lieux, fait en 1751.‹ Sein Autor ist nicht leicht festzustellen. Die prunkvoll geschriebene Widmung in französicher Sprache zeichnet ein gewisser Franz Nikolaus von Sparr, doch hat es den Anschein, als ob mehrere Künstler sich zu diesem vollendeten Werk vereinigt hätten, ein vortrefflicher Emblematiker, dem offenbar die schönen Randleisten und Ornamente der Ausstattung zu danken sind, ein Landschafter, der die Gegenden nach der Natur zeichnete, und ein Geometer, der die Pläne der Befestigungen und das Kartographische aufnahm. Auf diese Vielzahl der Verfasser deutet hin, daß eines der Blätter, der Grundriß von Preßburg, nicht von diesem F. Nikolaus von Sparr signiert ist, sondern von einem gewissen Carl Johann von Redel, und daß ferner auf dem Landschaftsbilde der gleichen Stadt nicht bloß ein Künstler in Selbstaufnahme als Zeichner dargestellt ist, sondern deren zwei, die, friedlich auf dem gleichen Baumstamm gesellt, mit ihren Zeichenblättern vor der Landschaft sitzen. Auch in der Ausführung zeigen sich ziemlich verschiedene Elemente der Auffassung. Der Kartograph scheint von seltener Exaktheit zu sein, seine Pläne sind Muster der Sauberkeit und Genauigkeit. Der Landschafter hingegen sieht als Romantiker mehr auf die Schönheit als die Naturtreue seiner Objckte. Bei manchen Burgen der Donau, die wir noch heute kennen, wie Greifenstein und Aggstein, türmt er die Felsen dräuend bis an die Donau heran, aus dem Strudel, der alten Stromschnelle, macht er einen fürchterlichen Katarakt, eine österreichische Skylla und Charybdis, kurz er verkörpert aufs trefflichste den Geist des Barocks, das für die Schönheit auch die Übertreibung nicht scheut. Aber wie zart und wie lieblich sind doch auch manche dieser Zeichnungen im zarten Sepiaton, jede ein Kunstwerk für sich und würdig, bekannt zu werden als historisches Denkmal, in dem längst Entschwundenes dauernd festgehalten und die Geschichte der Heimat in zärtlicher Weise bereichert ist.

Die Fahrt geht hier nicht vom Ursprung zur Mündung, sondern umgekehrt von Widdin bis Ulm im bewegten Bilderspiel. Das erste Blatt enthält noch eine zeichnerische Widmung im Geschmack der Zeit, deren Symbol auch für die unsere noch gültig sein mag. Mit dienender Gebärde, ein uralter, beschwingter Greis, tritt die Donau vor die Kaiserin und Königin, vor Maria Theresia, und bietet ihr seine Krone und seine Schätze dar. Der Adler Österreichs wacht über der Huldigung, die Flügel gespreitet, weit rückwärts tut die österreichische Landschaft sich auf. Offenbar will dies Bild mit seiner naiven Symbolik sagen, daß die Donau Österreich als ihren einzigen Herrscher anerkenne und Habsburg als den einzig rechtmäßigen Gebieter. Eine französische Widmung an den Kaiser-Gemahl, Karl von Lothringen, die das nächste Blatt bildet, ergänzt mit beredtem Wort das Bild, dann entrollt sich die Karte des Donaulaufes bei Nikopolis und der Gegend des Trajanswalles.

Und seltsam: Nun tauchen all die Namen auf, all die Orte im Bild, die unsere neueste Gegenwart so berühmt für die Welt gemacht. Lom Palanka, wo die Bulgaren den Fluß überschritten, hier liegt's als kleines, wallumschirmtes Städtchen gegenüber den Straßen nach Crajova und Orsova, Widdin blinkt her, eine rechte Türkenstadt noch mit viel spitzen Minaretts und den runden Kuppeln der Moscheen, halbmondgekrönt und kreuzlos noch. Weiter geht die Fahrt und ein Kuriosum bietet sich uns dar, das wahrscheinlich besonderen Wert für die Forschung haben könnte, ein buntes Bild zeigt die Trajansbrücke, die zur Römerzeit bei Turnu Severin – dem gleichfalls heute hochberühmten – über die Donau mit steineren Pfeilern gewölbt war, eines der verschollenen Weltwunder früherer Jahrhunderte. Eine erste Zeichnung reproduziert diese Brücke nach einem alten Bild von Jakob Leuv, wie sie dieser im Jahre 1669 noch gesehen hatte. Da spannen sich die Bogen aus Trajans Tagen noch fest und stark über die Stromenge, passierbar für Fuhrwerk und Mann wie zu Zeiten, da die römischen Kohorten hier gegen die Skythen und die Horden der Völkerwanderung auszogen. Das eigene Bild unseres Autors, kaum 100 Jahre später an Ort und Stelle gefertigt, zeigt 1750 nur mehr die Trümmer des gewaltigen Baues, aber noch immer stehen die Pfeiler sperrend im Wasser, und von manchem Bruchstück ist noch der gewölbte Bogen mit der Inschrift vorhanden, ein Stück Altrom, das heute restlos zu Staub zergangen.

Doch weiter nach Westen geht die Fahrt, aus unserem Kriegslande von heute in die alte ungarische Grenzstadt Orsova, deren Kriegsinsel und Befestigungen hier in entzückenden Aquarellen festgehalten sind. Semendria, 1738 gezeichnet, zeigt wie in unseren Tagen ein Feldlager. Zelte sind aufgeschlagen, Reiter traben bewaffnet dahin und mit Kanonen droht die bewaffnete Burg. Aber die Kronburg des Ostens scheint schon damals Belgrad gewesen zu sein, denn nicht weniger als sechs Bilder und zwei prachtvoll gezeichnete, bis ins kleinste Detail ausgearbeitete Kartenblätter bringt dieses Buch. Ein Teil der Bilder ist mitten im Kriege gezeichnet, während der Belagerung des Platzes durch die Türken, und manches der Gebäude, das heute durch Reproduktion zeitgenössischer Photographien weitesten Kreisen geläufig ist, zeichnet schon damals sein Profil in die seltsame, halb orientalische, halb europäische Landschaft.

Immer näher strömen die Bilder mit der Donau an uns heran, immer vertrauter werden uns die Namen. Da ist Peterwardein, die Festung mit Schanzen und Mauern, Budapest oder eigentlich Ofen mehr, damals noch nicht die Hauptstadt und das Herz Großungarns, dann Waitzen, Visegrad mit den Ruinen des alten Schlosses, Gran, Komorn und Raab und endlich Preßburg, die »Haupt-, Residenz- und Krönungsstadt in Oberungarn«. Dann rückt die Reise schon rasch an Wien heran, Wiener-Neustadt, Ebenfurt, Altenburg, Hainburg, sprechen vertraute Namen, endlich sind wir in Wien.

Das prachtvoll ornamentale Blatt dieser Darstellung von Wien ist bereits (als das einzige aus diesem Werke) in der österreichischen Zeitschrift für Altertumsforschung veröffentlicht worden und mit einer sehr eindringlichen

Beschreibung versehen. Mag vielleicht auch hier die Phantasie des Künstlers in den Maßen und Proportionen etwas romantisch gewesen sein, so stellt rein vom zeichnerischen Standpunkt dies figurale Hauptblatt eine ganz ungewöhnliche Leistung dar. Auch die Umgebung von Wien ist durch Enzersdorf, den Kahlenberg, Korneuburg und Klosterneuburg ausgezeichnet vertreten, aber wie ferne ist die noch von der Stadt gerückt!

Und nun – Wachaufahrt vor zweihundert Jahren. Vorüber an Tulln nach Spitz, Stein und Krems, wo eine Holzbrücke die Donau überquert und altmodische Zillen, nicht unähnlich denen der oberösterreichischen Seen, munter auf und nieder fahren, zu den schönen Schlössern von Göttweih, Wolfsberg, Aggsbach und Aggstein. Von all diesen herrlichen Schlössern, die heute meist in Trümmern liegen oder vom modischen Ehrgeiz angeblich verbessernder Baumeister verpfuscht sind, sieht man hier noch die ursprünglichen Formen. Schönbichel und Dürnstein, kaum sind die jetzt so ruinenhaften mehr kenntlich in diesem Bilde, und nur Melk, das wunderbare, hat sich in seiner vollen Pracht nicht gewandelt. Weiter geht's durch die Nibelungenlandschaft von Pöchlarn, Persenbeug, die immer enger werdende Donau empor bis zum Greiner Strudel, dem berühmten Wirbel, wo früher dem unerfahrenen Schiffer in der Stromschnelle Gefahren drohten. Hier hat der romantische Maler Franz Nikolaus von Sparr ein ganz erschrecklich wildes Bild hingemalt. In krummen Bogen schleudert und schäumt die Donau um die Felsen und nur mühsam ringen sich die Schifflein durch die felsige Landschaft, über der mahnend das Todeszeichen des Kreuzes steht. Aber bald kommen wieder sanftere Bezirke. Anregend immer wieder aufs neue ist es, all die kleinen Städte zu sehen, die lieblichen Marktflecken und Dörfer Oberösterreichs, Freienstein, Mauthausen, endlich das damals noch kleinländliche und liebliche Linz.

Bei Passau lassen wir dann österreichisches Land und fahren nach Deutschland hinein, nicht ohne zuvor noch ein paar schöne Landschaften und Städte der Nebenflüsse wie Salzburg, Landau, Landshut, Ingelfingen, Pfaffenhofen, Achau, Straubing betrachtet zu haben. Mit schöner Beharrlichkeit folgt der Zeichner der Donau auf ihren immer engeren und gebirgigeren Wegen nach Ingolstadt, Neuburg, Donauwörth, Ulm, bis ins Schweizerland, wo ihr Anfang und des Folianten Abschluß ist.

Die Reise durch die hundert Landschaften ist zu Ende, und wenn man aufblickt von diesen zarten Blättern in unsere wirre, verwandelte Welt, so meint erstes Erstaunen, man sei in fremdester Gegend gewesen, so seltsam ist dieser Kontrast der Jahrhunderte zwischen Gegenwart und jener Zeit. Aber doch, der Fluß ist derselbe geblieben, die Landschaft die gleiche, und man vermag vergleichend ihren Sinn und Zusammenhang nur besser zu verstehen, wenn man sieht, wie schon vor zweihundert Jahren von der Quelle bis zur Mündung, von Deutschland bis ins Türkenreich, dieser Strom ganz einheitlich von einem österreichischen Künstler geschaut wurde. Sein Auge ist nicht mehr das unsere; mit wacherem Blick als dieser Romantiker des Barocks sehen und fühlen wir heute Landschaften und dieses Stromes Zug, aber doch ist die Einheitlichkeit seines Schauens vorbildlich und sinnvoll für die Zeit, die ja nichts anderes will als die Zerrissenheit dieses Stroms in Grenzen und Reiche zu beseitigen und zum Hauptstrom eines einigen Mitteleuropa zu machen, zum friedlichen Mittler von Orient und Okzident.

1918

Die Schweiz als Hilfsland Europas

Zwischen die kriegführenden Staaten gebettet, anteilnehmend nur mit dem Gefühl an der Tragödie Europas, abseits mit ihrer Wehrmacht streng bemüht, die Neutralität nicht nur im blutigen, sondern auch im geistigen Kampfe aufrechtzuerhalten, hat die Schweiz in diesen Jahren vielleicht nicht weniger Energie verbraucht und durch ewig neue Hingabe beständig ersetzt als die anderen Nationen. Nur daß diese Energie nicht zur Zertrümmerung, sondern zum Aufbau, nicht zur Verwundung, sondern zur Heilung verwandt wurde. Und weil diese ungeheure Energie ganz im stillen, ohne die Fanfaren des Ruhms, wirkte, ist sie heute vielleicht noch verborgener geblieben als sie es verdiente: was im Sinnlichen wirkt, wird leicht offenbar, um dafür der Vergänglichkeit rauher anheim zu fallen. Die Taten des Geistes und des Herzens sind weniger sichtlich für den Blick. Aber ihre Dauer ist gewährleistend durch die fortwirkende Kraft, die ethische Macht der unsterblichen Idee, die dem Leiden, dem unendlichen menschlichen Leiden die einzige Tröstung entgegensetzt: das Mitleid. Haben die anderen Völker dieser Zeit das Leiden geschaffen, so schuf die Schweiz das Mitleid. Und weil unerträglich, unabsehbar viel Leiden in der Welt war in diesen vier Schreckensjahren, mußte ihre Leistung eine ganz gewaltige sein.

Und das ist sie gewesen. Das ist sie noch. Die Stunde ist noch nicht gekommen, das ganze Werk zu überschauen, aber schon das, was wir wissen, wäre groß, selbst für ein großes Land und ist überdimensional für die wenigen

Kantone. Im Mittelpunkt steht die Leistung des Roten Kreuzes: ich habe versucht, in einer kurzen Broschüre (›Das Herz Europas‹, Rascher & Co. ›Le cœur de l'Europe‹, Editions du Carmel) nur einen ersten Eindruck festzuhalten, den ich in Genf im Musée Rath, der Urzelle des ungeheuren Arbeitsgewebes, empfing, und ich würde es als Verwegenheit empfinden, in noch engeren Rahmen dies gewaltige Bild einzupressen. Die Kriegsverwundeten aller Staaten und aller Nationen, sie waren die Sorge des Roten Kreuzes von je, seit es vor einem halben Jahrhundert in Genf von Schweizer Bürgern begründet wurde. Und nur für sie, diese Millionen zu sorgen, über die Konventionen zu ihrem Schutze zu wachen, wäre schon Leistung genug gewesen. Aber sie trat noch zurück gegen die gigantische Aufgabe, die durch die Gefangenen erwuchs. Jeder Vermißte ist eine Sorge. Ungewißheit ist Qual und diese Ungewißheit um die Millionen der Angehörigen vermehrt, ergab eine Summe von Erregung, die – die man glücklicherweise nicht errechnen kann. Das Rote Kreuz nun übernahm es, den Angehörigen möglichst rasche Kunde von dem Schicksal zu übermitteln. Es kundete sein Gefangenenlager aus, überwachte durch Vertrauenspersonen die Behandlung, nahm Beschwerden entgegen, führte ihnen Liebesgaben zu – kurz es vermittelte in der ungeheuren Ungewißheit, die ja das Symbol dieser Zeit und der Inhalt fast jedes Schicksal ist, ein gewisses Gefühl des Schutzes. Man spürte die übernationale Macht der Gerechtigkeit und der Menschlichkeit über dem Getümmel.

Aber aus dieser Vermittlung erwuchs der Schweiz eine schwere Last, wie sie, als sie anfangs sie übernahm, ihr in ihrer Größe nicht bewußt gewesen sein dürfte – wer hat solche Dauer, solche Dimensionen dieses Krieges erahnt! – nämlich die Postvermittlung, die sie – und das ist zu wenig bekannt – unentgeltlich besorgte. Unentgeltlich, das klingt ein wenig dieses Wort, aber welche Resonanz hat es, welche ungeheuerliche Resonanz, wenn man bedenkt, daß die Schweiz in diesen vier Jahren über fünfhundert Millionen Briefe, an 100 Millionen Pakete, 10 Millionen Postanweisungen umsonst befördert hat. Rechnet man den normalen internationalen Tarif dafür, so kann man wohl getrost sagen, daß die Schweiz durch den Verzicht auf jedes Entgelt den kriegsführenden Staaten ein Geschenk von 100 Millionen Franken gemacht hat, abgesehen von der gigantischen Arbeit, die nur eine so meisterlich organisierte Postverwaltung bewältigen konnte, die Postverwaltung des Lands, in dem die internationale Weltpost begründet wurde und ihr Denkmal hat.

Aber nicht Ziffern messen die moralische Leistung der Schweiz ganz aus. Wie dies ausdrücken, was es den Schwerverwundeten bedeutet, daß sie dank der Intervention der freien Republik seit 1915 ständig ausgetauscht und in ihre Heimat zurückbefördert wurden. An den Bahnhöfen erwarteten sie Ehrenkompagnien, Gaben wurden ihnen gebracht und Tausende, viele Tausende haben erzählt, daß diese erste Minute eine der seligsten ihres Lebens war. Und nicht minder wichtig war die Schaffung des Interniertenwesens, ein Unikum bisher in der Kriegsgeschichte, daß ein unbeteiligter, ein neutraler Staat es übernahm, kranke und erholungsbedürftige Gefangene bei sich zu bergen. Die schönsten Landschaften, die reizvollsten Gegenden wurden ihnen bestimmt, möglichst auch darauf Rücksicht genommen, nationale Nähe im Umgang mit der Bevölkerung zu ermöglichen. Die Franzosen wurden am Genfersee und in der Westschweiz, die Deutschen am Vierwaldstättersee und in der Ostschweiz untergebracht, Engländer und Belgier gerade in jenen Landschaften, die früher von ihren Landsleuten die besuchtesten waren. Die schon Geheilten durften Arbeit tun, sich ein wenig zu ihrem Sold verdienen, den Schwerkranken wurden die Sanatorien von Davos und der anderen Kurorte zur Verfügung gestellt und – was das Wichtigste für das seelische Wohlbefinden war – ihren Angehörigen gestattet, sie auf kürzere oder längere Zeit zu besuchen.

Unmöglich, den menschlichen Wert dieser Leistungen auch nur irgendwie statistisch oder numerisch ausdrükken zu wollen. Unmöglich, in engem Raum all der einzelnen Institutionen, der einzelnen Menschen zu gedenken, die durch ihr Zusammenarbeiten diesen einzigartigen Betrieb erschufen, der nicht nur Tüchtigkeit forderte, sondern auch unendlich viel Taktgefühl. Wie schwer war es, ewig das Gleichgewicht zwischen den Ansprüchen der Nationen zu halten, die Parität auch des Gefühls zu wahren – vielleicht werden einmal in Jahrzehnten die Akten veröffentlicht werden, die zeigen, wieviel ungesehene diplomatische Arbeit inmitten der caritativen notwendig war. Und ein Gelingen dieser absolut vorbildlosen Organisation, die aus dem Nichts, aus der Theorie geschaffen werden mußte, war nur denkbar, wenn das ganze Land diesen Gedanken lebte, wenn von dem Bundespräsidenten bis hinab zu dem einzelnen Sanitätssoldaten jeder einzelne sich der ungeheuren Pflicht bewußt war; wenn die Schweiz sich als übernational empfand. Und jeder einzelne wußte, verstand es, daß diese Leistung für den Schweizer keine zufällige war, sondern daß sie den Sinn dieses Landes darstellte, den hohen Sinn, in dem von nun ab durch die Jahrhunderte die Schweiz immer für Europa verstanden werden wird. Nicht mehr als Panoramalandschaft, nicht mehr als Fremdenparadies, nicht mehr als Hochzeitsreisendenziel: sondern als Idee der Gemeinschaft, die Nationen und Sprachen in Liebe eint. Als tätige Idee der Einigung, als Hilfsland Europas, das die Verantwortung fühlt, den brüderlichen Gedanken nicht erlöschen zu lassen, auch im furchtbarsten Sturme nicht, der jemals über diese Welt gefahren. Nie war das Schweizer

Wappen – das weiße Kreuz auf rotem Grunde – so sehr das Symbol des Friedens inmitten des Bluts. Und in diesem Sinne wird eine zukünftige Menschheit immer diese Fahne grüßen.

Nekrolog auf ein Hotel

Ich werde mir gewiß – oh ganz gewiß nicht – erlauben, Einspruch zu erheben, ich als Fremder, oh ganz gewiß nicht, gegen den Beschluß der Stadt Zürich, das uralte und berühmte Hotel Schwert anzukaufen und in ein Steuerbureau umzuwandeln, aber dies muß doch gesagt sein: es ist schade. Denn seine Tradition hatte nicht seinesgleichen in der Schweiz und kaum in Europa, ein Zusammenhang ist plötzlich vernichtet, der durch die Jahrhunderte ungebrochen reichte bis zum Anfang der Stadt, ein schöner Ruhm der Beharrlichkeit durch die Zeiten für immer zerstört. Mit solchen Häusern geht viel von der Seele einer Stadt dahin, und was die eine Generation noch leicht hingibt, empfindet die nächste schon als Schmerz: ich erinnere mich noch, wie eines Tages in Wien die Arbeiter mit ihren Spaten kamen und begannen, das Sterbehaus Beethovens in der Schwarzspanierstraße niederzureißen. Damals achtete man kaum darauf, und heute ballt jeder heimlich die Faust, wenn er an der unförmigen Zinskaserne vorübergeht, die sich an seiner Stelle aufpflanzt. – Könnte man es mit Geld zurückkaufen, so fände man heute Millionen dafür – »erst der Verlust erweist den wahren Wert«.

Das alte Hotel Schwert nun bleibt an seiner Stelle. Kein Stein wird gerückt vom andern, aber doch, ein Unwiederbringliches wird ihm genommen: sein Sinn. Sein Sinn und sein Ruhm, daß es der älteste Gasthof der Stadt war, Heimstatt zahlloser bedeutender Menschen in sieben Jahrhunderten, und daß eine Kette zerrissen wird, die sich vielleicht noch lange weiter durch die Zeiten geschlungen. Mit jedem Tage wäre es ehrwürdiger geworden, mit jedem Jahr berühmter, und man hätte es noch mehr geliebt um des Unsichtbaren willen, um des Fluidums von Seltsamkeit und Pietät, das aus seinem Wesen strömte, hätte es geliebt, wie man die paar wenigen uralten Hotels Europas liebt, den ›Elefanten‹ in Weimar, die ›Kaiserkrone‹ in Bozen, das ›Hotel Voltaire‹ in Paris, um nur einige wenige zu nennen, die zum Gemeinbesitz unserer Welt gehören. Nicht für jeden natürlich. Vielen ist eine gute Zentralheizung und amerikanischer Komfort wichtiger als Erinnerungen, aber – ohne sentimental zu sein – wer nur irgendein Gefühl für historische Kultur hatte, empfand in diesem Hause die starke und erhabene Tradition als eine Gewalt. Wer war nicht in diesen Räumen gewesen in den sieben Jahrhunderten seines Bestandes? Kaiser und Könige, Kurfürsten und Markgrafen, aber dies fühlt der Sinn nicht so als bedeutsam, wie daß der junge Mozart hier weilte, als er von Paris kam. Daß Goethe hier lange wohnte und einige seiner wesentlichen Werke in diesen Räumen ihre irdische Heimat haben, daß Casanova hier jenes entzückende Abenteuer erlebte, das in seinen Memoiren nachzulesen ist. Daß Cagliostro unter falschem Namen sich hier barg, Fichte Hauslehrer des Wirtes war, Madame de Staël mit August Wilhelm Schlegel auf der Reise nach Wien einkehrte. Wer war hier, wer war hier nicht? So selbstverständlich galt es für den Fremden, der nach Zürich kam, im Schwerte abzusteigen, daß der Postkutscher kaum fragte und der Wagen durch die engen Straßen bis an die Limmatbrücke rasselte: Diese Räume sind das ungeschriebene Fremdenregister der Stadt durch sieben Jahrhunderte. Wer damals von Rang war, hat dort gewohnt.

Im neunzehnten Jahrhundert, als aus den Postkutschen die Eisenbahnen, aus den Gasthöfen die Hotels wurden, begann freilich für das Urväterhaus eine Dekadenz. Da nahm ihm das ›Baur au Lac‹, das durch einige Jahrzehnte als erstes europäisches Prunkhotel galt, allen Ruhm. Eng gepreßt an Straße und Fluß konnte sich das alte Hotel Schwert nicht dehnen, seinen engen Aufgang nicht in eine prunkvolle Halle verwandeln – es blieb zurück. Aber eben, daß es sich gleich blieb, nicht der neuen Zeit nachlief, die sich doch von Jahr zu Jahr in Neuerungen des Luxus überrannte, das gab ihm einen andern Reiz, den antiquarischen. Man hatte es lieb wie ein altes Möbelstück, wie einen Folianten aus Urväterzeit, man hatte es lieb mit jener kleinen Rührung, die man zu verblichenen Dingen hegt und die mit der Vernunft nicht ganz zu erklären ist. Wie oft, in einer alten Gasse, vor einem alten Schloß, hat man das geheimnisvolle Verlangen: hier möchte ich wohnen – vielleicht nur aus dem Gefühl der Vergeblichkeit des Wunsches, vielleicht aus tiefeingewachsenen, im Blut ererbten Vorvätererinnerungen, die dies in uns als heimatlich lieben, ohne daß wir es wissen. Und das Hotel Schwert – es erfüllte einem diesen sonst unerfüllbaren Wunsch. So kam es, daß, einer vom andern angezogen, jetzt in der Kriegszeit fast alle ausländischen Künstler im Hotel Schwert wohnten, ohne verabredet zu sein. Wie jeder wirkliche Ruhm, entstand auch dieser nicht durch Reklame, sondern durch das mit Liebe weitergegebene Wort. Wäre es laut affichiert gewesen als »berühmt«, wie der Bremer Ratskeller oder die Torggelstube in Bozen, wäre überall zu lesen gestanden, »hier hat Goethe, Mozart, Kaiser Joseph usw. gewohnt«, so hätte man ein Unbehagen gehabt, in das Haus der Kuriosität einzukehren (wie man etwa in Paris das Hotel »Aux grands hommes« scheut). Aber so ward es eine wortlose Übereinkunft, eine literarische Freimaurerei.

Freilich: man wohnte nicht nur um jenes Fluidums willen dort, ganz, ganz gewiß nicht. Sondern weil dies verstorbene Hotel in einer ganz besondern Weise schön und wohnsam war. Nach altvörderischer Gasthofsart hielt nicht ein Chef de reception, sondern der Besitzer selbst die Führung in Händen; es war immer rührend, den weißhaarigen freundlichen Herrn Jölden mit seinem Käppchen von Tisch zu Tisch gehen zu sehen, seine Frau, seine Tochter, sein Sohn wirkten tätig zusammen, und so hatte man nicht das peinliche Gefühl der Fremdheit. Luxuriös war die Stätte nicht gerade, das alte Haus setzte allen Neuerungen der Technik einen geheimnisvollen inneren Widerstand entgegen, gleichsam als wehrte sich die Tradition gegen die neue Zeit: der Ascenseur blieb gerne stecken, die Zentralheizung rasselte mehr als sie heizte, und das Telephon blieb ein widerwilliger Fremdkörper in dem verjährten Gemäuer. Aber wie schön war es doch in dem hellen Speisesaal, der sich mit prachtvollen schweren Holztüren auftat: man meinte auf dem glasgedeckten Verdeck eines großen Dampfers zu sein, zur rechten, vor sich, hinter sich, Wasser, die Limmat und ferne der See mit den zarten Konturen der Berge. Auf der Gemüsebrücke leuchteten in scharfen Farben die Blumen, die Türme des Münsters grüßen herüber, unwillkürlich empfand man sich im Herzen der Stadt. Und das ist so wesentlich für den Fremden, um die Kultur eines Ortes zu empfinden, daß man entweder aus dem Kern einer Gegend gleichsam den Sinn und Saft der Ansiedlung fühlt oder von außen, von einer Höhe die ganze Anlage mit dem Blicke umfaßt. Hier war beides: es gab einige Zimmer im letzten Stockwerk, wo man inmitten der Stadt Zürich war und gleichzeitig über ihr, wo man von ihrem Herzpunkte aus sie ansteigen sah und in die Hügel- und Seefernen sich verlieren. Manchmal meinte man fast, als habe die ganze Stadt um dieses eine Haus sich geordnet und gebaut, so sinnvoll war dieser Gasthof inmitten die Landschaft gestellt.

Man hatte, wie immer und wie überall, darin helle und dunkle Stunden hier in der Zeit. Und hatte sich im stillen schon gefreut, nach Jahren wiederzukehren, im Frieden und aus Erinnerung dies Vergangene stärker und schöner zu genießen. Man hatte sich gesagt: hier wirst du immer wieder wohnen und das Gefühl war so stark in jedem, dies Haus, das uns so lange vorausgelebt, werde uns alle in seiner Bestimmung überleben, daß man nur ein Name war in diesem in Holz und Stein eingewohnten Fremdenbuche vieler Jahrhunderte. Aber der Krieg liebt ja nicht das Vorausbestimmte, er ist ein leidenschaftlicher Zerstörer auch des Immateriellen, der Erwartungen und Hoffnungen. Er zerstampft die Traditionen mit seiner eisernen Sohle, und so wie er Berlin das einzige schöne große Hotel aus der Vorprotzenzeit, den ›Kaiserhof‹, wie er Frankfurt den ›Schwan‹ genommen hat, in dem der Frieden zwischen Deutschland und Frankreich unterzeichnet war, so nimmt er auch Zürich seinen ältesten Gasthof. Man wird wiederkommen und statt der freundlichen Ladung eine weniger erfreuliche Aufschrift finden – »Steuerbureau«, ein Haus, das auch ein besserer Staatsbürger, als ich es bin, ungern betritt. In dem Zimmer, wo der junge Mozart, das Symbol der klingenden Leichtigkeit des Lebens weilte, werden schwere Faszikeln gewälzt werden, in Goethes Räumen ein strenger Kommissarius amtieren und in dem Saal, wo einst Casanova als Kellner travestiert, seinen schönen Damen allzu behilflich war, strenge Inquisitionen der Bürger vorgenommen. Nur der Geist Cagliostros, des großen Goldmachers, wird lebendig sein und seine Künste, den Säckel zu leeren und zu füllen, im langweiligen Ziffernspiel und nicht im heitern Betruge geübt werden. Es wird vielleicht der Stadt Zürich viel Geld einbringen, dies Haus, das den holden Druck der Gemeinschaft auf den einzelnen zu organisieren bestimmt ist, aber alle Summen können nicht einbringen, was sie damit verloren haben, ein Teil ihrer Stadtseele, ein kostbares Stück Tradition. Vielleicht fühlen wir Fremde stärker das Zauberische, das mit dieser materiellen Verwandlung vorging, wir, die wir nicht das Recht haben, Einspruch zu erheben, aber die ihrem Bedauern nicht wehren wollen und dem einen kleinen Wort, das eigentlich ein Seufzer ist, dem Wort: »Schade«.

1921

Wiedersehen mit Italien

Uns, die wir die europäische Welt noch als eine lebendige Einheit gekannt, in der die Grenzen unmerklich in leisem Übergang ineinanderglitten, ist nun das Wiedersehen mit einem anderen Land für lange und vielleicht für immer ein ständiges Vergleichen von Vergangenheit und Gegenwart geworden. Überall suchen wir, so wie im eigenen Land, im Offenbaren das einst Gewesene, der Eindruck der Gegenwart fragt unablässig nach jenem von einst, Schauen wird zu Erinnern, Erinnern wiederum läßt die Verwandlung fühlen, die ungeheuere, in der wir selbst alle mit verwandelt sind. So wie wir unwillkürlich ständig umrechnen, um Sturz und Schwankungen des Geldwertes an allen Dingen des Auslands zu erkennen, messen wir auch die höheren Werte der Verwandlung im angespannten Gefühl. Unserer ganzen Generation, die den Übergang erlebt, bleibt es darum vielleicht für immer versagt, wieder freien, unbefangenen Blickes vor die Welt zu treten; unser Schicksal ist es schon geworden, immer nur vergleichend und rückerinnernd zu empfinden, den hellen Schatten früherer Zeit über dem abgedunkelten Bild und immer bei jedem Eindruck sinnlichen Blickes jenen anderen des einstigen Erlebens beizumengen.

So fragt auch in den ersten Stunden Italiens eine Neugier von innen – und ich weiß, sie fragt aus Tausenden von den in unserem Ländchen Versperrten heraus – immer wieder: »Was ist hier anders geworden in jenen Jahren?« Und beruhigt, im tiefsten beglückt, antwortet die immer gewissere Erkenntnis: »Nicht viel.« Und vor allem nichts des wahrhaft Wesentlichen. Die Natur spürt die rasendsten Konvulsionen der Menschheit kaum anders als Gulliver die Pfeile der Zwerge in Brobdignac, spürt sie kaum anders als einen Nadelstich. Ihr ist das Lebensalter eines Volkes eine Stunde, ein Krieg kaum eine Sekunde. Alles Wesentliche ist hier noch wie einst, nur noch stärker erlebt vielleicht, weil so lange entbehrt: unversehrt zittert das weiße Spitzenwerk des Mailänder Doms in den Himmel hinein, in alter Pracht stufen sich die Paläste Genuas, die herrlichste Treppe der Welt, zum schäumenden Meer hinab, Toskana blüht seinen ewigen Frühling durch die Zeiten weiter und Venedig träumt seinen farbigen Traum. Selbst dort, wo der Krieg ein paar kleine Narben geritzt, im zerschossenen Riva, an den befestigten Bergen, auch in den Menschen schon keine feindliche Erinnerung mehr, zum mindesten keine des Hasses. Das Volk ist das gleiche wie einst, voll jener heiteren Lebendigkeit, die ihm Arbeit zu einem Spiel zu machen scheint: man fühlt nichts von jener raunzigen Verdrossenheit, die bei uns das Leben so unerträglich macht, selbst der soziale Kampf, der vulkanisch das ganze Land durchwühlt, hat im Kampfe selbst eine gewisse Kampffreudigkeit, einen offenen lebendigen Mut. Nie habe ich stärker, als im Wege aus Österreich, die Vitalität Italiens und seine trotz aller Krisen unzerstörbare Energie empfunden als jetzt, wo auch im Geistigen eine erhöhte Spannung überall fühlbar geworden ist.

Italien hat sich nicht geändert und nicht die Italiener. Auch die paar Äußerlichkeiten (die ja im letzten Sinne wesenlos sind), die Erhöhung der Lebenskosten, die noch nicht ganz behobenen Schwierigkeiten der Versorgung, die man als Kriegsfolgen fühlt, sind ja durchaus europäische und nicht nationale Merkmale. Und doch spürt man im Bilde der großen Städte eine deutliche Verwandlung im Typus. Was sich geändert hat, sind die Reisenden, die Fremden, die ja in höherem Maße, als man es wußte, die

Physiognomie der besuchteren Städte Italiens bestimmten. Vor allem scheinen es weniger geworden. Das Reisen ins Ausland ist heutzutage ja wieder das, was es von immer her war und nur in den letzten zehn oder zwanzig Jahren vor dem Krieg dank der erhöhten Bequemlichkeiten und der Verbilligung aufgehört hatte zu sein: eine Anstrengung, eine Mühe und im materiellen Sinn beinahe eine Luxussache. So sind momentan alle Länder nationaler, als sie es jemals waren, und darum Italien italienischer als es jemals war, die Eleganz gehört nicht mehr den Fremden, sondern großenteils ihren eigenen Frauen – auch hier ist die maßlose Steigerung des Luxus durch die Pesce cane (wie man hier die Kriegsgewinner nennt) allüberall sichtbar. Und dann ist im Typus der Reisenden selbst eine totale Umschaltung erfolgt. Auch hier folgt jetzt die Reihenfolge (wie anscheinend alles in der Welt) dem Kursblatt der Valuten: in erster Reihe stehen die Engländer und die Neutralen, die Schweizer, die Skandinavier, die Holländer. Dagegen sind die Österreicher, die Ungarn ganz weggefegt, und die Deutschen, das einstige Hauskontingent der Italienreisenden, auf eine bescheidene Zahl zurückgeführt.

Was diese Abdrängung des deutschen Elementes für eine Veränderung im äußeren Bilde der italienischen Städte verursacht, kann nur der ermessen, der Italien in den letzten Jahren vor dem Kriege gekannt, und gerade er wird sie als eine für beide Länder, für Deutschland und für Italien, glückliche empfinden. Denn das Reisen nach Italien war eine deutsche Mode und allmählich eine Invasion geworden, die den deutschen Kleinstadtspießer, Typus Sternheim und Heinrich Mann, in Massen mit Weib und Kind und Kegel heranschwemmte, so daß man schließlich nicht mehr Italien spürte, sondern nur diese gerade dem Kulturdeutschen höchst antipathische Welt. Der Marcusplatz war schon eine deutsche Taubenfütterungsanstalt geworden, Capri ein Skatplatz, Rimini und der Lido ein an das Meer transponiertes Ischl. Zwischen die Paläste nisteten sich die Gambrinushallen, und die Lodenjacke drohte ein neues Nationalkostüm zu werden. Dieses laute lärmende Deutschland ist – nicht zur Freude der Italiener allein – aus den Städten verschwunden, und was man von Deutschen sieht, sind durchaus erfreuliche Elemente, literarisch ausgedrückt, der Thomas Mann-Deutsche, der stille, von dem Dichter mit so viel Liebe gezeichnete Kulturdeutsche im Gegensatz zum Heinrich Mann-Deutschen, dem von seinem Bruder mit ebensoviel ironischem Haß angeprangerten Spießer. Das neue Schieberelement anderseits wagt sich noch nicht aus dem Land heraus, zu unsicher seiner Manieren, zu wackelig in seinen Sprachkenntnissen und offenbar seiner liebsten Freude beraubt, um seinen frischen Reichtum beneidet zu sein; denn zu rasch fühlten sie an den Amerikanern das Imaginäre ihrer Kronenmillionen und an den wirklichen Kunstwerken das Surrogathafte ihrer Biedermeier-Antiquitäten und überzahlten Maria Theresien-Möbel. Der Auslandsreisende ist wieder geworden, was er früher einmal war, in den letzten Jahren aber nur mehr bei den Überseereisen: der Repräsentant der besseren, der geistigen Kreise seiner Nation, nicht der Mittelmensch, der in ihrer Herdenhaftigkeit immer abstoßend wirkenden Masse.

So freut man sich für beide Nationen der reineren Auslese und freute sich noch mehr, fehlte zwischen der einst so lärmenden Masse der Italienfahrer nicht auch ein Typus, wertvoll im anderen Sinne: der einzelne blutjunge Mensch, der Künstler, der Maler, der Dichter, der hieher kam nicht um der Mode willen und nicht um mit Ansichtskarten die Nachbarn in der Kleinstadt zu ärgern, sondern der hier zum erstenmal in freierer Atmosphäre des Geistes große Vergangenheit als gemeinsam mit einer neuen weiteren Welt als der nationalen empfand. Ich sehe uns selbst von damals, junge Menschen aus allen Nationen, Deutsche, Skandinavier, Engländer, Italiener, Dichter, Kunsthistoriker, Maler, Musiker, Menschen aus den verschiedensten Klassen, Ständen und Völkern in heiterer Gemeinsamkeit Florenz und Rom durchstreifend, einer den anderen fördernd durch Leidenschaft und Begeisterung. Und in jenen Tagen (und manchen in Paris) haben wir von damals eine Art inniger Kameradschaft gelernt, wie sie das Leben in der Enge des Vaterlandes nie zu geben vermag, unverlierbare Jahre und Stunden sind jedem einzelnen diese italienischen Tage und Nächte geworden, so daß uns allen im Worte Italiens wieder der Begriff heiterer Jugend zurückklingt. Diese jungen Menschen, sie sehe ich nicht mehr: ihnen ist Italien versperrt durch die Schwierigkeit des Lebens, und ihre Heiterkeit fehlt dem Bilde Italiens so sehr, wie diesen jungen Menschen die Heiterkeit Italiens für immer fehlen wird. An sie, an die jungen Menschen unserer Welt, an sie, die Abgesperrten und Ausgestoßenen, muß ich immer hier denken, an diese Jugend, denen ein Buch eine Kostbarkeit, ein Theaterbesuch ein Opfer, eine Reise eine Unmöglichkeit geworden ist, an sie, die verurteilt sind, in der stickigen Atmosphäre des jetzigen Österreich zu leben und sich selbst den Geist an ihr zu vergiften. Und wenn ich zu jungen Menschen zu sprechen hätte, wäre das Erste, sie zu ermuntern, alles daran zu setzen, um sich diese Möglichkeit des Weltblikkes, der geistigen Freiheit zu retten; noch immer ist es dem Entschlossenen möglich, und der junge Mensch, der rechtzeitig darauf verzichtet, täglich seine 30 bis 60 Kronen in Zigaretten in die Luft zu blasen, kann sich – so teuer das Leben hier durch die Umrechnung wird – doch einmal im Jahre hier eine Woche oder einmal einen Monat ermöglichen und damit seiner ganzen Existenz unendliche Bereicherung. Es gibt kein Lernen von Akademien, Bildern und Museen, das ist gewiß, aber ebenso gewiß kein wahrhaftes geistiges Wirken ohne Weite des Blickes, ohne Fähigkeit des Vergleichens. Und noch immer ist von den Nachbarländern unseres zerstückten Staates Italien mit dem heiteren Glanz seines Himmels noch die stärkste Ahnung Europas, die schönste Vision einer notwendigen neuen, der Antike dankbar verbundenen Kunst, der beste Weg in die ewige Welt. Noch immer ist es uns Arkadien, mystisches Bild einer versunkenen reineren Sphäre, ewig neu wie am ersten Tage und beglückend in jeder Wiederkehr.

1924

Die Kathedrale von Chartres

Nie war Paris so stark, so blendend wie in diesem Jahr, nie so strotzend von innerer Energie, so strahlend in einem vielfältigen Licht: ein anderer vehementerer Rhythmus schüttert die Straßen, und wer vordem den linden, lässigen Atem dieser Stadt geliebt, spürt erstaunt und beinahe erschreckt, wie heiß, wie leidenschaftlich und fast fieberhaft er nun schwingt. Etwas von New York, vom Tempo der amerikanischen Riesenstädte hat sich eingedrängt in die Avenuen: weiß und blendend gießt sich das Licht über die menschenflirrenden Straßen, von Dach zu Dach springen die Leuchtplakate, und die Häuser zittern bis hinauf zum First vom Gedröhn der Automobile. Die Farben, die Steine, die Plätze, alles glüht und flackert und brennt von diesen neuen Geschwindigkeiten, bis hinab in die donnernde Höhlung der Untergrundbahnen schwingt jeder Nerv dieser blendenden Stadt, und jede Fiber des eigenen Leibes schwingt unbewußt mit: man fühlt sich gejagt, geschoben, getragen von diesem flirrenden Rausch, der betäubt und beglückt und doch müde macht. Lustvoll ist dieses Tempo, eine Phantasmagorie dem Blick, eine starke Spannung dem Gefühl – aber dann kommt immer wieder ein Augenblick, in dem man sich sagt: zu viel! Man möchte für eine Stunde ruhen und rasten, wie vor Jahren lässig schlendern in den alten Gassen der Rive gauche, auf dem jugendgeliebten Boul' Mich'. Aber die alten Gassen sind nicht mehr stiller Wanderschaft wohlgewillt – wie aus dem Geschützrohr einer Kanone zuckt aus ihrem schmalen Schlund gleich einem Geschoß Schlag auf Schlag, Schuß auf Schuß ein Automobil hinter dem andern. Und auf dem Boul' Mich' haben (wie überall) die Banken die Cafés verdrängt – die Jugend, die Studenten, sie sind hinaufgeschoben in die Vorstädte, nach Montparnasse. Nirgends ist eine halbe Stunde Stille von morgens bis morgens in dieser aufgeschwellten, fiebrigen Stadt, bis weit hinaus nach St. Cloud und Sèvres zucken noch die Nerven ihrer ruhelosen Leidenschaft: nirgends, nirgends mehr »la douce France«, nirgends eine Stelle, wo man still gegen Abend zu das silberne Licht über die Seine sehen kann, nirgends mehr das alte Paris; die weiche wollüstig warme Stadt hat Muskeln bekommen und hämmert den Takt wie ein fanatischer Arbeiter –, ihr Glanz zischt auf wie ein zuckendes Raketenspiel. Man muß weit fort, um hinter ihrem englischen, ihrem amerikanischen Antlitz wieder Frankreich, das Frankreich von einst zu fühlen, um beschaulich zu genießen, was einem hier Paris in tausend flirrende Funken zerschlägt. Und plötzlich, sehnsüchtig nach einer Stunde Entspannung, erinnere ich mich, als einzige der großen Kathedralen jene von Chartres nicht gesehen zu haben; sie ist anderthalb Stunden weit, und ich weiß im voraus schon: zwischen ihr und Paris liegt ein Jahrtausend –, in anderem, ruhevollerem Takt schwingt dort der Rhythmus der Zeit.

Seltsam: schon der Schnellzug, der im Flug an den Telegraphenstangen vorbeiknattert, scheint einem Entspannung gegen das Flimmerspiel von Paris. Man lehnt sich hin ans Fenster und sieht die flache Landschaft: der Blick scheint einem vertraut, denn von den Bildern der Impressionisten meint man jeden Baum, jeden Kanal, jeden Tümpel zu kennen. Wie oft haben Monet, Pissaro, Renoir, Sisley dies alles gemalt, die kleinen Gärten im nassen Vorfrühlingsglanz, die schüchternen Birken, die glitzernden Rasen, dies üppige und doch flache, dies volle und doch ein wenig monotone Land um Paris. Nirgends ein rechter Wald, nirgends ein Hügel, nirgends auch von ferne nur ein wahrhafter Berg; immer nur Wiese und Häuser und Wasser, sorglich bestellt und nutzbar gemacht. Schon ermüdet der Blick, der nichts Sonderliches in der Runde faßt; aber plötzlich, wie der Zug sich zu verlangsamen beginnt, steigt etwas aus der niederen Landschaft mächtig, übermächtig auf, ein großes und wunderbares Gebilde. »Wie ein kniender Riese, der seine Arme betend über die niedere Ebene zu Gott aufhebt –«, so hat Paul Claudel einmal eine der Beschwörungen der französischen Kathedrale begonnen. Und plötzlich, mit dem gewaltsamen Einbruch einer Wahrheit, fällt mir die Zeile wieder ein: denn wirklich, wie ein Fremder, wie ein gewaltiger Riese, gedrungenen Leibes hebt sich hier über der niederen Wölbung einer provinziellen Stadt das schwere wuchtige Dach einer Kathedrale, und über sie hochgereckt zu ewigem Gebet ragen die beiden Türme in den Himmel hinein. Gerade das scheinbar Sinnlose, daß hier mitten im leeren Land, mitten aus einer niederen gleichgültigen Stadt ein so ungeheurer Bau emporbricht, gerade dies schafft einen Eindruck unvergeßlicher Großartigkeit. In Paris scheint es verständlich, wenn im unendlichen Gedränge der Straßen Notre-Dame wie ein gewaltiger Brunnen die Gläubigkeit von Millionen sammelt, und man kann sich Wien oder Köln kaum denken ohne die steinerne Spitze, in die das Gewirr der Häuser gleichsam befreit aufschießt; hier aber wird die Dimension zur Überraschung, die Proportion zum Erlebnis.

Wer hat sie gebaut, diese gewaltige Kathedrale, in das Leere des Landes, hoch über die kleine alltägliche Stadt? Die Namen der Meister, sie sind verschollen, und wüßte man sie auch, ihre Namen sagten nicht viel. Denn nicht einer oder einzelne können solche Wunder schaffen, die

Jahrhunderte brauchen, um wahrhaft dazusein und ins Ewige zu reifen; die wahren Baumeister, sie hießen: Glaube und Geduld, Glaube von Tausenden namenlosen, verschollenen Menschen und Geduld von Abertausenden einsam wirkenden Werkleuten. Vergebens durchforscht man die Linien, die Pläne: sie haben keine Antwort auf die unabweisliche Frage, wie einzelne einstmals den Mut aufbrachten, eine solche Riesenkathedrale zu bauen mitten ins Leere der Natur, kaum angelehnt an ein ärmliches Städtchen. War da nur der Ehrgeiz, es Paris, der gewaltigen Schwester, an Größe gleichzutun, jener Ehrgeiz, der die Kirchen Italiens, die Dome Deutschlands, die Belfriede Belgiens zwang, sich, jeder immer mächtiger als alle früheren, zu gestalten? Oder war hier mitten im flachen Land, wo kaum ein Hügel sich über die Wiesen hebt, vor grauen Jahren vielleicht einer gewesen, der auf ferner Wanderschaft Berge gesehn und getürmten Fels, und der nun den anderen die Sehnsucht verriet, so ein Hohes zu schaffen, daß man adlergleich blicken könnte von Horizont zu Horizont? Jedenfalls: sie huben an, sich so ein steinernes Gebirge zu bauen, eine Zwingburg Gottes, mächtig gequadert gegen den Anstrum der Zeit, und sie rasteten nicht, ehe sie vollendet war. Wo ein Geschlecht endete, hub ein anderes an, und so wuchs diese riesige Wölbung mit den Türmen bis hinauf zum glitzernden Knauf, zur luftigen Wohnung der Glocken.

Wie aber dieser wölbige Fels gebaut war, werden sie selbst erschrocken sein, diese Menschen des hellen sonnigen Landes, denn sein Inneres mag dunkel und kalt gewesen sein wie eine Höhle. Das Ungeheure dieser Wölbung, Stein in Stein, atmete wohl Düsternis und ein geheimes Grauen: da taten sie, um das Lastende dieses grauen Lichtes zu mildern, bunte Scheiben in die Höhlen der Fenster, die Sonne zu filtern in allen Farben und die Buntheit des Lebens auch hier im Dunkel selig zu gewahren. Diese

Glasfenster von Chartres sind nun eine Herrlichkeit ohnegleichen. Nicht so dicht gedrängt wie jene der Sainte Chapelle in Paris (die eigentlich nur funkelndes Glas ist, von schmalen Steinstäben gespalten), teilen sie in blauen Ovalen, in glühenden Rosetten unendlich vielfältig die starre Wand: wie in der Grotte von Capri strahlt magisch das Licht aus einer unsichtbaren Ferne kobaltblau und violett in unfaßbarer Bindung und Zerstreuung in den Raum, der nun weich sich löst zu einer unbeschreiblichen Dämmerung. Und jede dieser Farben ist satt und leuchtend, ist von jener reinen Tiefe, wie sie in unserer vielfältigen Welt einzig die Alpenblumen haben, der Enzian, die Schneerose und das Edelweiß, wie unsere neue Chemie und die donnernden Fabriken sie nie mehr so glühend dem flüssigen Glas einzuschmelzen vermochten. Mitten in Kühle und Höhe fühlt man sich im Feuer, in einer einzigen Seligkeit des Blickes.

Doch auch dies war jenen Namenlosen noch nicht genug des Lebens in diesem ragenden Haus: jetzt war der Fels zwar schon beblümt und beglänzt, war Natur geworden und Landschaft. Aber noch fehlte das wahre Leben darin, der Mensch in all seinen Formen und das wimmelnde Getier. So stellten sie Bildnisse, steinerne Gestalten überall hin, die Starre des Felsens zu beleben: unübersehbar ist diese Schar. Vor den Portalen stehen sie schon streng als Wächter, die Engel und Erzväter, aus den Säulen strecken sie sich streng und gotisch schmal hervor, sie flügeln als zackiges Fledermausgetier aus den Nischen, beugen sich aufgerissenen Maules als Wasserspeier vom Turm. Die Wölbungen füllen sie als quirlende Haufen, als wandernde Erzählung, rings um den Altar gürten sie sich als plastische Legenden. Verkündigung und Geburt und Auferstehung, die Feiertage des Jahres und die Legenda Aurea und den verlorenen Sohn und den guten Samariter: alles sieht man hier im Steine leben und in den Fenstern glühend gebildet, und niemand vermöchte die Fülle der Figuren zu Ende zu zählen. Sind es Tausende oder Zehntausende – als Gestrüpp und Dickicht drängt sich menschliche Gestalt hier zwischen den ragenden Bäumen der Säulen bis hoch zur Wölbung empor. Alle Stile, alle Formen sind versammelt, und jene Wand und den Altar, die Jean de Beauce im vierzehnten Jahrhundert begann, und die das achtzehnte erst vollendete, spiegelt die ganze Varietät der Plastik: in wenigen Minuten hat man Jahrhunderte der Kunstgeschichte durchschritten. Und man weiß, man sieht sich nie zu Ende, denn ganze Geschlechter von Steinmetzen und Bildnern haben dies irdische Heer von Gestalten ersonnen, das sich hier ewig zu Ehren Gottes versammelt.

Aber ihre ganze, ihre unübersehbare Schar, wie sie von Säule und Krypta und Wölbung und Wand sich zusammendrängt – sie fühlt man erst an den lebendigen Menschen von heute. Es ist Sonntag, und die Bürger füllen den Dom: doch nur gesagt ist dies Wort, denn sie füllen ihn nicht. Sie füllen ein paar Bänke bloß, und hier und dort scharen sie vor einem Bilde sich zusammen; aber wie bröcklig, wie ärmlich ist dies Menschenhäufchen neben der Unzahl der Steingestalten, wie winzig der Klüngel Beter unter dem riesigen Gestühl der Kathedrale. Diese Kirche hätte Raum für ein ganzes Geschlecht, und es ist ihr heroisches Beispiel, ewig zu groß zu bleiben für alle irdischen Zwecke, ewig alle Möglichkeiten zu überragen und nur ein Symbol des Unendlichen zu sein. Nur den Glauben wollten sie verewigen, die diese Kathedrale aufrichteten mitten im niedren Land, in gestaltetem Stein ihren frommen Willen bewahren über die Zeit: ehrfürchtig spürt man hier den »Geist der Gotik«, das Jahrhundert des Glaubens und der Geduld, ein Jahrhundert, das nicht wiederkehrt. Denn nie werden solche Werke in unserer Welt wieder entstehen, die mit anderen Maßen die Stunden zählt und hinlebt in anderen Geschwindigkeiten: die Menschen bauen keine Dome mehr.

Die Menschen bauen keine Dome mehr: wie Armut fühlt man vorerst unsere Zeit in der Heimkehr von solcher dauerhaften Gestalt. Unsere Pläne zielen auf rasche Zwecke, hastiger geht unser Rhythmus, und niemals mehr überwächst ein einzelnes Werk ein ganzes Geschlecht, ja selten noch ein einzelnes Leben. Wir, die ein sprechender Funke in einer Sekunde zu anderen Kontinenten reden läßt, haben verlernt, in langsamen Steinen, in unendlichen Jahren unser Wesen auszudrücken: unsere Wunder sind handlicher geworden und geistiger, unsere Träume weniger kompakt. Wie von etwas großartig Fremdgewordenen, wie von dem Parthenon oder den Pyramiden nimmt die Seele Abschied von so ragender Gestalt, und wir sind uns wohl bewußt, daß wir für Unendliches, das die Welt seitdem gewonnen, doch die Fähigkeit verloren haben, so herrlich den Geist eines ganzen Volkes, den Genius einer Zeit in *einem* Werke zu verkörpern. Aber dies ist dahin: die Menschen bauen keine Dome mehr.

Und doch, wie der Zug jetzt zurücksaust durch die abendlich dunkelnde Landschaft, taucht dort, wo noch nicht der Blick, nur erst das Gefühl Paris, die gigantische Stadt ahnt, eine glühende Kuppel auf, rötlich gewölbt über dem Horizont bis hinauf in den unsichtbaren Himmel. Es ist der Feuerkreis von Paris, ein anderer Dom, der dort ohne Stein und Stütze allnächtlich aufgerichtet ist, einzig gebaut – wie jener von Chartres aus Tausenden von Quadern – aus Hunderttausenden von Lichtern und elektrischen Flammen. Allnächtlich unzerstörbar steht dieser glühende Dom von Licht über der brausenden Stadt, die herrlichste Kathedrale unserer Zeit, zusammengefügt aus den unzählbaren elektrischen Energien, aus dem heißen zuckenden Leben der Millionen. Mag sein, er ist nicht aus dem gleichen Glauben gestaltet wie jene alten Kathedralen, aber doch aus dem gleichen brennenden Willen, aus der gleichen unsterblichen irdischen Energie. Herrlich gewölbt, überirdisch leuchtend ragt er hoch in die lauschende Nacht, dieser neue Dom von Paris, und vielleicht würden jene Baumeister von einst ihn so herrlich, so gewaltig und göttlich finden, wie wir ihre uns überkommenen Werke. In anderen Zeichen schreiben eben die Zeiten ihre Geschichte in die Landschaft der Erde, und nichts ist wunderbarer, als im Zwischenraum einer Stunde das eine *und* das andere Zeichen ihres Lebenswillen (so fremd sie einander auch scheinen) zu lesen, zu verstehen und zu lieben.

1925

Die Kirchweih des guten Essens

Da bin ich, weiß Gott! auf eine sonderbare Kirchweih geraten, als ich, rückkehrend von Marseille in Dijon haltmachte, um das Museum mit den großartigen Grabmälern der Herzöge von Burgund endlich einmal zu sehn! Vom Bahnhof wimpelt's schon bunt entgegen, Tausende kleiner farbiger Flaggen, die im hellen Tag wie winzige Flammen flackern, von irgendwo dröhnt Musik aus klappernden Karussellen, und wie man erstaunt sich fragt, welchem Heiligen diese festliche Toilette eigentlich gelte, da schreit's einem schon grell herüber von den quer über die Gassen gespannten Transparenten: »Foire gastronomique« oder wie ich's übersetzen möchte: »Kirchweih des guten Essens«. Wirklich, das gibt's noch in unserer mürrisch gewordenen Welt, das gibt's seit einem Lustrum alljährlich in Dijon, der alten, an Augsburg durch die Pracht bürgerlicher Paläste erinnernden Burgunderstadt, eine Kirchweih des guten Essens mit feierlicher Eröffnung durch Minister und Bürgermeister, mit schwungvollen Reden und schlechten Gedichten, aber wie es scheint, mit vorzüglichen Weinen und lukullischen Fressalien. Jedes Restaurant ist verpflichtet, an jedem Tag dieser drei Wochen einige besondere Speisen im Wettstreit mit den andern zu bereiten, und sie sind säuberlich wie Musikstücke auf dem Festprogramm Wochen voraus schon angesetzt, ein kulinarischer Kalender, den in unser geliebtes Deutsch zu übertragen, mir mühseliger erschiene als ein Gedicht von Paul Valéry oder Mallarmé in deutsche Verse zu bringen. Auf den Straßen knuspert's von frischgebackenen Waffeln, vor den Läden häufen sich zu Hunderttausenden die angeblich so leckeren burgundischen Weinbergschnecken, die nun mit ebendemselben Wein, den sie sonst langsam umschleichen, viel beschleunigter vertilgt werden. Die Köche mit ihren weißen Hauben und feierlich geröteten Gesichtern sind hier ungefähr das, was in Deutschland die Offiziere: Gegenstand unbeschränkter Bewunderung und unbestrittene Herren der Situation. Und da gleichzeitig eine »Foire de vin«, eine Weinmesse, abgehalten wird, sieht man die Einkäufer aus allen Ländern heiter erregt von den vielen Proben mit ein wenig verschwommenen, aber fröhlich blinzelnden Augen durch die Straßen ziehen: Sie sind schon etwas laut, die umfänglichen Herren und ihre Gesichter patiniert mit einem kupferigen Glanz, aber sie sind heiter, jovial und vergnügt und ordnen sich als freundliche Silene in Bratenröcken gefällig in das übermütige Bild.

Aufrichtig: ist es nicht wirklich erfreulich, daß es noch derlei unschuldige, überschüssige, unpretentiöse, dem wahren menschlichen Wesen entsprechende Feste in unserer, wie ich sagte, mürrisch und anderseits überlaut gewordenen Welt gibt? Ich weiß selbst, daß die Gourmandise eine Kunst leiblicheren und darum minderen Ranges ist – obwohl die Franzosen nie aufgehört haben, gute Küche als Kunst zu betrachten – ich möchte auch nicht die übermütige Freude an einer solchen Kirchweih nur vergleichen etwa mit der unvergeßlichen, die innere Welt gleichsam aufwölbenden Entzückung, wie ich sie dem Händel-Fest in Leipzig in diesem Jahre danke – nein, nur nicht vergleichen, aber auch nicht hochmütig die Lippe kräuseln, wenn ein Volk, wenn eine Stadt den Mut hat, sich heiter und unbekümmert zu den simpleren Dingen des Daseins zu bekennen und dem Nebensächlichen durch eine sehr zarte Liebe, eine beharrliche Leidenschaft besonderen Sinn gibt. Gerade in dieser Unbekümmertheit, in dieser jovialen Freude am Kleinen trägt sich ein sehr bestimmter Zug des französischen Wesens aus, den man in Deutschland kaum kennt, weil sich bei uns der Blick zu beharrlich auf Paris richtet, das sich leider rapid entfranzösiert und schon bedenklich die Allerweltsstadt mit den Allerweltsgebräuchen wird. So muß man in die Provinz gehen, um sich Frankreich immer wieder wahrhaft verständlich zu machen, und nur dort in solchen liliputanischen Festen, im Übermut und in den Eitelkeiten verraten sich alle Eigentümlichkeiten. So sah ich hier in Dijon bei dieser Kirchweih etwas ganz selten Gewordenes: Munterkeit, die nicht laute, aber vom Inwendigen herkommende Freude, die sich ans Unbeträchtliche knüpft, das Vergnügen am Bescheidenen, am täglich zu Erschaffenden, irgend etwas ganz Seltenes also, von dem ich vermeinte, daß es längst zu den Negern von uns entwandert sei. Vielleicht habe ich's nur bemerkt durch eine helle Stunde, und getönt von dem blassen, zarten Wein, der hier zu den Üppigkeiten geboten wird, aber ich habe es gesehen und gefühlt für ein paar Stunden. Und deshalb schreibe ich mir gern diese Kirchweih zu Dijon in das Buch des guten Gedenkens »nel libro della mia memoria«.

1926

Reisen oder Gereist-Werden

Häfen und Bahnhöfe, sie sind meine Leidenschaft. Stundenlang kann ich vor ihnen stehen und warten, bis eine neue brausende Welle mit Menschen und Waren die schon zerflutete überrollt, ich liebe die Zeichen, die geheimnisvollen von Stunde und Fahrt, die Schreie und Geräusche, bunt und dumpf, die deutsam ineinanderklingen. Jeder Bahnhof ist anders, jeder reißt eine andere Ferne in sich hinein, jeder Hafen, jedes Schiff bringt andere Fracht. Sie sind die Welt in unseren Städten, die Vielfalt in unserem täglichen Tag.

Aber nun habe ich eine neue Art Bahnhöfe gesehen, in Paris zum erstenmal; die stehen mitten in der Straße ohne Halle und Dach, sie haben kein Wahrzeichen und sind doch ständige Ebbe und Flut. Das sind die Standorte der großen Gesellschaftsautomobile, die vielleicht einmal den Waggon ganz ersetzen werden: mit ihnen beginnt ein anderes Reisen, das Reisen in Masse, das Reisen auf Kontrakt, das Gereist-Werden. Neun Uhr: der erste Trupp kommt vom Boulevard, vierzig, fünfzig Passagiere, Amerikaner und Engländer zumeist, ein Dolmetsch mit bunter Kappe lädt sie auf, sie werden nach Versailles geführt, an die Schlösser der Loire, an den Mont [St.] Michel, bis in die Provence hinab. Mathematische Organisation hat ihnen allen diese Reise schon vorgedacht, vorbereitet, sie brauchen nicht zu suchen, zu rechnen mehr; der Motor kurbelt an, sie fahren in fremde Stadt, das Mittagessen (im Preise inbegriffen) steht wartend da und abends das Bett, die Museen, die Sehenswürdigkeiten stehen sperrbreit bei der Ankunft geöffnet, man braucht keinen Pförtner zu holen, kein Trinkgeld zu geben. Die Zeit ist vorgerechnet für jeden Blick, die Straße gewählt nach bester Erfahrung: wie bequem dies alles! Man hat nicht not, an Geld zu denken, sich vorzubereiten, Bücher zu lesen, Quartier zu erfragen – hinter den Gereisten (ich sage nicht: Reisenden) steht farbig bekappt der Reisewärter (denn eine Art Wärter und Wächter ist er ja) und erklärt ihnen mechanisch jede Sonderheit. Man hat nichts zu tun, als einmal in ein Reisebureau zu gehen, sich die Reise auszuwählen, den Betrag zu bezahlen – sich selbst auf vierzehn Tage in eine Art Reiserente einzukaufen, und schon rollt das Gepäck einem voraus, Heinzelmännchen stellen Essen und Bett geschäftig in niegesehene Landschaft – und so, ohne den Finger zu rühren, reisen jetzt Hunderttausende aus England, aus Amerika herüber. Oder vielmehr, sie werden gereist.

Ich habe mich bemüht, einmal in einen solchen Menschenschub mich hineinzudenken; die Bequemlichkeit läßt sich nicht leugnen. Man hat alle seine Sinne frei für Schauen und Genießen: man ist nicht abgelenkt durch die liliputanischen, aber doch unablässigen Sorgen um einen Schlafplatz und Mittagstisch, braucht keine Züge nachschlagen, nicht durch falsche Gassen stolpern, sich nicht narren und betrügen lassen, nicht mühsam eine fremde Sprache stammeln – alle Sinne bleiben einzig der Aufnahme des Neuen bereit. Und dies Neue wiederum hat schon jahrzehntelange Erfahrung auf das Sehenswürdige hin ausgesiebt: man sieht wirklich und wahrhaftig nur das Wichtigste auf solcher gemeinsamen Reisetour, an Gesellschaft fehlt es nicht für solche, denen Genuß erst wahrhaft wird, wenn sie ihn mitteilsam mit anderen genießen. Außerdem ist es billig, praktisch und vor allem bequem, sicherlich darum die Methode der Zukunft. Man wird nicht reisen mehr, sondern gereist werden.

Aber doch: geht nicht gerade das Geheimnisvollste des Reisens durch so zufällige Gemeinschaft verloren? Noch von uralten Zeiten her umwittert das Wort Reise ein leises Aroma von Abenteuer und Gefahr, ein Atem von wetterwendischem Zufall und lockender Unsicherheit. Wenn wir reisen, tun wir's doch nicht nur um der Ferne allein willen, sondern auch um des Fortseins vom Eigenen, von der täglich geordneten ausgezählten Hauswelt, um der Lust willen des Nicht-zu Hause-Seins und deshalb Nicht-sich-selbst-Seins. – Wir wollen das bloße Dahinleben durch Erleben unterbrechen. Jene aber, die so gereist werden, fahren nur an vielem Neuen vorbei und nicht ins Neue hinein, alles Sonderbare und Persönliche eines Landes muß ihnen notwendig entgehen, solange sie geführt werden und nicht der wahre Gott der Wanderer, der Zufall, ihre Schritte lenkt. Diese Amerikaner und Engländer bleiben auf dem Massenautomobil eigentlich immer in England und Amerika, sie hören die fremde Sprache nicht, fühlen (weil jede Reibung fehlt) nicht Eigenart und Sitte des Volks. Sie sehen das Sehenswürdige, gewiß, aber alle zwanzig Wagenladungen im Tag, alle dasselbe Sehenswürdige, jeder erlebt das gleiche und noch mehr dadurch, daß es der gleiche Mann ihnen erklärt. Und keiner erlebt es in der Tiefe, weil er in Gesellschaft, im Geschwätz und Gerede den erlesensten Werten und Welten nahekommt, nie allein schauend, nie allein das Wunderbare fromm an sich ziehend: was er heimbringt, ist nichts als der sachliche Stolz, diese Kirche, jenes Bild tatsächlich vor Augen gehabt zu haben – ein Rekord mehr sportlicher Art als Gefühl innerer Bildung und kultureller Bereicherung.

Darum lieber das Unbequeme, das Lästige, das Ärgerliche dazu: es gehört zu jeder richtigen Reise, denn immer liegt ein Widersinn zwischen dem Komfortablen, dem mühelos Erreichten und dem wirklichen Erleben. Alles

Wesentliche im Leben, alles, was wir Gewinn nennen, wächst aus Mühe und Widerstand, aller wirkliche Zuwachs an Weltgefühl muß irgendwie an ein Persönliches unseres Wesens gebunden sein. Deshalb will mir die immer mehr verbesserte Mechanik des Reisens mehr Gefahr als Gewinn für jeden scheinen, der nicht nur von außen an das Fremde heran will, sondern sich wirklich lebendiges und betontes Bild von neuer Landschaft in die Seele ziehen. Wo wir nicht entdecken oder wenigstens zu entdecken vermeinen, wo nicht eine verborgene Energie und Sympathie uns zu neuen Dingen führt, fehlt eine geheimnisvolle Spannung im Genießen, eine Verbindung zwischen dem Niegesehenen und unserem überraschten Blick, und je weniger wir die Erlebnisse an uns bequem herbringen lassen, je mehr wir ihnen abenteuernd entgegendringen, um so inniger bleiben sie uns verbunden. Bergbahnen sind herrlich: in einer Stunde heben sie uns empor in die großartigste Gebirgswelt, unermüdet und bequem genießt man den Rundblick in die niedergebückte Welt. Aber doch, es fehlt irgendein seelischer Reiz bei diesem mechanischen Hinaufgebrachtsein, ein merkwürdig prickelnder Stolz, das Gefühl der Eroberung. Und dies sonderbare, aber zum wahrhaften Erleben gehörige Gefühl entbehren alle, die so gereist werden statt zu reisen, die irgendwo an einem Schalter zwar den Preis für die Rundreise aus der Brieftasche bezahlen, aber nicht den andern Preis, den höheren, den wertvolleren, aus dem innern Willen, der gespannten Energie. Und sonderbar: gerade dieser Aufwand erstattet sich später am verschwenderischsten zurück. Denn nur da, wo wir mit Ärger, Unannehmlichkeiten, Irrtum uns einen Eindruck erkauften, bleibt die Erinnerung besonders leuchtkräftig und stark, an nichts denkt man lieber als an die kleinen Mühseligkeiten, die Verlegenheiten, die Irrungen und Wirrungen einer Reise, so wie man ja auch in späteren Jahren die dümmsten Dummheiten seiner eigenen Jugend am freudigsten liebt. Daß unser eigenes tägliches Leben immer mechanischer, ordnungshafter auf den glatten Schienen eines technischen Jahrhunderts verläuft, wir können es nicht mehr hindern, ja wir wollen es vielleicht gar nicht, weil wir unsere Kräfte damit sparen. Aber Reise soll Verschwendung sein, Hingabe der Ordnung an den Zufall, des Täglichen an das Außerordentliche, sie muß allerpersönlichste, ureigenste Gestaltung unserer Neigung sein – wir wollen sie darum verteidigen gegen die neue bureaukratische, maschinelle Form des Massenwanderns, des Reisebetriebs.

Retten wir uns dies kleine Geviert Abenteuer in unserer allzu geordneten Welt, lassen wir uns nicht reisen als Frachtgut praktischer Agenturen, sondern reisen wir weiter nach Altväterart aus eigenem Willen eigenem Ziele entgegen: denn nur so wird jede Reise zur Entdeckung nicht nur der äußern, sondern auch unserer eigenen innern Welt.

1928

Ypern

Vor Jahren und Jahren war ich mal in dieser, nun so tragisch berühmten Stadt. Man ratterte zwei oder drei Stunden lang von Brügge mit einer wackeligen Dampfvizinalbahn, kam abends an, ein sehr vereinzelter Fremder, der Mühe hatte, irgendeinen Gasthof aufzustöbern: die Leute schliefen schon um neun Uhr, und nur ein paar kleine Estaminets zwinkerten Petroleumlicht aus halbgeschlossenen Fensterläden. Der große Platz vor den Hallen schwarz und leer, ein viereckiger Teich. Stille. Wahrhaftig, man hätte sich nicht gewundert, wäre plötzlich ein mittelalterlicher Nachtwächter aus dem Schatten getreten, um meistersingerische Schlafmützenweis' durch die Gassen zu tuten. Riesig aber wuchteten aus diesem Schweigen die quadratischen Massen jenes herrlichen Gebäudes hervor, die Stadthalle, die und die Kathedrale zu sehen, ich eigens gekommen war, drei Vizinalbahnstunden weit in diese behäbige und vergessene Provinzlerei.

Jetzt flammt der Name Ypern, der »ville martyre«, auf allen Plakaten von Lille bis Ostende, von Ostende bis Antwerpen und weit ins Holländische hinein: Gesellschaftsreisen, Automobilexkursionen, Separattouren überschreien sich in Angeboten, täglich sausen zehntausende Menschen (und vielleicht mehr!) für ein paar Stunden herüber: Ypern ist die great show Belgiens geworden, eine schon gefährliche Konkurrenz für Waterloo, ein Man-muß-es-gesehen-haben aller Touristen. Widerstand regt sich als erstes Gefühl, solchem Wirbel nachträglicher Schlachtenbummler sich einzudrängen. Aber Verantwortung mahnt, nichts zu übersehen, was die Geschichte unserer Zeit sinnlich verlebendigt: nur wenn wir uns stark und bewußt orientieren, werden wir der furchtbaren Vergangenheit und damit der Zukunft gerecht.

Also nach Ypern. Aber in keinem der Massenautomobile, darin gemietete Führer in vorgeschriebener Route täglich Kirchhöfe, Monumente, Ruinen und zweihunderttausend Tote in wohlassortiertem Programm abschnurren. Lieber den kleinen Umweg nach Nieuport hinüber. Breite, bequeme Straßen, asphaltgegossenes glattes Gummiband zuerst, wo die Luxuswagen, geräuschlos federnd, von Badeort zu Badeort sausen, wahrscheinlich ohne rechts und links die schon langsam versandenden Spuren des Krieges überhaupt zu bemerken. Denn man muß scharf hinsehen, um sich zu vergegenwärtigen, daß, was jetzt als dünne Wasserschnur zickzack durch die Felder läuft, fünf Jahre lang Laufgraben war für geduckte Bataillone. Daß der runde, blaue Wolken spiegelnde Tümpel dort, aus dem gelbgefleckte Kühe mit ihren rosenweichen Nüstern gemütlich Wasser lecken, einem menschenmörderischen Trichtereinschlag eines schweren Geschützes sein Dasein dankt.

Ja, man muß anfangs noch scharf hinsehen, um all diese Mementos zu bemerken (denn die Zeit löscht in der nachgiebigen Erde die Spuren fast so schnell wie in den vergeßlichen Gehirnen der Menschen). Aber bald in der Nähe von Nieuport, der einstigen Hauptfront, mehren sich beängstigend die Zeichen. Immer mehr dieser troglodytischen Höhlen, dann schon zerspellte Bäume mit weggegiftetem Laub, skeletthafte Arme anklägerisch in den Himmel hebend. Immer mehr und immer mehr der weggeworfenen und zerstampften Wellblechdecken, der gestützten Unterstände; und ein Unbehagen drückt schon inwendig, was wird dann erst von der Stadt Nieuport übrig sein, die jahrelang im Kessel der Geschütze lag, täglich zermörsert, zerstampft, vierzig entsetzliche Monate lang?

Aber nein: mit einem überraschten Herzschlag entdeckt man plötzlich von fern das unberührte Profil der alten, kleinen Hafenstadt. Mit grauem Graphitstift schreibt sich wie einst der zierliche Belfried in den Himmel hinein, rotbackig und scheibenblank glitzern die kleinen Ziegelhäuser. Übertreibung also war das Gerede von der vollkommenen Zerstörung, und jetzt konstatiert man's mit eigenen Augen: die Stadt steht aufrecht wie einst. Gleichsam beruhigt rattert man über den Kanal der Yser (der bei weitem nicht so viel Wasser enthält, als europäisches Blut dafür geflossen ist), landet in der unveränderten Stadt, geht die Straßen entlang, auf den Marktplatz zu.

Sonderbar, sonderbar, wie sauber sie sind, die alten Straßen, sonderbar, wie neu und blinkblank die Häuser, sonderbar, wie frisch der alte Marktturm und die Liebfrauenkirche. Bis man plötzlich – in einem Ruck, der bis ans Herz stößt – erkennt, alles das ist ja nagelneu, Stein für Stein, Haus für Haus, an der alten Stelle wieder aufgebaut, nicht mehr Nieuport, sondern ein Faksimile, ein Duplikat von Nieuport. Und ein paar Photographien im erstbesten Laden belehren, was zwischen diesem unberührten Nieuport von einst und dem unberührten von heute gewesen ist: eine Mondlandschaft, ein Aschenhaufen, ein Trümmerchaos aus Ruß, Feuer und Schutt. Und gleiches Erlebnis in Dixmuiden und Langemark, eine neue Stadt statt der alten, eine Photographie des Früheren in Stein und Eisen, ein Faksimile des Einstigen, ein Duplikat.

Unbeschreiblich dieses zwiespältige und zwittrige Gefühl vor diesen Sonderbarkeiten. Denn in welcher Stadt ist man da eigentlich, in einer alten oder einer neuen? Ist es Nieuport oder nicht, Dixmuiden oder nicht? Keines von beiden. Es ist nicht die alte Stadt, es ist keine neue, sondern

Doppelgänger ihrer selbst, Gespenst einer Stadt, das sich ihr altes Kleid umgetan und damit am hellen Tag nachtwandelt, mit neuen Steinen das alte Leben heuchelnd, unwahr wie ein Faksimile, unverkennbar und doch unecht. Und obwohl diese Städtchen nun warm in der Sonne liegen, heller als je, gleichsam ermuntert und frisch, obwohl die Menschen darin gemächlich ihren Geschäften nachgehen und ihre Pfeifen vergnüglich kringeln lassen, wird man geheimes Grauen vor dem Incubus, vor diesen Golemstädten, vor dieser rapiden, nachahmerischen Erneuerung nicht los und flüchtet wie vor Gespenstern.

Die Stadt ohne Herz

Rasch also auf Ypern zu. Rechts und links fließendes Gold von reifendem Getreide, körnerschwer: wieder spürt man's auch in der Natur – alles Lebendige lebt von den Toten. Kranke Wälder mit abgefressenem Laub, vom Gasgift vergilbt, strecken ihre Stummel wie hilfeschreiend einem entgegen. Und an den vielen Friedhöfen rechts und links von der Straße spürt man unverkennbar, der Brennpunkt vierjährigen Kampfes muß schon nah sein. Kreuze, Kreuze, Kreuze, steinerne Armeen von Kreuzen, erschütternd durch den Gedanken, daß unter jedem dieser blankpolierten, rosenumflochtenen Steine, ein ohne diesen Wahnwitz vollgesunder Mensch ruht, vierzigjährig, fünfzigjährig heute, in voller Blüte und Kraft. Denn ohne diesen Gedanken möchte man sie sonst schön nennen, diese beinahe musikalisch in die leere Landschaft hineinkomponierten Totenhaine, australische, kanadische, englische, belgische, französische und manche deutsche auch, die letzteren von den einst feindlichen (denn was sagt das Wort Feindschaft den Toten?) deutlich abgeschieden auf nicht sehr glückliche Art. Zwar sind sie rührend hineingeschmiegt in die Wäldchen, ihre Holzkreuze, heute noch hell und aufrecht, aber der erschütterte Einklang des Gefühls wird für einen Augenblick von dem Mißbehagen verdüstert, daß im Gegensatz zu den englischen, französischen und belgischen Friedhöfen, wo Offiziere und Mannschaft selbstverständlich gemeinsam bestattet sind, auf den deutschen noch sorglich die Absonderung waltet zwischen Offizier und Soldat, also Offiziersfriedhof separiert vom Mannschaftsfriedhof. Nicht genug, daß sie andere Kleidung hatten, andere Nahrung bekamen, in anderen Wagenklassen fahren, andere Anstandsorte und Bordelle benutzen mußten, auch für den gleichen Tod hat das deutsche Armeestatut die schreckliche Scheidewand von Kaste zu Kaste, zwischen Offizier und dem »gemeinen« Mann sichtbar verewigen wollen, und mit diesen Friedhöfen erster und zweiter Klasse eine letzte Spur, und hoffen wir's, ein Todesdenkmal militärischen Klassengeistes zurückgelassen in fremdem Land.

Ein paar enge Straßen noch, und man ist am Marktplatz. Alles steht da wie einst, schön erneuert, frisch vielleicht noch, nur – entsetzlich! – die gigantische Stadthalle ist weg, dieser zyklopische Riesenbau, der Stolz Belgiens, um den einstens die ganze Stadt mit ihren Häuserchen sich scharte wie Kücken um die Henne. Dort, wo diese Herrlichkeit heroisch wuchtete, Jahrhunderten trotzend, steht jetzt ein Nichts, ein paar rauchige Steinstümpfe, wie kariöse Zähne schwarz und zerfressen gegen den Himmel gebleckt. Das Herz der Stadt ist ausgerissen, und man denke es sich aus im Vergleich, daß in Berlin statt des Schlosses und der Linden, ein schottriger Trümmerhaufen läge.

Schaurig das anzusehen. Schauriger noch als die Photographien in den Schaufenstern, die Ypern 1918 in einer Flugaufnahme zeigen, als eine Kraterlandschaft, eine einzige Schuttwucherung. Aber diese schaurige Wirkung der

Nichtwiederherstellung gerade dieses mächtigsten Baus entspringt einer Absicht, denn es ist bestimmt, daß dieses eine und gewaltigste Gebäude der belgischen Kriegswelt für ewige Zeiten Trümmerhaufen verbleiben soll, ähnlich wie die Heidelberger Ruine, damit Geschlechter und Geschlechter sich des Geschehenen erinnern. Wahrscheinlich beabsichtigt ein Gefühl der Rache, damit den Abscheu und das Ressentiment gegen die Eindringlinge zu verewigen, das Martyrium dieser Stadt noch Generationen zu zeigen. Aber mag diese Absicht die ursprüngliche gewesen sein – die Wirkung wird eine andere. Was als Denkmal des Krieges bestimmt war, wirkt nun schon als Denkmal gegen den Krieg, und dieses zerschmetterte, beinahe zu Schutt und Staub zermörserte Kunstdenkmal erweist sich als furchtbarst denkbare Warnung für alle, die ihre Heimat lieb haben, nie mehr die heiligsten Werke ihrer Geschichte solchen mörderischen Zerstörungen auszusetzen.

Meningate

Sein erlauchtestes Kunstwerk ist damit Ypern genommen: Niemand wird in Hinkunft mehr, wie wir einstens, hinpilgern in die abseitige Stadt, einzig um mit breiten Schultern, maßvoll und mächtig, dieses herrliche Hallenwerk dastehen zu sehen. Aber für das verlorene Denkmal hat Ypern ein neues gewonnen, und daß ich es gleich voraussage, ein seelisch wie künstlerisch überwältigendes: das Meningate, errichtet von der englischen Nation für ihre Toten, ein Denkmal, so ergreifend wie nur eins auf europäischer Erde.

Auf der Straße, die vormals zum Feind führte, ist dies riesige Tor errichtet, hoch und marmorhell. Es schattet und deckt ein paar Meter weit die Straße, jene einzige des umschlossenen Ypern, wo im Sonnenbrand und Regen die englischen Regimenter an die Front rückten, wo die Kanonen, die Lazarettwagen, die Munition zugeführt und unzählige Särge heimgekarrt wurden. In schlichten römischen Massen, mehr Mausoleum als Triumphbogen, wölbt sich das breite Tor. Auf der Vorderseite, der Feindrichtung zugewandt, liegt auf dem First ein Marmorlöwe, die Pranke wuchtig niedergelegt wie auf eine Beute, die er nicht lassen will; auf der Rückseite, der Stadt zugewandt, erhebt sich ernst und schwer ein marmorner Sarkophag. Denn dieses Denkmal gilt den Toten, den sechsundfünfzigtausend englischen Toten bei Ypern, deren Gräber nicht gefunden werden konnten, die irgendwo in einem Massengrab vermodern, unkenntlich von Granaten zerfetzt, oder im Wasser verfaulten, all jenen, die nicht wie die andern auf den Friedhöfen rings um die Stadt ihre hellen, weißen, geschliffenen Steine haben, eigenes Wahrzeichen letzter Ruhestatt. Ihnen allen, den Sechsundfünfzigtausend, hat man diesen Marmorbogen als gemeinsames Grabmahl gewölbt, und alle diese sechsundfünfzigtausend Namen sind eingegraben mit goldenen Lettern in den marmornen Stein, so viele, so unendlich viele, daß, ähnlich wie auf den Säulen der Alhambra, die Schrift zum Ornamente wird. Ein Denkmal also nicht dem Sieg, sondern den Toten, den Opfern dargebracht, ohne jeden Unterschied, den gefallenen Australiern, Engländern, Hindus und Mohammedanern, verewigt in gleichem Maße und in gleicher Größe, in demselben Stein, für denselben Tod. Kein Bildnis des Königs, keine Erwähnung von Siegen, keine Kniebeuge vor genialen Feldherrn, kein Schwatz von Kronprinzen, Erzherzögen, nur lakonisch großartige Stirninschrift: Pro rege, pro patria. In dieser wahrhaft römischen Einfachheit wirkt dieses Grabmahl der Sechsundfünfzigtausend erschütternder als alle Triumphbogen und Siegesdenkmäler, die ich jemals gesehen, und diese Erschütterung mehrt sich noch am Anblick der immer wieder neu gehäuften Kränze der Witwen, der Kinder, der Freunde. Denn eine ganze Nation pilgert alljährlich zu dieser gemeinsamen Grabstätte der unbegrabenen und verschollenen Soldaten.

Kermess über den Toten

Ein Wallfahrtsort der englischen Nation ist Ypern heute geworden. Man kann es verstehen, wenn man diese Tausende und aber Tausende von Gräbern, wenn man diese tragische Stelle der Sechsundfünfzigtausend gesehen: Aber gerade die Fülle des Verkehrs gefährdet arg die Ehrfürchtigkeit des Eindrucks, und mitten in der Ergriffenheit wehrt sich das Gefühl gegen die zu gute, zu präzise funktionierende Organisation. Auf dem Marktplatze staut sich ein Autopark wie vor einer Oper, die grünen und gelben und roten Massenautos, diese fahrenden Bassins schütten stündlich Tausende von Menschen in die Stadt, ganze Touristenarmeen, die mit lautsprechenden Führern die »Sehenswürdigkeiten« (zweihunderttausend Gräber!) betrachten. Für zehn Mark kriegt man alles, den ganzen Krieg von vier Jahren, die Gräber, die großen Kanonen, die zerschossene Stadthalle, mit Lunch oder Diner und allem Komfort und nice strong tea, wie es auf allen Schildern angeschrieben ist. In allen Buden wird mit den Toten kräftig Geschäft gemacht, man bietet Galanteriewaren aus, gefertigt aus Granatsplittern (die vielleicht einem Menschen die Eingeweide zerrissen haben), hübsche Schlachtfeldandenken, deren entsetzlichste Probe ich in einem Schaufenster sah: einen Bronze-Christus, das Kreuz gefertigt aus aufgelesenen Patronen. In den Hotels spielt Musik, die Kaffeehäuser sind voll, auf und nieder sausen die Autos, die Kodakverschlüsse klappern. Trefflich ist alles organisiert, jede Sehenswürdigkeit hat ihre Dutzend Minuten, denn man muß ja spätestens um sieben Uhr in Blankenberghe zurück sein und in Ostende, um den Smoking noch anziehen zu können für das Diner.

Das ist furchtbar durchzudenken, fast so würgend als der Gedanke an die Toten, daß, wie die Erde ihren Dung hat von den Leichen, auch die Lebendigen an den Toten verdienen, daß die sorglosen Nachfahren sich die erschütternden Qualen einer halben Million Brüder so bequem, so gut organisiert ansehen können wie eine Kinovorstellung. Daß sie dieselben Straßen in gut gefederten Autos sausen, die jene, bepackt wie die römischen Ziegelsklaven, monatelang verschmutzt und verschweißt durchschritten. Daß sie in gut ventilierten Gaststuben alle die Refreshments prompt serviert bekommen, die jenen in ihren nassen, dreckigen Erdhöhlen wie Nektar und Ambrosia erschienen wären. Daß sie einer halben Million Menschen vierjähriges Martyrium in einer halben Stunde, die Zigarette im Munde, bequem und zufrieden um zehn Mark betrachten können und dann mit ein paar Dutzend Ansichtskarten das Erlebnis als ein sehenswertes rühmen.

Dennoch.

Dennoch: es ist gut, daß an einigen Stellen dieser Welt noch ein paar grauenhaft sichtbare Zeichen des großen Verbrechens übrig sind. Es ist im letzten Grunde gut sogar, daß hunderttausend Menschen hier bequem und sorglos alljährlich vorüberknattern, denn immerhin, ob sie wollen oder nicht, diese unzähligen Gräber, diese vergifteten Wälder, dieser zerschmetterte Platz erinnern. Und alles Erinnern wird selbst der primitivsten, der gemächlichsten Natur irgendwie bildnerisch. Alles Erinnern, in welcher Form und Absicht auch immer, drängt das Gedächtnis wieder zu jenen furchtbaren Jahren zurück, die nie vergessen und verlernt werden dürfen. So empfand ich es auch als erziehlich und richtig, daß in Belgien jedes Jahr am 4. August, morgens um 9 Uhr, zu ebenderselben Stunde, da 1914 die Deutschen einrückten, alle Glocken zu läuten beginnen, die Sirenen aller Fabriken pfeifen und einige Minuten lang die Arbeit stockt. Die Behörden, die dies verfügten, haben das wohl im nationalen, im patriotischen Sinne verfügt, nicht im kriegsgegnerischen; aber immerhin, auch diese Maßnahme hilft erinnern, sie gibt dem trüben, hindämmernden Gewissen einen Ruck und Stoß. Und man könnte es nur begrüßen, wenn alle einstmals kriegführenden Länder Europas diesen feierlichen Gebrauch übernehmen würden, wenn alljährlich auch in Deutschland und Frankreich genau zur Stunde der Kriegserklärung die Glocken läuteten, alle Sirenen gellten, und die Arbeit für Minuten ruhte, – für fünf Minuten der Besinnung, der Erinnerung und der Empörung.

Reise nach Rußland

Redliche Vorbemerkung

Welche Reise innerhalb unserer näheren Welt wäre heute auch nur annähernd so interessant, bezaubernd, belehrend und aufregend wie jene nach Rußland? Während unser Europa, und besonders die Hauptstädte, dem unaufhaltsam zeitgemäßen Prozeß wechselseitiger Anformung und Verähnlichung unterliegen, bleibt Rußland völlig vergleichslos. Nicht nur das Auge, nicht nur der ästhetische Sinn wird von dieser urtümlichen Architektonik, dieser neuen Volkswesenheit in unablässiger Überraschtheit ergriffen, auch die geistigen Dinge formen sich hier anders, aus anderen Vergangenheiten in eine besondere Zukunft hinein. Die wichtigsten Fragen gesellschaftlich-geistiger Struktur drängen sich an jeder Straßenecke, in jedem Gespräch, in jeder Begegnung unabweisbar auf, ununterbrochen fühlt man sich beschäftigt, interessiert, angeregt und zwischen Begeisterung und Zweifel, zwischen Staunen und Bedenken leidenschaftlich angerufen. So voll ballt sich jede Stunde mit Weltstoff und Denkstoff, daß es leicht wäre, über zehn Tage Rußland ein Buch zu schreiben.

Das haben nun in den letzten Jahren ein paar Dutzend europäische Schriftsteller getan; ich persönlich beneide sie um ihren Mut. Denn klug oder töricht, lügnerisch oder wahr, vorsichtig oder apodiktisch, alle diese Bücher haben doch eine fatale Ähnlichkeit mit jenen amerikanischen Reportern, die nach zwei Wochen Cook-Rundfahrten sich ein Buch über Europa erlauben. Wer der russischen Sprache nicht mächtig ist, nur die Hauptstädte Moskau und Leningrad, bloß also die beiden Pupillen des russischen Riesenleibes gesehen, wer außerdem die neue revolutionäre Ordnung mit den zaristischen Zuständen nicht aus früherer Erfahrung zu vergleichen vermag, sollte, meine ich, lieber redlicherweise verzichten auf Prophezeiung wie auf pathetische Entdeckungen. Er darf nur Impressionen geben, farbig und flüchtig wie sie waren, ohne jeden anderen Wert und Anspruch als den gerade in bezug auf Rußland heute wichtigsten: nicht zu übertreiben, nicht zu entstellen und vor allem nicht zu lügen.

Grenze

In Niegoroloie erste russische Erde. Spät abends, so dunkel schon, daß man den berühmten roten Bahnhof mit der Überschrift »Proletarier aller Länder vereinigt euch« nicht mehr wahrnehmen kann. Aber auch die so pittoresk und fradiavolesk von fabulierenden Reisevorgängern geschilderten Rotgardisten, grimmig bis an die Zähne bewaffnet, kann ich mit bestem Willen nicht erblicken, einzig ein paar klug aussehende, durchaus freundlich Uniformierte, ohne Gewehr und blinkende Waffe. Die Holzgrenzhalle wie alle anderen, nur daß statt der Potentaten die Bilder Lenins, Engels', Marx' und einiger anderer Führer von den Wänden blicken. Die Revision exakt, genau und geschwind, mit aller erdenklichen Höflichkeit; schon beim ersten Schritt auf die russische Erde spürt man, wieviel Lüge und Übertreiblichkeit man noch totzutreten hat. Nichts ereignet sich härter, strenger, militärischer als an einer anderen Grenze; ohne jeden Übergang steht man plötzlich in einer neuen Welt.

Aber doch, ein erster Eindruck gräbt sich sofort ein, einer jener ersten Eindrücke, wie sie so oft eine erst später bewußt erkannte Situation divinatorisch umfassen. Wir sind im ganzen vielleicht dreißig oder vierzig Personen, die heute die Grenze Rußlands überschreiten, die Hälfte davon bloß Durchreisende, Japaner, Chinesen, Amerikaner, die ohne Aufenthalt mit der mandschurischen Bahn nach Hause sausen; das gibt mathematisch einen Rest von etwa fünfzehn bis zwanzig Personen, die mit diesem Zuge wirklich nur nach Rußland reisen. Dieser Zug wieder ist der einzige am Tage, der von London, Paris, Berlin, Wien, von der Schweiz, aus ganz Europa nach dem Herzen Rußlands, nach seiner Hauptstadt Moskau zielt. Unbewußt erinnert man sich an die letzten Grenzen, die man passierte, erinnert sich, wie viele Tausende und Zehntausende jeden Tag in unsere winzigen Länderchen einreisen, indes hier zwanzig Personen im ganzen ein Riesenreich, einen Kontinent beschreiten. Zwei oder drei gerade strömende Eisenbahnadern verbinden im ganzen Rußland mit unserer europäischen Welt, und jede dieser pocht nur matt und zaghaft. Da erinnert man sich an die Grenzübergänge zur Zeit des Krieges, wo auch nur ein siebenmal gesiebtes Häufchen die unsichtbare Linie von Staat zu Staat überschritt, und begreift instinktiv etwas von der augenblicklichen Situation: Rußland ist eine umschlossene Festung, ein wirtschaftliches Kriegsgebiet, durch eine Art Kontinentalsperre, ähnlich jener, die Napoleon über England verhängte, von unserer anders eingestellten Welt abgeschlossen. Man hat eine unsichtbare Mauer überstiegen, sobald man die hundert Schritte vom Eingang zum Ausgang zwischen diesen beiden Türen getan.

Umstellung ins Russische

Noch ehe sich der Zug in Bewegung setzt, Moskau entgegen, erinnert mich ein freundlicher Mitreisender, daß man die Uhr jetzt umstellen müsse, um eine Stunde, von westeuropäischer auf osteuropäische Zeit. Aber dieser rasche Handgriff, diese winzige Schraubendrehung, bald wird man es merken, reicht bei weitem nicht aus. Nicht nur auf dem Zifferblatt muß man die Stunde umstellen, sondern sein ganzes Gefühl von Raum und Zeit, sobald man nach Rußland kommt. Denn innerhalb dieser Dimensionen wirkt sich alles in anderen Maßen und Gewichten aus. Die Zeit wird von der Grenze ab einen rapiden Kurssturz des Wertes erfahren, und ebenso das Distanzgefühl. Hier zählt man die Kilometer nach tausend statt nach hundert, eine Fahrt von zwölf Stunden gilt als Exkursion, eine Reise von drei Tagen und drei Nächten als verhältnismäßig gering. Zeit ist hier Kupfermünze, die keiner spart und sammelt. Eine Stunde Verspätung bei einer Verabredung gilt noch als Höflichkeit, ein Gespräch von vier Stunden als kurze Plauderei, eine öffentliche Rede von anderthalb Stunden als kurze Ansprache. Aber vierundzwanzig Stunden in Rußland, und die innere Anpassungsfähigkeit wird sich daran gewöhnt haben. Man wird sich schon nicht wundern mehr, daß ein Bekannter von Tiflis drei Tage und drei Nächte herfährt, um einem die Hand zu schütteln, acht Tage später wird man mit gleicher Gelassenheit und Selbstverständlichkeit wegen der Kleinigkeit von vierzehn Stunden Bahnfahrt selbst einen solchen »Besuch« zu machen, und sich schon allen Ernstes überlegen, ob man nicht wegen bloß sechs Tagen und sechs Nächten doch in den Kaukasus fahren sollte.

Die Zeit hat hier ein anderes Maß, der Raum hat hier ein anderes Maß. Wie in Rubeln und Kopeken, lernt man hier rasch mit diesen neuen Werten rechnen, man lernt warten und sich selber verspäten, Zeit versäumen, ohne zu murren, und unbewußt kommt man damit dem Geheimnis der Geschichte und des russischen Wesens nahe. Denn die Gefahr und das Genie dieses Volkes liegt vor allem in seinem ungeheuerlichen Wartenkönnen, in der uns unfaßbaren Geduld, die so weit ist wie das russische Land. Diese Geduld hat die Zeiten überdauert, sie hat Napoleon besiegt und die zaristische Autorität, sie wirkt auch jetzt noch als der mächtigste und tragende Pfeiler in der neuen sozialen Architektur dieser Welt. Denn kein europäisches Volk hätte zu ertragen vermocht, was dieses seit tausend Jahren leidensgewohnte und beinahe leidensfreudige an Schicksal erduldet; fünf Jahre Krieg, dann zwei, drei Revolutionen, dann blutige Bürgerkriege von Norden, von Süden, von Ost und West gleichzeitig sich hinwälzend über jede Stadt und jedes Dorf, schließlich noch die entsetzliche Hungersnot, die Wohnungsnot, die wirtschaftliche Absperrung, die Umschaltung der Vermögen – eine Summe des Leidens und Martyriums, vor der unser Gefühl ehrfürchtig sich beugen muß. All dies hat Rußland nur überstehen können durch diese seine einzige Energie in der Passivität, durch das Mysterium einer unbeschränkten Leidensfähigkeit, durch das gleichzeitig ironische und heroische »Nitschewo« (»Es macht nichts«), durch diese zähe, stumme und im Tiefsten gläubige Geduld, seine eigentliche und unvergleichliche Kraft.

Moskau: Straße vom Bahnhof her

Kaum aus dem Zuge nach zwei Nächten und einem Tage, ein heißer, erster, neugieriger Blick durch das klirrende Wagenfenster auf die Straße hin. Überall Drängen und Geschwirr, überfülltes, heftiges, vehementes Leben: es sind plötzlich zu viele Menschen in die neue Hauptstadt gegossen worden, und ihre Häuser, ihre Plätze, ihre Straßen quellen und kochen über von dieser stürmischen Bewegtheit. Über die stolperigen Pflaster flirren flink die Iswotschniks mit ihren Wägelchen und struppig-süßen Bauernpferdchen, Trambahnen sausen blitzschnell mit schwarz angehängten Menschentrauben an der Plattform, dem Strom der Fußgänger stellen sich wie auf einem Jahrmarkt überall kleine Holzbuden entgegen, mitten im Trubel bieten hingekauerte Weiber gemächlich ihre Äpfel, Melonen und Kleinzeug zum Verkauf. All das schwirrt, drängt, stößt mit einer in Rußland gar nicht erwarteten Flinkheit und Eile durcheinander.

Dennoch aber, trotz dieser herrlichen Vitalität, wirkt etwas in dieser Straße nicht voll lebhaft mit. Etwas Düsteres, Graues, Schattenhaftes mengt sich ein, und dieser Schatten kommt von den Häusern. Die stehen über diesem verwirrend phantastischen Treiben irgendwie alt und zermürbt, mit Runzeln und zerfalteten Wangen, mit blinden und beschmutzten Augenlichtern; man erinnert sich an Wien 1919. Der Putz ist von den Fassaden gefallen, den Fensterkreuzen fehlt Farbe und Frische, den Portalen Festigkeit und Glanz. Es war noch keine Zeit, kein Geld da, sie alle zu verjüngen und aufzufrischen, man hat sie vergessen, darum blicken sie derart mürrisch und verjährt. Und dann – was so besonders eindrucksvoll wirkt: während die Straße rauscht, redet, sprudelt, spricht, stehen die Häuser stumm. In den anderen Großstädten gestikulieren, schreien, blitzen die Kaufläden in die Straße hinein, sie türmen lockende Farbspiele, werfen Fangschlingen der Reklame aus, um den Vorübergehenden zu fassen, ihn für einen Augenblick vor den phantastisch bunten Spiegelscheiben festzuhalten. Hier schatten die Läden stumm; ganz still, ohne kunstvolle Türmung, ohne Hilfe eines raffinierten Auslagearrangeurs legen sie ihre paar bescheidenen Dinge (denn keine Luxusware ist hier verstattet) unter die mißmutigen Fensterscheiben. Sie müssen nicht streiten miteinander, nicht ringen und nicht wettkämpfen, die Kaufläden von nebenan und gegenüber, denn sie gehören doch, die einen und die anderen, demselben Besitzer, dem Staat, und die notwendigen Dinge brauchen nicht Käufer zu suchen, sie werden selber gesucht; nur das Überflüssige, der Luxus, das eigentlich nicht Gebrauchte, »le superflu«, wie die französische Revolution es nannte, muß sich ausbieten, muß dem Vorübergehenden nachlaufen und ihn am Rockärmel fassen; das wahrhaft Notwendige (und anderes gibt es nicht in Moskau) braucht keinen Appell und keine Fanfaren.

Das gibt der Moskauer Straße (und allen andern in Rußland) einen so eigenartigen und schicksalshaften Ernst, daß ihre Häuser stumm sind und zurückhaltend, eigentlich nur dunkle, hohe, graue Steindämme, zwischen denen die Menschen fluten. Ankündigungen sind selten, selten auch Plakate, und was in roten Schriftzügen breitgerändert über Hallen und Bahnhöfen steht, ruft nicht Raffinements aus, Parfüms und Luxusautomobile, Lebensspielwerk, sondern ist amtliches Aufforderungsplakat der Regierung zur Erhöhung der Produktion, Aufruf, nicht zu Verschwendung, sondern zu Zucht und Zusammenhang. Wieder spürt man hier, wie schon im ersten Augenblick, den entschlossenen Willen, eine Idee zu verteidigen, die ernste, zusammengeballte Energie, streng und stark auch ins Wirtschaftliche gewandt. Sie ist nicht ästhetisch schön, die Straße von Moskau, wie die pointillistisch glitzernden, farbensprühenden, lichtverschwendenden Asphaltbahnen unserer europäischen Städte, aber sie ist lebensvoller, dramatischer und irgendwie schicksalshaft.

Moskau: Blick vom Kreml

Tage hat es gebraucht, bis wir die Verstattung bekamen, durch die immer bewachten Tore dieser uralten Burg emporzuschreiten, wo seit einem halben Jahrtausend die Zaren und nun die neuen Machthaber regieren. Man hat zauberische Kirchen gesehen, mit hell und dunklen wunderbaren Fresken von der Schwelle bis zum Dachrand geschmückt, Prunkgemächer und immer wieder Kathedralen, noch eine und noch eine, die hier dicht und gedrängt aneinander stehen. Man ist durch unzählige Säle geschritten, wo sich Kunstschätze ganzer Geschlechter anhäufen, die Waffen und Werke dieser unübersehbaren Nation. Fast ist es zuviel (immer hat man dieses Gefühl in Rußland, es ist zuviel zu sehen, man brauchte ein Leben, um es zu überschauen); so hält man einen Augenblick inne auf dieser erschöpfend-unerschöpflichen Kunstwanderung und blickt von den Mauern des Kreml auf Moskau, die vielleicht wunderlichste und eigenartigste Stadt der Welt.

Möglicherweise ist es die gleiche Stelle, wo Napoleon einst stand, der große Rasende, der mit sechshunderttausend Mann von Spanien und Frankreich durch Deutschland, durch Polen, durch diese endlose, baumlose, wasserlose Steppe dem Irrlicht des Orients hierher nachzog, der sich unnützerweise von Paris die Oper und die Comédie Française fünfzig Tagereisen weit nachkommen ließ, indes er schon ein gewaltigeres Schauspiel erlebte: eine brennende Stadt zu seinen Füßen. Betäubender, verwirrender Anblick muß es damals gewesen sein, und er ist es noch heute. Ein barbarisches Durcheinander, ein planloses Kunterbunt, von der Neuzeit nur noch pittoresker gemacht: grellrot gestrichene Barockkathedralen neben einem Betonwolkenkratzer, weitläufige schloßhafte Paläste neben schlechtgetünchten Holzhäusern mit grindigem

Verputz; zwiebeltürmige, halb byzantinische, halb chinesische Kirchen ducken sich unter die riesenhaft technische Eiffelturmsilhouette der Funkstation, schlecht nachgeahmte Renaissancepalais halten sonderbare Nachbarschaft mit Kaschemmenhütten. Und zwischen all dem, rechts und links und vorn und rückwärts, überall Kirchen, Kirchen, Kirchen, mit ihren heraufgeschraubten Türmen, vierzig mal vierzig, wie die Russen sagen, aber jede anders in Farbe und Formen, ein Jahrmarkt aller Stile, eine zusammengequirlt phantastische Ausstellung aller Bauformen und Kolorite. Nichts paßt zueinander in dieser planlosesten, scheinbar improvisiertesten aller Städte, und gerade diese unablässige Kontrasthaftigkeit macht sie so unerhört überraschend. Man geht hundert Schritt eine Straße entlang und meint, in Europa zu sein, und, kaum um die Ecke, so glaubt man sich schon nach Isfahan verschlagen, in einen Basar, ins Tatarische und Mongolische. Man tritt in eine Kirche, rastet jahrhunderteweit in Byzanz, aber hinauskommend und eintretend in das neue Telegraphengebäude, hat man einen Sprung nach Berlin gemacht. Die verschwenderischen Goldkuppeln einer Kathedrale reflektieren ihren Glanz in den zersplitterten Scheiben wackeliger Holzhäuser gegenüber, aus der Hintertür eines solchen schäbigen Wohnstalles, mit schmutzigem Spülicht, gackernden Hühnern und dumpfen Latrinen tritt man in eine Straße, die von elektrischen Bahnen klirrt, und sieht vor sich ein Museum, wo alle Schätze des Abendlandes in verschwenderischer Fülle geordnet ruhen. Nichts paßt zusammen; sie dröhnt und berauscht, diese Stadt, wie eine ungeheure atonale Symphonie, in der sich die verwegensten Dissonanzen, die grellsten Rhythmen gewaltsam mischen. Man wagt nicht, zu behaupten, daß sie einem gefällt, diese sonderbare Stadt, aber sie ist mehr als schön: sie ist unvergeßlich.

Moskau: Der Rote Platz

So hat er immer geheißen, seit tausend Jahren, dieser rechteckige Platz, das Herz der Stadt Moskau, um der roten, kunstvoll gescharteten Kremlmauer willen, an deren Länge er sich lehnt. Zur Linken zackt sich die breite Fassade der Handelshäuser, das alte Emporium der Kaufmannschaft, empor; hier standen einst die zahllosen Buden der Kaufleute, die Moskaus Reichtum und Ruhm gemacht. Zur Rechten schützt ihn ein weites, wölbiges Tor, zur Linken, an seiner Schmalseite, steigt farbig, mit bunten Steinen und glitzernden Tulpendächern, die fünftürmige Wassilij-Blashennig-Kathedrale auf, ein Wunderbau ohnegleichen, morgenländisch phantastisch, abendländisch architektural, die kühnste Vermählung byzantinischer, italienischer, urrussicher und manchmal auch buddhistisch-pagodischer Formen. Sie ist das kostbarste Kleinod der Stadt, und nichts rühmt sie mehr als die finstere Legende, daß Iwan der Schreckliche dem Baumeister zu Dank für seine Meisterschaft die Augen ausstechen ließ, damit er keine zweite ähnliche Kirche in der Welt bauen könnte. Dieser Platz war von jeher das Herz Rußlands. Hier querten die Handelsstraßen von Normannenland und Ingermanland nach Byzanz, hier brachten vom Osten die Händler Pelzwerk und Getier. Hier zäumten Hunnen und Tataren auf der Heerschau die Rosse, hier stiegen in feierlichem Aufzug die ersten Zaren zur Krönung in den Kreml empor. Noch sieht man den runden Steinring, wo die Häupter der aufständischen Strelitzen abgeschlagen wurden und die Leiche des falschen Demetrius blutig lag; und gerade hier, wo das Zarentum aus dem engen Ring einer Stadt, aus dem jämmerlichen Kreis einer Binnenherrschaft sich auswuchs und entspannte zum weitesten Reich, das jemals die Welt gekannt, hier veranstaltet in beabsichtigter und wissender Symbolik die

Sowjetregierung ihre Paraden und Aufzüge. Hier stand die Tribüne, wo Trotzki klirrenden Worts die Bauern und Soldaten aufrief zum Verzweiflungskampfe, hier liegen die Führer und Vorkämpfer des Bolschewismus und die Arbeiter, die für ihn gefallen, in den »Brüdergräbern« längs des Kremls, und hier ruht in eigenem Gebäude, dem Herzpunkt dieses Platzes, das Herz der russischen Revolution, die Leiche Lenins.

Bei Tag brandet der Platz von Menschen und Wagen, man steht und kann sich nicht sattsehen an diesem glitzernden, mosaikhaften Bild der Kathedrale, der strengen Mauern des Kreml, sich nicht entziehen der erschütternd eindringlichen Gräberreihe, die hier mitten in der Stadt als Wahrzeichen des Dankes und des Sieges großartig hingestellt ist. Während man in Wien und Berlin zu den Gräbern der Märzgefallenen stundenweit hinauspilgern muß und in Paris vergebens die Grabplätze der Volksführer sucht, sind hier und ebenso in Leningrad statt irgendeines steinernen Baues oder pathetischer Denkmäler die Gräber selbst in die Stadt gestellt: der wuchtigste, großartigste Aufruf und Dank, den man sich erdenken kann. Wie vordem die Basilika und Kathedrale, bilden sie nun das eigentliche religiöse Zentrum der Stadt, aber frei aufgeschlagen unter dem Himmel, ohne jedes Pathos und jeden Prunk. Dieser geniale Sinn für Regie waltet überall in der neuen russischen Revolution. Zwanghaft muß man im Foyer eines Theaters, in jedem Bahnhofe, in jeder Wartehalle in Plastik oder Photographie das eiserne Antlitz Lenins in sich einfühlen; Lenin, wie er spricht, vorstoßend die Hand wie das Wort, zusammengeballte Energie, oder präsidierend in einer entscheidenden Sitzung, oder mit der Bauernkappe im schlichten Rock, heiter und lachend unter den Helfern. Überall, an jeder Stelle und jedem Ort, im roten Stab des Polizisten, in der roten Mütze der Tramwaykondukteure, in dem überall eingemeißelten

Zeichen der Sichel wird man erinnert an die neue Zeit, aber nirgends großartiger und überwältigender als an diesem Platze. Denn selbst wenn die Schatten alle Konturen verwischen, das Grab Lenins nur wie ein schwarzer Stein in dem ungeheuren leeren Dunkel einer Septembernacht steht, dann sieht man noch hoch oben auf der einstigen Residenz der Zaren hell und glühend die rote Fahne des Sowjet sich bauschen. Mit einem genialen Kunstgriff ist von unten her dieser purpurn wogende Stoff betrahlt, so daß man inmitten des ungeheuren Nachtdunkels nur die rote Flamme sieht, diese rote Flamme, die leuchtet, hoch über dem leeren Platz, die Gräber, die Burgen und Handelshallen und weithin über Moskau und die ganze russische Welt, ein Regieeinfall scheinbar nur, aber gleichzeitig mehr: ein Fanal in die neue Zeit, ein grandios ersonnenes Symbol.

Das alte und neue Heiligtum

Vierzig Schritte sind sie voneinander entfernt, das alte und das neue Heiligtum Moskaus, das Heiligenbild der iberischen Muttergottes und das Grabmal Lenins. Das alte, rauchgeschwärzte Heiligenbild steht unbekümmert wie seit unzähligen Jahren in einer kleinen Kapelle zwischen den beiden Durchgängen des Tores, das zum Roten Platz führt. Unnennbare Scharen pilgerten früher hieher, um einige Minuten andachtsvoll sich vor dem Bildnis hinzuwerfen, ein paar fromme Kerzen anzustecken, ein Gebet zur Wundertätigen zu sprechen. Nun steht nebenan die warnende Inschrift der neuen Regierung: »Die Religion ist Opium fürs Volk«. Aber deshalb ist das alte Volksheiligtum doch unverletzt geblieben, der Zugang jedermann gestattet, und tatsächlich sieht man auch immer einige alte Weiblein auf den Steinen knien oder im Gebet ausgestreckt, die letzten, die noch alten Herzens und alter Gesinnung der Wundertätigen anhängen.

Einige, aber nicht viele, denn die wahre Menge, die wirkliche Masse pilgert zum neu aufgerichteten Heiligtum, dem Grabmal Lenins. In sechs- oder siebenfacher, gewundener Schlange stehen die Menschen angereiht, Bauern, Soldaten, Volksfrauen, Dorfweiber, ihre Kinder auf dem Arm, Kaufleute, Matrosen – ein ganzes Volk, hergekommen aus der unendlichen russischen Welt, das seinen vom Schicksal gefällten Führer im künstlichen Schein eines Lebens noch einmal sehen will. Geduldig stehen sie, die Hunderte, die Tausende, angereiht vor dem modernen, ein wenig schachtelhaften, sehr einfachen und symmetrischen Bau aus rotem kaukasischem Holz, der selbst völlig schmucklos, nur mit den fünf Buchstaben LENIN bestirnt ist. Und man fühlt, hier wirkt sich dieselbe Frömmigkeit desselben glaubensfanatischen Volkes aus, die sich dort drüben niederwirft vor dem Bildnis der Madonna, nur hat eine geschickte Hand mit energischem Ruck sie vom Religiösen ins Soziale gewandt, Führerverehrung statt des Heiligendienstes. Aber doch im tiefsten ein und dieselbe und bewußt so gewollt, damit die ungebrochene und unzerbrechliche Glaubenskraft des russischen Volkes vollkommen von Symbol zu Symbol übergeleitet werde, von Christus zu Lenin, vom Volksgott zum Mythos des allein gerechten und herrschenden Gottvolkes.

Man zögert einen Augenblick, ob man wirklich die Stufen mit hinabschreiten soll, denn man weiß, dort unten ruht im gläsernen Sarg, durch neuzeitliche technische Kunst balsamiert, koloriert und so in einer furchtbar täuschenden Scheinlebendigkeit erhalten, die Leiche Lenins. Man fürchtet etwas Mittelalterlich-Byzantinisches einerseits und anderseits etwas an Panoptikum Erinnerndes zu sehen: der Gedanke, ich gestehe es, dieser raffiniert chemischen Lebensimitation eines Gestorbenen als Schaubild, war mir gespenstisch. Aber doch, man schließt sich an, tritt schweigend mit Schweigenden die Treppe nieder in die hellerleuchtete, von den Sowjetzeichen überstirnte Krypta, um in langsamem Gang (niemand darf stehen bleiben), den gläsernen, durchsichtigen und wahrscheinlich luftleeren Sarg von drei Seiten zu umschreiten. Und so sehr sich noch immer das Gefühl gegen diese Schaustellung wehrt, als gegen etwas gewaltsam Künstliches, das ebenso wie die Ordnung der menschlichen Bedingungen nun auch die der Natur korrigieren will, wider Willen fast, wird doch der Eindruck, der wirkliche optische Eindruck grandios. Auf einem roten Kissen, die Decke bis zur Brust hinaufgezogen und darüber die Hände flach hingebreitet, ruht, unverändert wie ein Schlafender, Lenin. Die Augen sind geschlossen, diese kleinen graufeurigen, die man von unzähligen Bildern kennt, der Mund liegt in einem ernsten Schweigen, der einst so redemächtige, aber noch in seinem Schlafe hat dies Antlitz Gewalt durch die graniten gewölbte Stirn, durch den gesammelten und gefaßten Energieausdruck dieses urrussischen Gesichts. Gespenstisch drückt geisterhaftes Schweigen im Raum, den die Bauern, die Soldaten mit ihren schweren Stiefeln ganz leise, mit zurückgehaltenem Atem durchschreiten, die Mütze in der Hand, und noch erschütternder ist der Anblick der Frauen, die mit einem scheuen und ehrfurchtsvollen Blick demütig auf diese phantastische Bahre hinschauen, großartig und einzig diese tägliche Parade des Schweigens von Tausenden und aber Tausenden, die stundenlang warten, um nur eine Minute lang die Menschengestalt ihres schon mythisch gewordenen Führers und Befreiers gesehen zu haben. Nicht für uns, in denen sich eine Ästhetik gegen eine solche immer neu polychromierte Totenmaske wehrt, sondern für ein Volk ist diese Schaustellung ersonnen, für ein Volk, das jahrhundertelang glaubte, daß seine Heiligen nicht dem irdischen Gesetz der Verwesung unterliegen und von der Berührung ihres Leibes Wunder und Zeichen ausgingen; auch hier hat mit ihrem unfehlbaren Instinkt für Massenwirkungen die neue Regierung gerade an das Urälteste und darum Wirksamste im russischen Volkstum angeknüpft. Sie hat sehr richtig gefühlt, daß, gerade weil die marxistische Lehre eine in sich sachliche, unmystische, eine logische und durchaus amusische ist, man sie rechtzeitig in Mythos verwandeln und mit aller Inbrunst des Religiösen erfüllen müsse. So haben sie heute, nach zehn Jahren, aus ihren politischen Führern schon Legenden gestaltet, aus ihren Opfern Märtyrer, aus ihrer Ideologie eine Religion, und vielleicht an keiner Stelle fühlt man diese Taktik ihrer Psychologie sinnfälliger und siegreicher als an diesen beiden Pilgerstätten, fünfzig Schritte voneinander entfernt und doch durch Geistunendlichkeiten getrennt: der Kapelle der iberischen Madonna und der Begräbniskrypta Lenins.

Moskau: Museen

Sonderbar, immer wird es die erste Frage an jeden Zurückkehrenden: ob er die neuen Reichen gesehen, die Neppmänner, die Nutznießer der Revolution. Vielleicht habe ich kein Glück gehabt: mir ist keiner begegnet. Die einzigen großen Revolutionsprofiteure, die ich in Rußland sah, waren die Museen: sie hat die konsequente Konfiskation sämtlichen privaten Kunsteigentums wahrhaft zu Fürsten und Magnaten gemacht. Man hat die Palais, die zahllosen Klöster, die Privatwohnungen mit einem Ruck ausgeräumt und die reichsten davon selbst wieder in Museen verwandelt, so daß sich deren Zahl zumindest vervierfacht, wahrscheinlich aber verzehnfacht hat. Die großen Galerien sind durch so unvermuteten Zuwachs über den Rand gequollen, sie fordern ungestüm Platz zu Bauten und Neubauten und wissen heute noch gar nicht wohin mit der plötzlich hereingeströmten Fülle. Überall wird noch gehämmert, gezählt, umgehängt, inventarisiert, überall entschuldigen sich die Direktoren, sie könnten nur einen kleinen Teil erst aufgehängt zeigen, und führen einen in Nebenräume, wo noch unbekannte Schätze der Aufstellung warten; nach zehn Jahren fehlt noch der vollkommene Überblick über die ungeheuren Bestände, die infolge der Kommunisierung so übermächtig in die Säle geströmt sind.

Über diese gewaltsame Requirierung privaten Kunsteigentums zugunsten der ganzen Nation sich zu begeistern oder zu erbittern, bleibt ein Politikum: jedenfalls genießt zurzeit der Fremde und der Kunstfreund das aktuelle Resultat als eine Überwältigung mit beispielloser Vielfalt und Fülle. Aber nicht nur, daß all dieser ungeahnte Reichtum, bisher verschlossen und unsichtbar in fürstlichen Gemächern und Klöstern, sich nun jedem darbietet zu Augenlust und Gewinn, auch die Kunstgeschichte wird dieser gewaltsamen Zusammenfassung noch Anregungen für Jahrzehnte verdanken. Eine ist schon offenkundig: die vollkommene Umwertung in der Betrachtung der Ikone und damit in der Einstellung zur alten russischen Kunst. Denn verstreut in Tausenden unzugänglichen Kirchen und Klöstern, überleuchtet von Edelsteinen, erstickt von Blumenbehängen, verräuchert, verschmutzt und verklebt durch den Ruß der vorgesteckten Kerzen, waren bisher alle diese Ikonen als eine Art Dunkelmalerei erschienen, schwarze Madonnen, finstere Heilige, eine freudefeindliche, beinahe spanisch düstere Kunst. Nun, im historischen Museum vereinigt, werden die Tausende eines um das andere gereinigt, und dabei ergibt sich die Überraschung, daß alle diese Bilder in ihrem Urzustand hellfarbig und heiter waren, bunt wie die Tücher der russischen Dorffrauen und hell wie der Himmel am Bosporus, von dem sie erstmalig ausgegangen. Mit den schwarzen Krusten, die jetzt abgetragen werden, mit dieser jahrhundertalten Verräucherung und Vernachlässigung wird jetzt zugleich eine ganz falsche Anschauung abgewaschen, und wenn nun bald die alten Basiliken (man beginnt schon damit) systematisch aufgehellt werden und den finsteren Fresken ihre Naivheit und Farbenfreudigkeit zurückgegeben wird, so dürfte Europa erstaunt vor einem vollständig neuen Kunstphänomen stehen, ähnlich erstaunt wie damals, als es entdeckte, daß die Plastiken der Griechen ursprünglich polychrom, ihre Tempel nicht marmorweiß und kalt, sondern von grellem Farbentumult erfüllt waren. Solcher Entdeckungen stehen noch mehrere durch die plötzliche Konzentration und geeinte Schaustellung bevor, und ebenso begegnet man in der Tretjakow-Galerie einer völlig unverhofften Heerschau einer bei uns unbekannten und großartigen russischen Malerei. Aber was man nicht vermutete und was die Fremden vielleicht am meisten in Erstaunen setzt, ist, daß man nirgends außer in Paris eine solche Sammlung der französischen Impressionisten sehen kann als in Moskau, dank der Konfiskation der beiden berühmten Sammlungen Morosow und Schutkin, dreißig Van Goghs enthaltend, die prächtigsten Manets, Courbets, Gauguins und anschließend daran die ganze moderne Malerei bis 1914. Um auch nur im Fluge den Reichtum der vierzig oder fünfzig Museen von Moskau allein zu durchmessen, brauchte man Wochen und Monate, so sind sie jetzt angefüllt und beinahe überfüllt; nirgends so deutlich, nirgends so glücklich wie in der Kunst drückt sich so sinnlich der marxistische Gedanke aus, daß alles allen gehören solle.

Und tatsächlich hat diese Gewißheit, daß all diese Schätze einer seelisch fremdartigen und gleichsam unbekannten Oberwelt an sie gefallen sind und ihnen gehören, den Massen hier einen fast religiösen Respekt vor den Museen gegeben. Ununterbrochen sind sie von Besuchern durchflutet, Soldaten, Bauern, Volksfrauen, die vor einem Jahrzehnt noch nicht wußten, was ein Museum war, sie alle durchziehen jetzt in breiten, andächtigen Trupps die Schauräume, und es ist rührend anzusehen, wie vorsichtig, respektvoll sie mit ihren schweren, hochschäftigen Stiefeln über die Parkette schreiten, wie achtungsvoll und lernbegierig sie in Gruppen mit freiwilligen Führern vor den Kunstwerken stehen. Und es ist der größte Stolz der Museumsleiter, der Führer und des ganzen Volkes, daß im Gegensatz zur Französischen Revolution, die kirchenstürmerisch und plündernd ungeheure Werte sich selbst entwendete, die russische (härter sonst und radikaler als die andere) sich und der Welt kein einziges wesentliches Kunstwerk zerstört hat.

Diese Rettung der musealen Werte in den furchtbarsten Tagen des Umsturzes danken Rußland und mit ihm alle Kunstfreunde der rechtzeitigen Energie einiger Führer, Lunatscharskis vor allem, aber nicht minder der stillen, unscheinbaren und heroischen und aufopferungsvollen Arbeit einzelner unbekannter Museumsleiter. Hungernd und frierend, schlecht bezahlt und vergessen, bei zehn Grad unter Null in ungeheizten Räumen, während die Regierung von einer Hand in die andere überging, während die Maschinengewehre auf den Straßen knatterten, haben diese unbekannten Helden diese unermeßlichen Werte gehütet, geschützt, geordnet und der Weltgemeinschaft bewahrt. Niemand kennt, niemand nennt heute die Namen dieser Rührenden und Redlichen, niemand hat noch die Geschichte ihrer Aufopferungen und Entbehrungen erzählt; erst die Zukunft wird ihrer im Tumult des Umsturzes unscheinbar verborgenen Tat für das große Werk dieser Rettung dankbar sein.

Heroismus der Intellektuellen

Dieser Heroismus der russischen Intellektuellen ist es, was mich am meisten in Rußland bewegt und erschüttert hat. Ein Proletariat, eine geknechtete Bauernschaft von hundertvierzig Millionen ist aufgestiegen zur Macht, hat sich erhöht und befreit. Sie hat Entbehrungen unvergleichlicher Art auf sich genommen, Notdurft und Mühsal ohne Ende, aber selbst, wo es heute noch eingeschränkt ist und entbehrt, stählt dieses leidenswillige und fast leidensfreudige Volk immer doch das Gefühl ihres Aufstieges in höhere Lebenskreise, das triumphale Bewußtsein ihres proletarischen Sieges. Die Intellektuellen aber, sie sind nicht aufgestiegen in ihren Lebensformen und nicht in eine höhere Freiheit hinein, sondern eher zurückgeworfen in dumpfere, drückendere Daseinsbedingungen, in ein engeres Maß an räumlicher und seelischer Freiheit. Sie zahlen noch immer am vollsten und vielleicht am unbedanktesten den bitteren Zoll dieses Übergangs. Darin liegt an sich keine böswillige Absicht der Regierung, nur ganz naturhaft haben die Verhältnisse sich gegen sie am härtesten gewandt. Sie haben ihnen, die Raum und Ruhe um sich ebenso notwendig wie Nahrung brauchen, eine Geißel erfunden, die wir in den Nachkriegsjahren selber im Fleische gefühlt haben, die Wohnungsnot. Aber hier ist sie nicht Geißel mehr, sondern dreimal geknotete Knute, diese für unsere europäischen Begriffe unerträgliche Wohnungsnot, die den Menscheninhalt eines Waggons in eine mittlere Wohnung hineinpfercht. Fünf Familien an einem Herde und mit einem Klosett sind keine Seltenheit, ein einziges abgesondertes Zimmer und Küche für eine vierköpfige Familie schon ein beneideter Glücksfall. Was Wien in den schweren Jahren schon als Hölle empfand, wäre dort noch Fegefeuer und für manche fast Paradies. Denn dieses Moskau wächst mit diabolischer Geschwindigkeit; zur Hauptstadt des Hundertvierzigmillionenreichs plötzlich ernannt, vollgedrängt mit Ämtern und dabei gehemmt in seinen Bauarbeiten, preßt die überpferchte Hauptstadt (schon vorher unkomfortabel und unhygienisch in ihren Unterkünften) nun ihre Menschen grausam nahe zusammen, und ganz besonders furchtbar lastet natürlich dieser Druck auf jenen, die für ihre geistige Tätigkeit Raum und Absonderung wie Sauerstoff nötig haben: auf den Intellektuellen. Aber bewundernswert der Gleichmut und die Gelassenheit, mit der all diese Menschen dieses Eingekeiltsein ertragen, noch immer nicht genug bewundert diese unbeschreibliche russische Geduld, die von der Scholle des Volkes bis in die feinsten Verästelungen ihrer geistigen Blüte, bis zu den Intellektuellen und Künstlern kraftwaltend emporsteigt. Ich besuchte einen großen Gelehrten im einzigen Zimmer, das, neben einem zweiten winzigen Räumchen ohne Küche, er zu viert bewohnt [!], also Arbeitszimmer, Speisezimmer, Wohnzimmer und Schlafzimmer in einem, und als ich unwillkürlich betroffen mit dem Blick diese Enge nachmaß, lächelte er das alltröstende »Nitschewo«, das »Es macht nichts«, dies sieghafte »Man gewöhnt sich daran«. »Wir sind wenigstens durch einen Holzverschlag von unseren Nachbarn abgesondert.« Schon dies zählt als ein Glück, ein paar Kubikmeter abgesonderter Luft mit den Seinen atmen zu dürfen. Oder ein anderes Beispiel: Ich besuchte Eisenstein, den heute weltberühmten Regisseur des Potemkin-Films, der mir seine neuen (herrlichen!) Arbeiten zeigen wollte. Dieser Meister, der für das russische Können mehr Propaganda geleistet als hundert Bücher, hat ein einziges Zimmer innerhalb einer Gesamtwohnung, Schlafraum, Atelier, Sekretariat, Speisezimmer in einem: ein Tisch, ein Teebrett, zwei Sessel, eine winzige Waschschüssel, ein Bett, eine Bücherkante. Aber auf dem kleinen Tisch liegen ein Dutzend Telegramme,

Angebote auf drei Monate nach Hollywood für dreißigtausend Dollar, und doch, sie lassen sich durch Geld nicht von ihrer Aufgabe weglocken, alle halten sie durch, alle kehren sie wieder aufopferungsvoll nach Rußland zurück, in ihre schweren Lebensbedingungen, schlecht bezahlt, gerade nur das Notdürftigste verdienend und schon empfindungslos für alle kleinen Bequemlichkeiten, die uns, ihren europäischen Brüdern, Selbstverständlichkeiten sind. Das ist der großartige Heroismus der russischen Intellektuellen von heute, daß sie, nicht genug gewürdigt, nicht genug gerühmt weder im eigenen Land noch bei uns, ausharren, weil sie es für ehrlos halten, ihren Posten zu verlassen um besserer Verdienstmöglichkeiten in Europa willen, und dies nur aus dem stolzen Gefühl sittlicher Verpflichtung, aus dem Bewußtsein, daß nichts heute Rußland, dem jetzt Helligkeit und Heiterkeit fehlt, so notwendig ist wie gute Universitäten, gute Schulen und Museen, eine vollendete und volksmäßige Kunst. Und wenn dieses ungeheuerste soziale Experiment, das Rußland unternommen hat und zum Staunen der übrigen Welt jetzt schon durch zehn Jahre allein gegen diese andere Welt durchhält, nicht gescheitert ist, so dankt es dies (man begreift es hier) nur dreierlei: der unerhörten, harten fanatischen Energie seine Diktatoren, der unvergleichlichen Willigkeit und Geduldkraft dieses leidensgewohntesten aller Völker und nicht zuletzt dem Idealismus und der Aufopferungsfähigkeit der so oft als bürgerlich geschmähten, als zu lau und zu unpolitisch geringgeschätzten russischen Intellektuellen.

Besuch bei Gorki

Auch Gorki, der sinnlichste Repräsentant des aus der eigenen Volkstiefe emporgestiegenen Rußland, hat es als eine Pflicht empfunden, während einer so welthistorischen Entwicklung nicht dauernd fern vom Vaterland zu sein. Zwar drängten ihn heftig die Ärzte, nicht den heilkräftigen italienischen Süden zu verlassen und seine labile Gesundheit nicht dem nordischen Klima auszusetzen, aber er ist doch in seine Heimat zurückgekehrt, und zwar gleich zu einer Zehntausend-Kilometer-Reise quer durch das ganze Land. Leider hatten die Ärzte recht behalten, denn ein Rückfall warf ihn auf das Krankenlager zurück, und so fehlte er bei der Feier und war unauffindbar, unerreichbar. Schon mußte ich mich mit dem Gedanken vertraut machen, Rußland verlassen zu müssen, ohne seinen großen Dichter gesehen zu haben, ohne dem Menschen danken zu können, dem ich persönlich für manches private und öffentliche Wort verpflichtet bin, als man mir endlich verriet, daß er in Moskau selbst verborgen sei. Und noch am selben Abend durfte ich ihn sehen.

Sein Gesicht überrascht, gerade weil man es von Photographien her zu kennen glaubt. Aber alle, die ich gesehen habe, verschatten es merkwürdig ins Düstere, lassen es hart erscheinen, bitter und vergrämt, indes gerade die Helligkeit der erste Eindruck seines Antlitzes ist. Kurzgeschorenes, strohblondes Haar, blasse Brauen über lichtgrauen Augen, ein gelber buschiger Schnurrbart; das Antlitz eines klugen, slawischen Bauern, eines gescheiten Handwerkers, gut geistig leuchtend und dabei warm und hell wie frischgebackenes Brot. Besonderheit nur darin der stark vorgebaute, hart gemeißelte Stirnbogen; durch diesen vorgetürmten Block bekommt sein Blick Gewalt aus einer Tiefe, eine prachtvolle eindringliche Konzentriertheit. Diese Konzentriertheit, diese sachliche feste

Ruhe lebt in jedem seiner mündlichen Worte genau wie in seiner Schreibe: mit ein paar festen Sätzen rückt er jeden Gegenstand fest und klar ins Licht. Er übertreibt nicht, er passioniert sich nicht; darum haben seine Worte genau wie seine Werke den Wert unbedenklicher und unbestechlicher Zeugenschaft. Was ihn am meisten nach seiner Rückkehr nach vier oder fünf Jahren an dem neuen Rußland frappiert, ist das gleiche, was auch uns Fremde so sympathisch bei diesem Volk berührt: die plötzlich aufgebrochene stürmische Gier nach Bildung bis in die untersten Klassen hinein, die Passion für das Schöpferische. Jahrhunderte war hier eines der begabtesten und aufgewecktesten Völker durch den Zarismus und die ihm gefällige Kirche gewaltsam verdumpft und von allen Bildungsmöglichkeiten abgeschnitten worden (das schwerste Verbrechen, das eine Regierung an ihrem Volk begehen kann). Und mit einem bewundernswerten, rapiden Elan hat die ganze Nation, oder haben vielmehr alle jetzt in der Sowjetrepublik vereinigten Republiken die Gelegenheit benutzt, sich vom Analphabetismus zu befreien. Über Nacht sind in den kaukasischen, georgischen, turkestanischen und sibirischen Gebieten Universitäten entstanden, Zeitschriften, Dichterschulen; bis in die winzigsten Dörfer dringen jetzt, dank einer unablässig hämmernden, zwar politisch gemeinten, aber doch bildungswirkenden Organisation, die neugeschaffenen Bauernzeitungen, die vom Volk selbst geschrieben und redigiert werden. »Sie würden nicht glauben«, erzählt mir Gorki, »was für ausgezeichnete Briefe und Schilderungen in diesen populären Zeitschriften, die das Volk selbst schreibt, zutage treten. In ihnen ist oft mehr darstellende Kraft als in allen schulgemäßen Literaturen, und ich bin selbst mit einer ganzen Reihe dieser Schreiber in Korrespondenz geraten, soviel Anregungen und Kenntnisse haben mir ihre urtümlichen Mitteilungen gegeben.« Selbst er, von Jugend auf gläubig an das russische Volksgenie, genau wie Dostojewski und Tolstoi, ist dennoch erstaunt über das Tempo dieses ungeahnten Bildungsaufschwunges, den innerhalb von wenigen Jahren die untersten Schichten des russischen Volkes genommen haben. Und sein neues Buch, an dem er noch arbeitet, wird nicht Dichtung sein, sondern Darstellung seiner Erlebnisse mit dem Volk bei dieser Wiederbegegnung nach Jahr und Jahren. Und ich glaube, gerade dieses Buch wird für Europa von äußerster Wichtigkeit sein, denn das klare Auge Gorkis ist unbestechlich in Urteil und Erkennen, unfähig zu schmeicheln, unwillig zu lügen. Und wenn wahrhaft dann dieser wahrhaftige Bildner, dieser warmherzigste Kenner seines Volkes trotz aller Einschränkungen im wesentlichen der Leistung der letzten Jahre zustimmt, sollten immerhin manche vorsichtiger sein, von ferne her und, bloß zweideutigen Nachrichten folgend, all das, was in Rußland im letzten Jahrzehnte geschehen ist, einzig als ein hoffnungsloses Chaos und eine wütige Verblendung zu betrachten.

Die jungen Dichter

Die Regierung hat ihnen ein Haus überlassen, das ehemalige Wohnhaus Alexander Herzens, und sie haben es umgeformt in eine Art Klub, wo sie einander begegnen, Freunde empfangen und bewirten können, lesen und arbeiten. Sie haben daraus gleichzeitig ein kleines Museum gemacht, das alle Bücher der jungen Generation, ihre Manuskripte und Bilder gemeinschaftlich behütet, und ich hatte die Freude, dort ihr gemeinsamer Gast zu sein. Seltsames Gefühl zwischen Vergangenheit und Gegenwart: vor einigen Monaten hatte ich noch in Versailles die achtzigjährige Tochter Alexander Herzens, Madame Monod, besucht und saß nun im staatlich gewordenen Haus ihres Vaters, dessen Standbild längst auf allen Plätzen prangt und Monument einer Vergangenheit geworden ist, neben der Enkelin Tolstois, der jungen zarten und auf anmutigste Weise klugen Sophia Tolstoi-Jessenin, der Witwe des großen lyrischen Dichters Jessenin, der, dreißigjährig vor zwei Jahren auf tragische Art aus dem Leben schied. Ein langer Tisch vereinigt drei Dutzend junger Menschen, keiner über vierzig, die meisten unter dreißig Jahren, und in ihrer Gegenwart fühlt man etwas von der unerhörten Weite und Vielfalt dieses riesigen Reiches. Denn jede Provinz und jedes Volk der Union hat da irgendeinen aus sich herausgeholt. Da ist Boris Pilniak, der berühmte Romanschriftsteller, ein blonder Wolgadeutscher, aber schon so russisch geworden, daß er kein Wort seiner Vorvätersprache mehr versteht, neben ihm Wsjewolod Iwanow, dessen ›Panzerzug‹ als Buch und Drama in Rußland gleich erfolgreich ist, ein heller Sibirier mit rundem Kajakengesicht. Da sitzt Grigol Robadkidse, Priestersohn aus Tiflis, der erste georgische Dichter, von dem in nächster Zeit ein sehr heißes und farbenprächtiges Buch in deutscher Sprache erscheint, da Abraham Effros, schwarzbärtiger orientalischer Moskauer, der trefflichste Kenner europäischer Kunst, da Liddin und Kiriloff und der prächtige Holzschneider Kraftchenko und neben ihm die noch unbekannten Dichter der neuen Kultursphären, Estländer, Eurasier, Armenier, Kaukasier, Ukrainer, ein buntes Gemenge, verbunden durch die gleiche Herzlichkeit der Gastfreundschaft und das unbezwingliche Element der Jugend.

Alle oder fast alle diese neuen jungen Dichter kommen aus dem Volke und fühlen sich ihm näher verwandt, als die unseren; sie lesen in Soldatenschulen ihre Verse vor, sprechen in Volksversammlungen über Literatur, führen die

Bauern durch die Museen. Sie gehen in dem einfachen Rock des Arbeiters, in den weißen Blusen der Bauern, keiner besitzt wahrscheinlich einen Smoking oder einen Frack, keiner von ihnen wohnt bequem und hat nur einen Schatten europäischer Honorare: aber sie genießen dafür das Glück eines weiten Publikums, das spontane Verbundensein mit dem letzten Urgrund ihrer Natur, die Kameradschaft mit jedem und allen. Das ist ein Erlebnis. Jeder von ihnen kennt das Volk, seine Bedürfnisse und seine Gedanken aus eigener Anschauung, die meisten von tätiger Mitarbeit, und mit einem urtümlichen Abenteuertrieb rollen und pilgern sie zigeunerhaft frei von einem zum anderen Ende des russischen Landes. Es ist eine Freude, ihre Gesichter zu sehen, frisch und lebendig, eine Freude, ihre Bücher zu lesen, die überquellen von ganz neuen Kräften: die europäische Literatur wird noch manche Überraschung von diesem aufsteigenden Rußland erleben.

Theater

Soll man Eulen nach Athen tragen und Kaviar nach Rußland? Soll man wirklich noch einmal erzählen, was das russische Theater selbst in der schwersten Zeit des Überganges geleistet und geschaffen hat? Das alles hat Joseph Gregor mit René Fülöp in seinem trefflichen Werk über die russische Bühne so ausführlich getan, daß ich mir's erübrigen kann. Und schließlich, man kennt einigermaßen Stanislawski, Tairoff und Meyerhold von ihren deutschen Gastspielen. Da bringen sie alles mit, ihre großen Schauspieler, wie Katschalow, Tschechow, Alice Coonen, sie haben längst unserer Generation die Meisterschaft ihrer Regie, ihre neuen schöpferischen Ideen gezeigt. Nur eines können sie nicht mitbringen, was hier so ungemein den Eindruck verstärkt: das Publikum, das neue russische Publikum der sowjetistischen Zeit. Dichtgedrängte Reihen, kein leerer Platz allabendlich, eine einzige festgefügte, einheitliche Masse. Der Unterschied zwischen Parterre, Logen und höchster Galerie restlos aufgelöst, da und dort Arbeiter, Frauen, Fremde, Soldaten und die spärlichen Reste der Exbürgerschaft, alles farblos und vollkommen durcheinander gemischt. Keine steife Hemdbrust, kein harter Kragen, kein Décolleté, kein Smoking, keine schroff brennenden Farben – alles wie mit Sepia überstrichen oder leicht angeschleiert. Aber was dieses Bild des Zuschauerraumes an Buntheit verliert, gewinnt es an Einheitlichkeit. Nirgends habe ich das Publikum eines Theaters dermaßen als grauen, metallischen Block, als Meer, als Masse zusammengeschmiedet empfunden, wie dort in den Theatern der verlorengegangenen Eleganz. Gewiß: der Zuschauerraum liegt im Schatten der Gleichgültigkeit und Alltäglichkeit, er wirkt unfestlich, bloß als dicht angefüllter Menschenraum, aber eben darum stelle man sich's vor, wie scharf, wie verwirrend, wie zauberhaft dann der Kontrast wird, wenn hinter der Rampe dann die doppelt wirksame Magie, die blendende Vielfalt der Dekorationen auftaucht. Der Luxus, bei uns seßhaft im Parkett und in den Logen, hier ist er hinübergeflüchtet auf die Bühne: da hat er seine letzte Freistatt auf russischer Erde, hier darf er sich – fremd und sagenhaft geworden im wirklichen Leben – als ein Historisches und Kostümhaftes verschwenderisch innerhalb der imaginären Zone entfalten. Hier und hier allein verstattet sich Rußland noch Verschwendung, und nicht Amerika, und nicht die Pariser Singspielhallen zaubern solche koloristische Pracht auf als ein Ballett in der Leningrader Oper, und nirgends wirkt ihre schwelgerische Traumhaftigkeit feenhafter und unwahrscheinlicher als hier, wo diese Phantasmagorie dem Grau des Täglichen traumhaft ge-

genübersteht. Wirklich wie Niederstieg in verschattete Zonen erlebt man dann die irdisch geschmückte Gestalt, etwa die neue zauberische Tänzerin, die Rußland geschenkt ist, die Semjonowa (der Name wird noch einmal Europa überstrahlen), zwanzig Jahre alt, gerade aus der Ballettschule in Tiflis gekommen und innerhalb eines Jahres schon Zauberin und Herrin der ganzen Stadt; wenn sie mit ihrem festen, elastischen Schritt, der nicht gelernt ist, sondern natürlich wie Saft aus der Rinde quillt, über die Bühne schreitet und im Wildsein eines Überschwanges sich flügelhaft aufwirbelt, dann bricht plötzlich über diesen armen, gleichfarbigen, verdüsterten Alltag eine Art Licht herein, das diese Menschen taumeln macht. Und an dem Glück, das sie Millionen spenden, spürt und begreift man, warum alle Künstler hier so leidenschaftlich und hingebungsvoll, so aufopfernd und selbstvergessend dem gemeinsamen Werke dienen, denn sie verwalten nach Jahren des Leidens, der Entbehrung und der Ermüdung hier einzig noch die heilige Flamme der Freude. Vielleicht hätte Rußland trotz all seiner Geduld, trotz seiner bewundernswerten Beharrlichkeit diese Epoche der Prüfung auf seiner blutigen und zerschundenen Erde nicht so sieghaft überdauert, hätten nicht seine herrlichen Künstler ihm über seiner allzu normalisierten und mechanisierten Welt die traumhafte und magische der schöpferischen Phantasie für gelöste Stunden aufgebaut.

Tolstoifeier

Das große Theater in Moskau, gewiß das weiteste und außerdem auch eines der schönsten der Welt, riesigen Raum ohne kolossalische Geste bemeisternd, diskret in Tönung, blaßrot mit gespartem Gold – das Ideal einer

Festbühne. Im Parkett und auf den Galerien viertausend Personen (Rußland denkt und feiert in anderen Dimensionen als wir) eine geduldig wartende Menge. Um sechs Uhr soll die Feier beginnen, weshalb sie selbstverständlich um sieben Uhr beginnt, ohne daß ein einziges Scharren, eine einzige Unruhe sich regte. Auf der Bühne im runden Oval ein Tisch für das Komitee, in der Mitte Lunatscharski, der Minister und Gebieter der Kunstwelt, straffes energisch geballtes Gesicht über gesunden, grobgehauenen Schultern, neben ihm die Kamenewa, die Schwester Trotzkis, Leiterin der Kulturabteilung, damenhaft und diskret mit einer sehr sanften und ruhigen Stimme, deren Musikalität erst bei der Rede fühlbar wird. Dann der Sohn Tolstois, Sergei, ein stiller grauer Herr, eher Masaryk ähnlich als seinem Vater, dann Delegierte aus allen Reichen und Korporationen des Landes und die ausländischen Gäste.

Als erster tritt Lunatscharski an die Tribüne und spricht (frei wie jeder in Rußland) anderthalb Stunden lang mit der dramatischen Geschultheit eines Agitators. Er trennt wie mit der Messerschneide die Lehre Tolstois vom Dogma des Bolschewismus. Ich kann seiner russischen Rede natürlich nicht folgen, aber ich sehe an seinen harten taktierenden, energisch zustoßenden Fäusten, wie er das Rechts vom Links entschlossen teilt und damit gleich vom Anfang an wie ein Standbild die Stellung der Regierung vor das riesig aufragende Bildnis Tolstois setzt.

Nach ihm spricht Professor Sakulin für die Akademie, ein schöner, würdeeinflößender Graubart, gekleidet in die alte russische Bluse, dann kommt die Reihe an uns – eine schwere Aufgabe, die wir vom Politischen her nicht geschult sind, mit sechs Scheinwerfern in den Pupillen, einem Radioapparat vor der Lippe und einem kurbelnden Kinematographen knapp an der Schulter, vor viertausend Personen zu sprechen. Aber wie hilft einem dieses Publikum mit seiner wunderbar lauschenden, unvergleichlichen Disziplin, mit dieser immer großartig wartenden, ewig neuen russischen Geduld; schon ist es zwölf Uhr, und seit sechs Uhr sitzen diese Menschen da, nur ab und zu zwischen den Reden durch Musik erfrischt, und keiner der Unersättlichen denkt an Fortgehen und rührt sich von der Stelle – Intellektuelle, Arbeiter, Soldaten, eine einzige dankbar horchende, aufnehmende, das Wort ehrfürchtig in sich eintrinkende Masse.

Am nächsten Tag dann Eröffnung des Tolstoi-Museums und des Tolstoi-Hauses, beide das Angedenken dieses Menschen mit fünfzigtausend Bildern und Erinnerungen noch dokumentarischer vergegenwärtigend als Weimar jenes Goethes. Mit tausend kleinen Nägeln wird seine Physiognomie dem Gedächtnis unverrückbar eingehämmert, man sieht Tolstoi zu Pferde, im Bett, bei der Arbeit, mit der Sichel, beim Spiel und am Pfluge, auf Reisen und daheim mit Kindern und Enkeln. Man sieht ihn als Knaben, als jungen Mann, als Soldaten, als Greis und Prophet, und nach zwei Stunden dieses Schauens kennt man keinen seiner persönlichen Bekannten in seiner physischen Form so unvergeßlich wie ihn. Mir persönlich machten zwei Kleinigkeiten den stärksten Eindruck: in einer Glasvitrine ein schlichter grober Strick mit einem Brief dazu, von einer fremden Frau ihm zugeschickt, die das Weltverdüsternde und ewig Klagende seiner Bücher nicht ertragen konnte und ihm russisch konsequent diesen Strick ins Haus sandte, er sollte nicht länger sich selbst und damit die Menschheit mit seiner ewigen Unzufriedenheit und Empörung quälen und lieber rasch mit sich ein Ende machen; und ein zweites solches erschütterndes Lebensdokument, ein gestempeltes amtliches Papier, ein Frachtbrief, peinlich, sorglich ausgefüllt. Adressat: Familie Tolstoi. Beschreibung der Verpackung: Kiste. Inhalt: Eine Leiche. So hat das offizielle Rußland die welthistorische Überführung der Leiche Leo Tolstois von seinem Sterbeort Astapowo zur letzten Heimkehr nach Jasnaja Poljana versteinert. Grausamste Ironie der Nichtigkeit alles Geistes vor dem amtlichen Blick, erschütternd durch seine Stupidität, das phantastischste Denkmal unseres irrsinnig wütenden Bürokratismus, das ich jemals auf Erden gesehen.

Aber all dies ist nur Vorspiel und Vorklang, denn nicht in Rede und Schrift läßt sich die Erinnerung dieses Lebensbildes vollkommen erfassen, nicht in Photographien und Phonographen, nicht in künstlich geräumten und geordneten Museen, sondern erst am wahren Orte, wo er wurzelte, wo er geboren ward, wo er am längsten lebte und am meisten litt: In seinem Hause in Jasnaja Poljana.

Jasnaja Poljana

Nachtfahrt ins flache Land. Am frühen Morgen Tula und dann mit linden Wiesen, kleinen fülligen Wäldchen dieses eine winzige Dorf, berühmt unter Hunderttausenden Rußlands: Jasnaja Poljana.

Alexandra Lwowna, die jüngste Tochter Tolstois, empfängt uns und führt erklärend zuerst in die Dorfschule, wo heute ein Denkmal Leo Tolstois enthüllt werden soll. Vom Vater hat sie die massive Gesundheit, die breite, wuchtige Vitalität, die beinahe bäuerliche Festigkeit und die ungebändigte Arbeitsenergie; sie hat nicht früher gerastet, als bis diese Schule, die ihr Vater vor sechzig Jahren in einer Dorfscheune begonnen, nun blank und neu aufgebaut ward in steinernen Mauern, das schönste Monument seines pädagogischen Willens, Sammelpunkt seiner Lehre. Das ganze Dorf ist versammelt, uralte Bauern mit langem, glattgestrichenem Haar und vereisten

Bärten: wie herausgeschnitten aus Ikonen sehen sie aus, die meisten haben Leo Tolstoi noch selbst gekannt, einige sind darunter, die, weil sie seinen Lehren gehorcht, in den Gefängnissen gesessen haben und nach Sibirien gewandert sind. Neben ihnen junge Schüler in weißen Blusen, mit hellen, neugierigen Augen uns grüßend, junge Mädchen, die ihre Kostüme schon bereithalten, um abends beim Bauerntanz die ländlichen Lieder den Gästen vorzuführen. Bei der Eröffnung gibt es einen schönen, starken Augenblick, wie Alexandra Lwowna sich erhebt und erklärt, in dieser Schule, die ihr Vater gegründet, dürfe niemals Militarismus und Atheismus gelehrt werden; dem widerspricht auch Lunatscharski nicht im Namen der Regierung, obwohl er nochmals mit seiner hämmernden, harten Energie den aktivistischen Standpunkt seiner Anschauung gegenüber dem passiv christlichen Tolstois energisch betont.

Dann zu Fuß, bis an die Knöchel einsinkend, nein, bis an die Knie, durch den fetten Lehm einer unergründlichen russischen Dorfstraße hin zum Schloß. Aber ist es wirklich ein Schloß? Beinahe lächelt man, wenn man sich der selbstanklägerischen Übertreibungen Tolstois erinnert, der in seiner Bußhypertrophie immer ausschrie, er lebe »im Luxus«, er bewohne ein fürstliches Haus. Denn wie unschloßhaft ist dieser niedere, weißgetünchte Ziegelbau mit seinem kleinen Gärtchen, mitten im Walde, wie einfach und primitiv die Einrichtung. Der Frankfurter Kaufmannssohn Goethe, der schuldengehetzte Schreiber Balzac, sie haben in Weimar und Passy wie die Fürsten gewohnt im Vergleich zu diesen niederen, kahlen, mit billigem und oft zufälligem Kram gefüllten Gelassen. Knarrende Holzstiegen führen hinauf zu den Zimmern mit ihren schlecht gebohnten Weißholzdielen, der Schlafraum zeigt schmale, fast militärische Eisenbetten mit einfachsten Leinendecken, das Speisezimmer billige Thonet-

Möbel oder dorfgezimmerte Ware, abends nur von Petroleumlampen mühselig erhellt. Kein einziger Gegenstand von wirklicher Kostbarkeit und Wert; an den Wänden verblaßte, schlecht gerahmte Photographien, auf den Gestellen Broschüren und kaum geordnete Bücher, kunterbunt auf dem Schreibtisch eine Grammophonwalze, die ihm Edison schickte, und ein gehämmerter Stein, den die Fabrikarbeiter ihm schenkten am Tage, als er aus der russischen Kirche austrat – eine wahrhaft spartanische Einfachheit, ohne das geringste Bemühen nach Bequemlichkeit und Fülle des Daseins. Eine Wachstuchottomane in seinem Arbeitszimmer als einzige Stelle der Rast, sie ist gleichzeitig das Bett, auf dem Tolstoi selbst und alle seine Kinder geboren wurden, dann ein Schachbrett und ein Klavier als einzige Zeichen der Ablenkung und geistiger Entlastung. Drückend und grau, wie sein eigenes Werk, und doch erschütternd durch seinen heroischen Ernst mutet es an, dieses triste, einstöckige Haus, nur die Fülle der Erinnerungen belebt es, einzig nur das Erinnern an seine fortgegangene Gestalt. Denn jedes winzige Ding hat noch seelisches Gewicht von seiner Legende. Hier vor dem Hause steht noch riesenhaft gewölbt, mit der kleinen Klingel daran, der »Baum der Armen«, wo alltäglich die Pilger und Bauern nachmittags den großen Dichter erwarteten. Hier im Arbeitsgemach unten im Kellerraum (in dem kein europäischer Schriftsteller heute seine Dienstboten wohnen ließe) steckt noch der Nagel in der Wand, an dem Tolstoi sich im Jahre der Krise erhängen wollte. Und mit unendlicher Ehrfurcht betrachtet man die nun welthistorisch gewordene Treppe vor dem engen Schlafraum, die der Dreiundachtzigjährige um vier Uhr morgens, plötzlich aufgerissen von seinem übermächtigen Gewissen, hinablief in den Stall, um seiner Heimat, seiner Familie zu entflüchten in seinen einzig heroischen Tod: hier atmet man Geschichte eines Gewaltigen in der

Luft seines Lebens, und das Unvergängliche seines Werkes macht all die kleinen Vergänglichkeiten seines Heimes und seiner Hausung der aufgerüttelten Seele erschütternd und groß.

Das schönste Grab der Welt

Aber das Großartigste, das Ergreifendste von Jasnaja Poljana ist Tolstois Grab. Abseits und allein liegt dieser erlauchte Pilgerort kommender ehrfürchtiger Geschlechter eingeschattet im Wald. Ein schmaler Fußpfad, scheinbar planlos hinstreifend durch Lichtung und Gebüsch, führt hin zu diesem Grab, das nichts ist als ein kleines gehäuftes Rechteck aus Erde, von niemandem bewacht, von niemandem gehütet, nur von ein paar Bäumen beschattet. Und diese hochragenden, sanft vom Frühherbstwind gewiegten Bäume hat Leo Tolstoi, so erzählt mir seine Enkelin, selber gepflanzt. Sein Bruder Nikolai und er hatten als Knaben von irgendeiner Amme oder Dorffrau die alte Sage gehört, wo man Bäume pflanze, da werde ein Ort des Glückes sein. So hatten sie spielhaft ein paar Schößlinge irgendwo auf ihrem Gute eingesenkt in die Erde und dieses Kinderspiel bald vergessen. Erst später entsann sich Tolstoi dieses Kindheitsbegebnisses und der sonderbaren Verheißung von Glück, die dem Lebensmüden plötzlich eine neue und schönere Bedeutung bekam. Und er äußerte sofort den Wunsch, unter jenen selbstgepflanzten Bäumen begraben zu sein.

Das ist geschehen, ganz nach dem Willen Tolstois, und es ward das schönste, eindrucksvollste, bezwingendste Grab der Welt. Ein kleiner rechteckiger Hügel im Wald, von Blumen übergrünt – nulla crux, nulla corona – kein Kreuz, kein Grabstein, keine Inschrift, nicht einmal der Name Tolstoi. Namenlos ist der große Mann begraben, der wie keiner unter seinem Namen und Ruhm litt, genau wie irgendein zufällig aufgefundener Landstreicher, ein unbekannter Soldat. Niemand ist es verwehrt, an seine letzte Ruhestätte zu treten, der dünne Bretterzaun ringsum ist nicht verschlossen – nichts behütet Leo Tolstois Ruhe als die Ehrfurcht der Menschen, die sonst so gern mit ihrer Neugier die Gräber der Großen verstört. Hier aber bannt gerade die zwingende Einfachheit jede lose Schaulust und verbietet lautes Wort. Wind rauscht in den Bäumen über dem Grab des Namenlosen, Sonne spielt warm drüber hin, Schnee legt sich winters zärtlich weiß um die dunkle Erde, man könnte Sommer und Winter hier vorübergehen, ahnungslos, daß dieses kleine emporgeschichtete Rechteck das Irdische eines der gewaltigsten Menschen unsrer Welt in sich genommen hat. Aber gerade diese Anonymität wirkt erschütternder als aller erdenkliche Marmor und Prunk: von den Hunderten von Menschen, die heute dieser Ausnahmstag hieher an seine Ruhestätte führte, hatte nicht ein einziger den Mut, auch nur eine Blume zum Andenken von dem dunklen Hügel zu nehmen. Nichts wirkt in dieser Welt, man fühlt es wiederum, so monumental wie die letzte Einfachheit. Nicht Napoleons Krypta unter dem Marmorbogen des Invalidendoms, nicht Goethes Sarg in der Fürstengruft zu Weimar, nicht Shakespeares Sarkophag in der Westminsterabtei erschüttern durch ihren Anblick so um und um das Menschlichste in jedem Menschen als dieses herrlich schweigende, rührend namenlose Grab irgendwo im Walde, nur vom Wind überflüstert und selbst ohne Botschaft und Wort.

Ausflug nach Leningrad

Diese zweite Hauptstadt Rußlands bedeutet nicht Ergänzung Moskaus, sondern ihr Widerspiel. So willkürlich entstanden aus Zufall und Volksansammlung Moskau, so zielhaft und willensmächtig, so planhaft und kategorisch gestaltet wirkt die alte Zarenstadt, jene aus eigenem Antrieb gewachsen, diese von einem plötzlichen despotischen Willen diktiert, jene nach Asien blickend bis in die fernen Horizonte der Tatarei und Chinas, diese nach Europa. Nichts hier von dem architektonischen Durcheinander, das in Moskau alle Stile und Kostüme der Baukunst in einen steinernen Maskenball zusammengedrängt, nein, man spürt es sofort, hier hat ein einziger autokratischer Wille eine Stadt plötzlich gewollt und genau in die Vision seines Willens gestaltet, ihr Herr und Ahnherr, Peter der Große. Sein Vorbild war Amsterdam. Aber mit dem Vorgefühl der russischen Weltweite hat er vor dreihundert Jahren schon die Dimensionen ins Amerikanische gesteigert; wo dort schmale Straßen, spannen sich hier prunkvolle Boulevards und riesenhafte radiale Plätze. Die russische Raumverschwendung, hier hat sie sich im harten Stein einmal sinnlich ausleben können, und nach drei Jahrhunderten erschienen unserem durch New York und das napoleonische Paris doch schon ans Kolossale gewohnten Blick diese Marmorbauten und Fronten, diese platzbreiten Avenuen noch immer monumental. Kein europäischer Herrscher hat sich ein solches Haus gebaut wie das Winterpalais, rechts flankiert von der stumm strömenden Newa, links großartig isoliert durch den runden Kolonnadenplatz, dessen Maße dem mächtigsten Gebäude dieser Erde, der Peterskirche, entnommen scheinen; und wie bedauert man, es nicht zur Zarenzeit noch gesehen zu haben, wenn tausend Karossen mit bepelzten Dienern sich hier aneinanderreihten, klirrende Regimenter mit dem Farbenspiel der Uniformen ihre Paraden entfalteten! Aber gleich phantastisch auch der Tag, wo die bewaffnete Arbeiterschaft, aus den Elendsquartieren zusammengerottet, trotz Maschinengewehrfeuer in diese Kolonnaden einbrach, während gleichzeitig das aufrührerische Kriegsschiff ›Aurora‹ mit gebleckten Kanonen die Fenster des Winterpalais visierte, wo, von beiden Seiten mit eherner Zange gepackt, das tausendjährige Zarentum wie eine Nuß zerknackte. Gerade hier, an jener bildhaften Stelle, wo der Zar Peter das eherne Petschaft seines Herrscherwillens in den weichen, sumpfigen Lehm des Landes drückte, ist das alte Rußland zerbrochen worden, und dieses Petersburg, dann Petrograd und nun triumphierend Leningrad benannt, ist heute bloß ein historisches Denkmal seiner verschollenen Schicksalsmacht.

Keine Stadt ist von dem Zarentum so kraftvoll emporgetragen worden, keine hat unter dem neuen Rußland stärker gelitten. Denn diese Stadt war für Prunk und Luxus bestimmt, für Fürsten und Großfürsten, für die Eleganz der Garderegimenter und die Verschwendung des russischen Reichtums; darum wirkt Leningrad jetzt doppelt verarmt, widersinnig und tragisch. Nicht nur sein Reichtum ist ihm genommen, seine Gesellschaft, seine Schiffahrt, sondern auch die Ministerien, Bureaux und vor allem sein Blut, seine Menschen. Denn so überlebendig, so zukunftsfreudig Moskau jetzt anmutet, so ausgelaugt, so abgeklungen, so petrifiziert das alte Petersburg. Theatralisch, ja majestätisch, hebt sich noch immer die großartige Kulisse aus Stein, aber das Licht ist verloschen, die Schauspieler abgetreten. Unverändert breit und mächtig strömen die asphaltierten Boulevards durch die Stadt, der Newskiprospekt vor allem, sieben Kilometer lang und so breit wie die Champs-Élysées, aber man könnte abends beruhigt dort Tennis spielen auf dem verlassenen Asphalt, denn ganz selten nur kreuzt ein Wagen oder ein holperndes Automobil seine leere Bahn. Mit der Verlegung der Hauptstadt, mit der Wegnahme der Ministerien und Bureaux ist die Bevölkerung von drei Millionen auf siebenhunderttausend gesunken und füllt sich jetzt langsam wieder auf eine und eine halbe Million empor. Aber wieviel Jahre werden vergehen, ehe wieder diese Esplanaden hell leuchtend aufwachen, ehe diese breiten herrlichen Paläste wieder in sich Glanz aufsaugen; für Jahrzehnte ist dieser Stadt ihr Schicksal gesprochen. Ein Wille hat sie geschaffen, und sie ist groß geworden, solange dieser Wille, dieser Absolutismus noch mächtig und schöpferisch war: die beiden einzigen genialen Zaren, Peter und Katharina, haben sie in die Welt diktiert und einheitlich durch die Hand zweier italienischer Meister, Rossi und Rastrelli, zu einem der mächtigsten Monumente der Erde gemacht. Dann kamen die müden Zaren, die schwachen, die kunstfremden, die lebensfremden. Sie konnten nur erhalten, ängstlich bewahren und kleinmütig fortsetzen, und mit ihrem Sturz hat diese Stadt ihren lebendigen Sinn verloren. Aber gerade im sinnlichen Anschauen erkennen wir am besten das Historische; und nirgends begreift man besser, als in dieser tragischen Stadt, grandeur et décadence des russischen Zarentums, seine Größe und seinen Untergang. Und man geht beinahe wie durch die hallenden Tempeltrümmer von Luxor durch diese vor einem Jahrzehnt noch prunkenden Kolonnaden, die nun sinnlos ragen inmitten nivellierter Welt, gerade noch bewohnt, aber nicht wahrhaft belebt, ein stummes Gehäuse, brausend bloß von Vergangenheiten, großartig als Geschichte, tragisch als Gegenwart.

Schatzkammer der Eremitage

Daß ich die Eremitage wirklich gesehen habe, werde ich nie den Mut haben, zu behaupten: ich bin nur in allen ihren Sälen gewesen. Denn sie wirklich sehen, forschend sehen, eindringlich betrachten, wer vermag das in einem Tage, wer vermag das in einer Woche? Vergessen wir's nicht über dem gleichgebliebenen Namen: die Eremitage, schon vor dem Kriege ein Museum, hat seit der Revolution sich zum Kubus ihrer selbst entfaltet durch die Expropriation des ganzen russischen Kunsteigentums. Man denke sich einmal vergleichweise aus, die Wiener Galerie hätte mit einem Happ die Liechtensteinische, die Harrachsche, die Czernin-Galerie, alle privaten Wiener Sammlungen und dazu noch alles, was an Kostbarkeiten und Kunstgegenständen sich in den tausend Kirchen und Klöstern Altösterreichs einzeln aufbewahrte, in sich hineingeschluckt – dann ungefähr hätte man eine vage Vorstellung von der phantastischen Erweiterung, die die Eremitage während dieser Zeit dank der kommunistischen Privatenteignung erfahren. Selbstverständlich hat sie ihre Räume gesprengt, sie ist durchgebrochen ins nachbarliche, tausendfenstrige Winterpalais und füllt nun alle Wohnräume, Prunkräume und Empfangssäle der Zarendynastie: man kann, ohne zu übertreiben, ihre Ausdehnung nach Kilometern berechnen, und schon das bloße Durchwandern (geschweige das wirkliche Schauen) bedeutet eine physische Arbeitsleistung.

So habe ich den gütigen Direktor, der mich begleitete, ersucht, mir nur das Allerwichtigste zu zeigen, ich bin bewußt durch vierzig und fünfzig Säle mit geschlossenen Augen gegangen, nur um bei den Rembrandts zu verweilen, denen vielleicht einzig jene vom Haag und von Kassel ebenbürtig sind, und bei den Watteaus und Fragonards, diesen außerhalb von Paris sonst fast Unauffindbaren.

Nur Wesentlichstes, bat ich, von dieser Fülle betäubt, wollte ich sehen, nur etwas, das nur hier und nirgends anders zu finden wäre. Und so zeigte man mir das Unvergleichlichste dieser Sammlung, gerade das, was sonst nicht gezeigt wird: die Schatzkammer.

In einem ebenerdigen Saal, unscheinbar seitlich versteckt, eine schwer gepanzerte Tür. Sie ist versiegelt, wir müssen warten, bis einige andere Beamte zur Stelle sind als protokollierende Zeugen, dann erst löst man den magischen Verschluß. Geräuschlos dreht sich eine schwere Tresortür und verschließt sofort wieder den engen Raum. Ein Druck jetzt auf verborgenen Schalter, grell schießt Licht in Glühbirnen, und Gold funkelt einem in die Augen. Gold, pures, reines Gold, kunstvoll geschmiedete Wucht, jahrhundertealt, jahrtausendealt, aus mythischen Gräbern geholt, aus den Siedlungen der Griechen in der Krim, von den Lagerstätten der Skythen gewonnen, eine Urkunst, deren Zeit und Ursprung man kaum ahnt, nirgends zu sehen als hier in gleicher Fülle und Vollendung. Skythen, Barbaren haben vor mehr als zweitausend Jahren diese Herrlichkeiten gefertigt, und mit leisem Mißtrauen, plump Verzerrtes, ungelenk Barbarisches zu sehen, tritt man an die Schränke und erstaunt: denn hier sind Werke feinsten Filigrans, vielleicht mit glühenden Nadeln in jahrelanger Arbeit gebosselt, Jagddarstellungen von zauberischer dekorativer Kraft, magische Amulette und goldene Totenmasken, geformt über den Antlitzen verstorbener Könige, feinste Proportionen irdischer Gesichter, eine Barbarenkunst, aber nicht minder kunstreich, raffiniert und werktüchtig als die des frühen Mittelalters und nur vielleicht noch den deutschen Goldschmieden, den italienischen Kleinskulptoren der Renaissance vergleichbar. Dazwischen massige Gefäße aus wuchtigem Gold, kaum aufzuheben, so schwer. Sie wurden in der Krim, dem alten Pontus, entdeckt, ohne daß man heute noch den Ursprung der Gruben ahnt, aus denen jene Völker die kostbaren Metalle geholt. Daneben edelsteinbesetzte Kronen, Wehrgehenke, Kämme und Ringe, der phantastischste Reichtum von Völkern, die hordenhaft auf Pferden lebten, in rauchigen Hütten kauerten, aber doch durch alle Dumpfheit der Existenz schon magische Formen der Schönheit erahnten und gestalteten.

Und im Nebenraum, kaum daß das Licht aufbrennt, blitzen hunderttausend Steine mit: die Juwelenkammer. Türkische Säbel, von der Schneidespitze bis zum Griff überpflastert mit Diamanten, Smaragden, Rubinen, Chrysopasen, die Diademe Katharinas mit gelben Diamanten und riesengroßen weißen, aber die meisten leise farbig unterlegt, so daß, wenn man sie seitlich betrachtet, ein rosa oder blauer oder grüner Glanz wie Schmetterlingsschatten über ihnen schwebt; Pferdeschabracken aus kostbaren Stoffen, ganz durchsternt von Juwelen; Dosen, Uhren, Zepter, alle Arten von Spielzeug und Kleinodien und alle, alle, alle märchenhaft übersät von diesen Tausenden unschätzbaren Steinen, für deren jeden einzelnen man ein ganzes russisches Dorf kaufen konnte mit all seinen Bauern als Leibeigenen, all seinen »Seelen«, und genug, in ihrer Gesamtheit noch heute notfalls dieses Riesenreich für Jahre zu ernähren. Und hier, in dieser Schatzkammer, in diesem fürstlichen, überkaiserlichen, also zarischen Palast, in dieser ganzen, aus rasendem Reichtum und wahnsinniger Verschwendung gebauten Stadt begreift man erst die für europäische Begriffe niemals faßbare Gespanntheit zwischen dem einstigen übergangslosen Oben und Unten in Rußland, zwischen der irrwitzigen und gotteslästerlichen Verschwendung der Zaren und jener abgründigen, fast teuflischen Armut der moskowitischen Hungerdörfer. Mit einem Herzriß fühlt man die weltweite Spannung zwischen Reich und Arm, die hier innerhalb von zwei Jahrhunderten sich ins Titanische gereckt.

Und man begreift, warum sie so gewaltsam und mit einem so ungeheuren Ruck endlich einmal zerreißen mußte. Immer versteht man die Geschichte eines Volkes wahrhaft nur an Gestalten seines Blutes und in seiner unmittelbaren Gegenwart: und nirgends darum das Organische der russischen Revolution besser als in den Schatzkammern und Prunkpalästen der Zaren, in Zarskoje Selo und im Winterpalast.

Epilog

Von der Unendlichkeit, die Rußland darstellt, hat man in knapp zwei Wochen gerade nur einen Blitz und Schimmer gefühlt. Als entscheidender Eindruck bleibt: wir haben alle unbewußt oder bewußt an Rußland ein Unrecht getan und tun es noch heute. Ein Unrecht durch Nichtgenugwissen, Nichtgenuggerechtsein. Denn wie es erklären, daß wir alle unserer Generation zehnmal in Paris, zehnmal in Italien, Belgien, Holland, daß wir in Spanien und Nordland überall gewesen sind und aus einem törichten läßlichen Hochmut nie einen Blick ins Russische getan? War es gestern bei den einen Vorurteil gegen den Zarismus, so heute bei den anderen Widerstand gegen den Bolschewismus: aber jedenfalls haben wir allzulange die ungeheure Vielfalt der russischen Leistung nachlässig aus unserem Blickfeld gelassen –, eines der genialsten und interessantesten Völker dieser Erde, zwei Eisenbahnnächte und zwei Eisenbahntage von unserem eigenen Lebensraum und doch in all seinen Werken und Wohnstätten den meisten Europäern unbekannt. Wieviel hat uns dieser westliche Hochmut gekostet, denn wie wenige sind heute unter uns im geistigen Europa, die aus eigener Anschauung und Erfahrung dieses neue Rußland mit dem alten gerecht zu vergleichen wissen, wie wenige darum auch, die ein Anrecht haben, jetzt autoritativ ein Urteil über dieses kühnste soziale Experiment zu wagen, das je ein Volk mit sich selbst versucht. Die Hälfte aller Urteile über das gegenwärtige Rußland sind leider heute Vorurteile, das heißt, vor das eigene Blickfeld geschobene starre Standpunkte, die andere Hälfte Nachurteile, das will sagen, anderen nachgeredete Meinungen. Und erfahrungsgemäß ändern solche persönliche Prophezeiungen so wenig wie Zimmerprognosen das wirkliche Wetter, den unerschütterlichen Gang der Geschichte. Ich habe bewußt in diesen Notizen nichts dergleichen versucht und dies nicht aus Feigheit der Meinung, sondern aus bewußter Überzeugung von unser aller Unzuständigkeit. Wo ein ganzes Volk seit anderthalb Jahrzehnten so großartig geduldet und mit heroischer Leidenschaft um einer Idee willen unzählige Opfer auf sich nimmt, scheint es mir wichtiger, zur Bewunderung des Menschlichen als zu politischer Einstellung aufzurufen, und angesichts eines so ungeheuren geistigen Lebensprozesses der bescheidene Platz des Zeugen redlicher als der verwegene des Richters.

1932

Besuch bei den Milliarden

Das werktechnisch modernste, das merkwürdigste und zeitwichtigste Gebäude von Paris ist sonderbarerweise von außen her gar nicht wahrnehmbar. Täglich gehen Tausende, Zehntausende blicklos daran vorüber, sie gehen durch die enge Rue Montpensier oder durch die Rue des Petits Champs und gewahren nichts anderes als neben dem alten, imposanten Gebäude der Banque de France, dem ehemaligen Palais La Vrillière, einen weiträumigen quadratisch-leeren, ebenen Raum, mit Planken eingezäunt, scheinbar nur eine Baustelle, der Arbeiter und des Auftrages wartend. In Wirklichkeit ist das Gebäude längst vollendet. Nur ist dieses merkwürdige Haus, dieser Palast, diese gepanzerte Kasematte, diese Zwingburg nicht wie sonst mit steil ansteigenden Mauern über die Bodenschwelle emporgeführt, sondern sechs Stockwerke tief unter die Erde ins Unsichtbare gekellert. Unter diesem arglos leeren, sandigen Gelände liegt mitten in Paris, gestanzt in Stahl und Zement, das mächtigste Goldbergwerk unserer gegenwärtigen Welt, hier unten erstrecken sich, ungeahnt und geheimnisvoll, die berühmten Kellergewölbe der Bank von Frankreich mit heute siebzig, morden vielleicht schon achtzig Milliarden, das heißt, mit siebzig- oder achtzigtausend Millionen gemünzten oder ungemünzten Goldes, plastisch unvorstellbare Summe und jedenfalls ein Hort, wie ihn nicht Cäsar und Crassus, nicht Cortez und Napoleon, nicht alle Kaiser und Clans dieser Erde und nie ein sterblicher Mensch seit Anbeginn der Welt beisammen gesehen. Hier an dieser geheimnisvollen Stelle ist der geometrische Punkt, um den jetzt das ganze wirtschaftliche Weltall in erregtem Kreislauf schwingt. Hier schläft das magische Metall, von dem alle Unruhe auf Erden ausgeht, seinen gefährlich starren und zugleich magnetischen Schlaf.

Dieses geheime und geheimnisvolle Labyrinth rings um das Weltgold, diese Keller und Kammern der Banque de France, von denen unzählige jetzt reden und träumen und die kaum einer sinnlich-optisch kennt, verlangte es mich sehr, zu sehen. Nicht aus niederer Neugier, sondern aus jener anderen leidenschaftlichen und geistigen, für die Jean Richard Bloch den besten Namen gefunden hat: »Pour mieux comprendre mon temps«, um besser die Zeit zu verstehen, deren Luft wir atmen, deren Erschütterungen wir verbunden sind. Alle spüren wir atmosphärisch ungeheure ökonomische Verwandlungen und Veränderungen, uralte Gesetze verlieren ihren Sinn, die stabilsten Werte ihr Gewicht, ein kosmogonischer Prozeß vollzieht sich in unserer wirtschaftlichen und sittlichen Welt, ohne daß wir seine Ursachen, seine Weiterungen ganz erfassen könnten; nur daß sich etwas verwandelt, spüren wir – die meisten beängstigt, die wenigsten geistig passioniert. Aber so wie eine Umschichtung im Erdinnern nur ab und zu sichtbaren Spalt an der äußeren Rinde aufreißt, so kristallisiert sich nur an ganz wenigen Stellen dies amorphe Geschehnis zu anschaulicher Ausdrucksform, zu deutlichem Symbol. Und nur durch lebendige Anschauung wird ein Gedanke ganz zum Erlebnis. Die rote Fahne auf der Dachspitze des Kreml ist eines dieser sinnlich sichtbaren Zeitsymbole, diese feurige Flamme, stolz und herausfordernd tanzend im Wind, Symbol des Angriffes auf die alte Ordnung. Und die Kellergewölbe der Bank von Frankreich sind ein anderes, kühler Stahl und Zement, technisch vollendete Verteidigung entschlossenste Defensive, ruhige, schweigsam gerüstete

Abwehr; dort und da sind die Schlüsselstellungen eines längst begonnenen Kampfes. Ich bin glücklich, sie beide gesehen zu haben, den einen Pol und den anderen. Denn im Spannungsraum zwischen diesen beiden Symbolen, in ihrer geistigen Achse, schwingt unsere gegenwärtige wirtschaftliche Welt.

Niederfahrt

Sechsundzwanzig Meter, die Höhe eines siebenstöckigen Hauses, senkrecht hinein in die Erde saust der Lift. Zementener Schacht schließt ihn fugendicht und rund von allen Seiten ein. Denn – man würde es nicht ahnen, dies Unglaubhafte, ohne die Belehrung des Ingenieurs – auf dieser Fahrt senkrecht hinab zur Kellersohle durchqueren wir das Strombett eines Baches, der anfänglich bei dieser troglodytischen Anlage ein Hindernis schien. Aber Technik weiß oft aus Widerständen gerade ihre beste Förderung zu gewinnen; so trieb man die Stollen unterhalb des Baches durch und jetzt bietet die abgemauerte Wasserschicht sogar einen besonderen Sicherheitsschutz gegen jedes gewaltsame Eindringen von oben in die unterirdischen Gewölbe, die schließlich in solcher Tiefe angelegt wurden, daß die Inwohner der Häuser, die damals noch auf der heute freigelegten Fläche standen, gar nicht ahnten, daß stockwerktief unter ihren eigenen Kellern diese unerreichbaren und unzerstörbaren gehöhlt wurden. Sie verkauften in ihren Ladengeschäften Tabak und Strümpfe, sie schenkten Kaffee aus, rauchten und schliefen, ohne zu merken, daß Stollen nach Stollen unter ihrem unberührten und von keinem Spatenschlag erschütterten Heim dunkle Kasematten des Goldes sich still und unerbittlich fortwühlten; und der Bach strömt noch heute geduldig weiter zwischen dem Straßenbett und dieser neuen unterirdischen Schicht.

Endlich am Grunde des Schachtes, am Eingang des künstlichen Bergwerkes. Erstes Gefühl: wie wunderbar still hier unten! Kein Geräusch mehr von oben, kein einziges der unzählbaren und undefinierbaren, welche die Straße in ihrem steinernen Kessel aus Schrei und Schrille, aus Worten und Wind, aus Raspeln und Rufen und Hupen und Räderknarren zu einem meerhaften Brausen zusammengekocht: man ruht aus, erschrocken zuerst, dann beglückt von diesem leuchtenden Schweigen. Denn dieses Schweigen leuchtet: in diesen neuzeitlichen Katakomben herrscht ewiger Tag. Unzählige Lampen tragen ebenmäßiges Licht durch zementweiße Gänge und die Luft schmeckt berghaft rein; mit riesigen metallenen Lungen pumpen elektrische Kompressoren Sauerstoff hier hinab. Man atmet nicht wie oben den abgelaugten Luftrest des Himmels, von ausgepufftem Benzin, von Ausdünstung und wirbelndem Staub beschmutzt: nein, gefiltert und rein, windstill und von unsichtbarer Heizung gewärmt und entfeuchtet, ist diese künstliche Atmosphäre der Tiefe vielleicht die schmackhafteste der ganzen Millionenstadt mit ihren Gärten und Wassergeländen, klares Ozon. Immer erreicht und übertrifft sogar in ihren vollkommensten Vollendungen die Technik die Wirkung der Natur.

Den Eingang zeigt eine Tür, breit und dick aufgeschwungen und doch auf so leichten Gelenken ölig federnd, daß ein Kinderfinger sie bewegen kann. Eine Panzerkassentür, mannsdick, aus einem einzigen Stück blitzenden Stahls. Dies war zu erwarten, denn seit Anbeginn der Welt sind die beiden Metalle verschwistert. Wo Gold ist, da ruft es den stärkeren Bruder, das Eisen, sich ängstlich heran; wie das sinnlichere, weichere Weib an den gewaltmächtigen Mann, so drängt sich das blasse, nachgiebige Metall an das harte und wehrhafte, um von ihm beschützt zu sein. Wo Gold zu Münze und Besitz, formt sich das Eisen zu Panzer und Schwert. Wo das Gold schläft, muß das Eisen wachen, ewig gebunden das eine an das andere, und niemand weiß, welches um des anderen willen wirkt, das Gold, das sich das Eisen kauft, den Kampf und den Krieg, oder das Eisen, das sich das Gold rafft als Beute und Besitz.

Drohend steht die panzerne Pforte. Wie durch ein feindseliges Joch schreitet man durch den aufgetanen Zugang, ein leichtes Gruseln im Rücken: wenn sie zufiele, man wäre lebendig versargt! Keine irdische Macht könnte diesen zentnerwuchtigen Deckel wieder aufheben. Aber ein paar Schritte und man lächelt beinahe. Welcher Irrtum! Mit dieser einen Tür meinte man, in die Festung schon eingedrungen, schon im Innern des Labyrinths zu sein! Nein, man hat nur den Vorhof betreten, kaum die erste Palisade. Diese Panzertür, sie war nichts als ein kleiner, dünner Gartenzaun, nur die grüne, weiche Schale, welche die eigentliche harte Nußschale umschließt. In diesem Vorraum gehen noch Angestellte und Arbeiter. Hier ist noch Zugang und Öffentlichkeit. Weiter hinab. Dantes Paradies und Dantes Hölle, sie haben sieben Kreise, und die Keller der Bank von Frankreich vielleicht noch mehr.

Die Panzerdrehtürme

Plötzlich, im taghellen, elektrischen Licht, erinnert man sich an Tausendundeine Nacht. Der Magnetberg unserer Kindheit, da dunkelt er vor einem, glatt, starr, riesenhaft. Mit einmal kann man nicht weiter, der Weg ist zu Ende. Mitten im Gange steht stählern starre, blickversperrende Wand. Man sucht sie ab mit aller Sorgfalt, nach einer Tür, einem Einlaß, einem Schloß, einer Schrunde. Nichts. Glatt, blank, leer. Nur Zauberspruch, nur Sesam öffne dich – alle Märchen werden auf einmal wahr! – können sie auftun, ein Himmelszeichen muß gegeben werden. Und es wird gegeben. Nicht vom Himmel, aber aus dem Unsichtbaren, von irgendeinem Jemand, der unseren unterirdischen Weg auf irgendeine technisch-magische Weise beobachtet und beschützt. Ein Zeichen muß erfolgt sein aus höherem Bereich. Denn plötzlich regt sich die starre Wand, sie verschiebt sich, genau wie es vor hundert Jahren der genialste Phantast Edgar Allan Poe in seiner Inquisitionsnovelle geschildert, zur Seite, ohne darum einen Augenblick aufzuhören, unzugängliche Wand zu sein. Etwas verschiebt sich wie eine Kulisse, ungeheure unsichtbare Kräfte heben oder senken oder drehen im Innern die Panzerwand, und auf der starren Fläche erscheint – nicht etwa eine Tür, ein Schloß, eine Öffnung, sondern man weiß nicht was. Nur irgend etwas ist verändert daran: man glaubt eine besondere Maserung wahrzunehmen, Kontakte oder sonst Einzeichnungen, wo früher vollkommene Glätte war. Aber noch immer steht die riesige Wand stählern starr, senkrecht und streng.

Da fährt – wir treten zur Seite – auf Schienen, die wir nicht bemerkt haben, eine elektrische Lokomotive heran, gerade auf die starre Wand los, und saugt sich ihr an. Und wieder ein Zeichen – jetzt fährt sie zurück und zieht wie einen Pfropfen aus der Flasche ein ganzes massives Stück der Wand mit, einen rechteckigen glatten Stahlblock, mehr als mannshoch und breit wie sechs oder sieben Männer nebeneinandergestellt – eine Zentnerlast, die ein Regiment nicht vereint von der Stelle rücken könnte – und dies mit jener lautlosen, fast höhnischen Leichtigkeit, mit der die Technik, eitel wie manche Akrobaten, zu zeigen beliebt, daß, was uns wunderbar, ihr völlig selbstverständlich und mühelos leicht ist. Man tritt an den Stahl heran, an dies gigantische herausgeschnittene Stück Festungswand: herrlicher, nackter, glatter, kühler, ungenieteter, wasserfarbener Stahl, wie Achat anzufassen, nur hundertmal härter. An ihm mißt man die Dicke der Wand, gegen welche die Panzerschuppen unserer Dreadnoughts wie Rosenblätter wirken; jetzt erst begreift man die Wucht dieser Ringwälle, die jedes Angriffes spotten: keine Bombe könnte mehr als nichtige Schrunde reißen an dieser ehernen glatten Haut, keine Kraft eindringen bis in die innere empfindliche Substanz, bis nahe an das goldene Herz. Lasciate ogni speranza, die ihr hier einzudringen träumt! An diesem kollektiv ersonnenen, von der Technik des Krieges und des Friedens gemeinsam erprobten Wall, an dem gigantischen Muskelspiel dieser unsichtbar verschiebbaren Türme zerknickt der Gedanke an Einbruch oder Gewalt, denn hier wehrt neben der gigantischen Masse der Materie noch geistig-technisches Geheimnis den Zugang. Hier hat sich der Erbauer den Erfinder zur Seite geholt: hier hilft der Geist das Gold verteidigen.

Saal der Sicherheit

Durch den vierkantigen Tunnel der zauberisch zerschnittenen Stahlwand weiter, Labyrinthgänge entlang – taghell sie alle, weiß und rein wie ein Sanatoriumskorridor. Wo wandert man jetzt? Vielleicht unter dem Strombett der Straße, vielleicht dreißig Meter tief unter der Kellersohle eines Hauses, vielleicht unter dem Place des Victoires oder schon unter der Bibliothèque Nationale? Nur der Führer weiß den Faden dieses Ariadneganges.

Und plötzlich – ein riesiger Saal. Ein Saal, groß wie der einer Kirche, eines Theaters, die Decke von Hunderten kurzen, stämmigen Zementsäulen getragen, ein steinerner Säulenwald, erinnernd an die Moschee von Cordoba oder die in den Felsen gehauenen indischen Tempel von Madras; nur während jene dunkel schimmern und geheimnisvoll, strahlt dieser Saal völlig licht und darum siebenmal geheimnisvoll in seiner völligen Leere. Wo ist man? In einem verlassenen Refektorium, einem ausgestorbenen Kloster, einer modernen Katakombe, sechsundzwanzig Meter unter der Erde? Wem dient dieser riesige Raum? Hier wird kein Gottesdienst zelebriert, nicht Theater gespielt, werden keine Versammlungen gehalten. Kein Gerät, keine Inschrift, kein Wort deuten seinen Sinn an. Nackt und kalkig stehen die Säulen im leeren, gleichmäßigen Lichte, nur in die Ecke verstreut und wie vergessen lungert eine Reihe Holztische und Stühle. Aber niemand sitzt darin, ungenützt sieht alles aus, zwecklos und sinnlos dieser geisterhafte verlassene Saal.

In Wirklichkeit hat dieser Saal weisen Sinn, einen furchtbar vorsorglichen Sinn. Er ist aufgespart für die gräßlichste Geisterstunde der Menschheit, für apokalyptische Zeit, für Krieg und Umsturz, für den Augenblick, da der Stadt und dieser Finanzburg Gefahr droht. Wie ein Unterseeboot, sobald es sich von Angriffen umstellt sieht, sofort unter den Meeresspiegel taucht, um sich zu schützen, würde die ganze Bank von Frankreich mit allen ihren Kontoren, ihren Angestellten, ihren Büchern und Papieren, ihren Schreibmaschinen mit einem Ruck aus der Zone der Unruhe sich hier sechsundzwanzig Meter tief in den Saal der Sicherheit herabsenken, um weiterzuarbeiten, ungestört und unerreichbar, unfaßbar; die Panzertüren würden sich hermetisch schließen, die Türen sich vermauern, kein Sturm der Geschehnisse reichte hinab in die Stille; ungehindert würde der gigantische Betrieb der Bank von Frankreich weitergehen in diesem einzigartigen Refugium, im Saale der Sicherheit.

Aber wie leben? Wovon leben, abgeschnitten von der

Oberwelt, ohne Wasser, ohne Licht, ohne Wärme, ohne Nahrung? Der technische Führer lächelt: dafür ist gesorgt. In Nebenkammern liegt stündlich Proviant für achtzig Tage bereit, elektrische Küche, Schlafräume, Betten, Vorräte, alles, was ein Mensch braucht, ist bis ins einzelnste vorausbedacht. Das Wasser kommt aus eigener Leitung und kann nicht abgeschnitten werden, die Elektrizität ist nicht gebunden an jene der Stadt; lautlos wie ungeheure antidiluvianische Tiere stehen stahlgrau in einer Kammer die Maschinen, die, sobald man sie mit Öl füttert, sofort unermeßliche Kraft ausstoßen, Kraft, die das Licht strahlen läßt in dieser Unterwelt, Kraft, welche die Luft einsaugt und wärmt, das Feuchte verdampfen läßt, jene Kraft aller Kräfte, Elektrizität, vom menschlichen Geist magisch in riesige Schwungräder geschlossen und durch einen einzigen Hebelgriff zu lösen.

Erschreckende Erkenntnis: an alles hat grausam genialische Vorsicht hier nüchtern und kalkulativ gedacht. Unser ganzes Weltall kann in Unordnung geraten, Aufruhr hinfegen durch die Stadt, Flugzeuge sie umkreisen, von einem Ende der Welt zum anderen wieder der betrunkene Kriegsgott rasen – aber in dieser einen kleinen gepanzerten Erdfalte wird das mikrobische Leben von hundert oder zweihundert Menschen geruhig weitergehen. Sie werden nichts hören, nichts wissen von dem, was im Weltall geschieht: das Blut auch von Tausenden, wenn es wieder die Erde tränkt, tropft nicht hinab in diesen hermetisch verschlossenen Stahlsarg. Die Schreibmaschinen werden klappern, die Bücher sich füllen, die Schecks sich schreiben und das Gold wird schlafen, ungestört, unberührt, unerreichbar; und wenn die Weltuhr zerschellt und ihr Werkzeug zerbricht: dieses eine winzige Rad wird sich weiterdrehen. Wenn ganz Europa, die ganze Welt schauert von Furcht und Schrecken, in diesem einen einzigen Saal wird achtzig Tage lang Sicherheit sein und Bestand.

Klausur der Werte

Wieder Gänge und Gänge, dann ein anderer Raum. Wie Waben, in denen der goldene Seim unzähliger Arbeitsbienen sich sammelt, in der Wand Safes neben Safes. Aber nicht nur kleine, viereckige Panzerschränke, sondern ganze Zimmer, nackte, weiße Mönchszellen sehr profanen Sinnes, mit einem Tisch und einem Sessel. Man tritt in eine, eine leere, und staunt: welche stählerne Ruhe! Kein Anachoret in seiner Wüste oder Felsenspalte konnte ähnliche Stille kennen, denn selbst im äußersten Abseits der Natur lebt noch Vogelschrei, Brausen des Windes, das leise Knistern des rieselnden Sandes, der surrende Ton einer Grille. Hier aber ist nichts, hier ist Stille wie aus Stein. Kein Ton dringt hier in diese Klausen, wo die Wertpapiere schlafen. Wie auf dem Grund eines Ozeans, wo keine Woge mehr sich rührt und das Wasser glatt und tot steht wie Fels, so schweigt hier die Luft. Wenn man atmet, so merkt man es schon, so vollkommen reglos starrt die Stille, ein Idealsanatorium für müde, überreizte Nerven ohnegleichen (und es kostet ein solches Zimmer im ganzen dreißigtausend Francs im Jahr, nicht mehr eigentlich als eines in jedem großen Pariser Hotel). Aber diese Stille ist nicht der Sinn, man weiß es, daß Menschen sich solche Räume mieten. Hinter diesen schweigenden Wänden liegen in papiernen Symbolen Millionen, die Schulden fremder Staaten, ganze Eisenbahnen und Schiffe und Teeplantagen und Industriekonzerne als Aktien geballt. Lächelnd überdenkt man, daß eine ganze Fabrik mit vierzig Schornsteinen und tausend Maschinen hier als Besitz vielleicht in einem Schrankfach liegt, und daneben in einem anderen eine ganze javanische oder mandschurische Eisenbahn mit Lokomotiven, Tendern und Waggons, Bahnhöfen und Materialdepots und Direktionsgebäuden, denn dank der symbolischen Verdichtungsfähigkeit des

Besitzes zu Aktien und Obligationen hat ein ganzer Archipel Raum in einer solchen Stahlschublade, die ein winziger Schlüssel öffnet und schließt. Ein solches kleines Zimmer kann allen Reichtum der Welt in sich enthalten, so wie die kleine Hirnschale eines Menschen eine unübersehbare Fülle von Gedanken. Aber glücklicherweise haben diese Zellen auch einen höheren, beinahe einen weltheiligen Sinn: hier können – wie im »Saal der Sicherheit« die Menschen – in bedrohtem Augenblick die Kunstwerke Unterkunft finden. Ein paar Stunden, und der ganze Louvre mit all seinen Schätzen, die Handschriften der Nationalbibliothek, die Elfenbeinkostbarkeiten des Musée Cluny können hier geborgen werden, wenn einmal die Welt wieder der alte Irrwitz fassen und der große Rausch der Vernichtung über Stadt und Felder stampfen sollte. Nicht mehr wie neun Zehntel aller seiner anderen würden die übriggebliebenen Werke Lionardos wieder der blöden und wölfischen Wut des Krieges zum Opfer fallen; hier unten wird sie lächeln, die Mona Lisa, während die Menschen sich abermals sinnlos anfallen (wie oft hat sie es schon gesehen in vierhundert Jahren!). Das Heiligste, was wir haben, die Werke der Kunst, das innerlich Unvergängliche würde in seiner irdischen Form endlich völlig beschirmt sein. Und man dankt herzlicher als bisher dem technischen Geiste, daß er seinem erlauchteren Bruder, dem schöpferischen Genius, solche gepanzerte Heimstatt zu schaffen weiß und mit dem Vergänglichen auch das Ewige retten hilft aus der Wirrnis des Menschlichen.

Das unsichtbare Gold

Wiederum Gänge und Gänge. Zwischendurch Blick in einen vergitterten Vorraum. Was geschieht dort? Auf Schubkarren rollen Arbeiter schwere Holzkisten. Es könnte Zucker sein in dieser alltäglichen Verpackung, Wolle oder Datteln, aber man weiß, in dieser Tiefe gedeiht nur kostbarere Frucht, der goldene Honig der Millionen Arbeitsbienen. Was hier verladen und verstaut wird, ist frisch mit Flugzeugen gekommen oder mit Schiffen und Bahnen, goldene Fracht vom anderen Ende der Welt. Gold in Barren oder gemünzt, pures Gold, das sich ängstlich in geringer Umschalung verhüllt, Gold, das vielleicht schon seit Jahrhunderten wandert, aus Siebenbürgen oder aus skythischem oder kalifornischem Sand gegraben, zu Münzen geformt und wieder zu Barren geschweißt, Gold, gewandert oder gekauft oder geraubt, von Karthago nach Rom, von Rom nach Byzanz, von Byzanz nach Germanien oder Rußland und von dort auf unergründlichen Wegen und Abenteuern durch Hunderte, durch Tausende Hände über den Ozean; jetzt kehrt es von der neuen Welt zurück wieder in die alte, das ruhelose Gold, das endlich ruhen will und schlafen wie einst im Urschoß der Erde. Wir sind hier im Herzpunkt des Hauses. Ganz nahe müssen hier die Gewölbe sein, in denen die Barren geschichtet liegen, Gold, Gold, Gold und abermals Gold, siebzig Milliarden, vielleicht mehr. Einem Rutengänger zitterte die dünne Weide jetzt scharf in der Hand und schlüge bald unwiderstehlich zu Boden und Wand; ganz nahe muß er sein, der riesige Hort.

Diese innerste Schlafhöhle des Goldes aber, sie betritt jetzt kein unberufener Fuß. Zuviel dieses mächtigsten Metalles ist herangeströmt in den letzten schicksalsträchtigen Monaten. Mit telegraphischem Blitz hat menschlicher Wille die Barren herbefohlen aus fernen Ländern und über das Meer, und es wurden plötzlich zu viel, als daß der Raum gereicht hätte. Neue Gänge werden jetzt gegraben, neue Kavernen, neue Katakomben, neue Ruhestätten für das unruhige Gold, vielleicht auch neue technische Geheimnisse ersonnen, um es noch sorglicher, noch sicherer zu behüten. Jedenfalls, keinen einzigen jener gelben Blitze habe ich unten gesehen, die das menschliche Auge so merkwürdig heiß und erregt machen; und vielleicht ist dies gut. Denn bloß in Papier oder Holz gepackte Barren zu sehen, hätte wahrscheinlich ernüchtert; die Geheimniskraft des Goldes in unserer heutigen Welt besteht ja sonderbarerweise darin, daß es unsichtbar bleibt. Solange es greifbar war, hat man es kaum geachtet. Seit es flieht, wird es gesucht. Früher fiel es niemandem ein, an das Gold gerade Frankreichs zu denken und von ihm zu sprechen, und doch rollte es damals bei diesem fleißigsten und sparsamsten Volk der Erde offen und locker von Hand zu Hand. Es klirrte, tagtägliche, werktägliche Musik, auf den Tischen der Kaffeehäuser, auf den Zinnschaltern der Tabakbuden, kein Arbeiter war so arm, daß ihm nicht ein petit Louis ein Selbstverständliches gewesen wäre; jeder Zeitungsausträger nahm es ohne Staunen. Lockerer als heute das Papier, funkelnd und frei, schimmernd und musikalisch, glitt es gemünzt Tausenden und Tausenden durch die Hände und erhielt von diesem Wandern durch Taschen und Hände eine natürliche, eine fast menschliche Wärme. Jetzt erst, seit das Gold still liegt, kalt und unheimlich aneinandergeballt, beunruhigt es die Welt.

Und nun steht man neben seinem unzugänglichen Schlafraum: hinter dieser zementenen und stählernen Wand, man weiß es, ruht der schon sagenhaft gewordene Hort, das Gold Frankreichs und damit ein beträchtlicher Teil des Goldes der ganzen Erde. Jetzt endlich steht man am Mittelpunkt unserer ökonomischen Welt. Von hier zittern in unsichtbaren Wellen die Erschütterungen der Märkte, der Börsen, der Banken aus; berührt man diese kaltmetallene Wand, so hat man die Erdachse der Gegenwart berührt. Und doch spürt man keine Schwingung, weder in der ausgestreckten Hand noch in der Seele. Läge hier grauer Sand, wüstes wertloses Konglomerat, nichtiges Gestein in dem kunstvollen Gehäuse von Beton, die Stille könnte nicht anders stehen im schwingenden Licht. Nur daß man weiß, daß hier das Gold der Erde liegt, nur dies und dies allein macht diese kalte, nackte Wand geheimnisvoll. Nicht daß es da ist, sondern daß wir glauben, daß es da ist. Denn nur insolange wir diesem gelben, schläfrigen Metall Wert geben über allen Werten, hat es Wert. Niemals die bloße Materie, sondern der Glaube, der sie beseelt, gibt im Wirklichen schöpferische Macht.

Aufstieg

Wieder zurück, abermals vorbei an den stahlblanken, fleißiggeduldigen Maschinen, die aus ihrem eigenen, steten Schwung diese Unterwelt mit Licht und Wärme erfüllen. Abermals durch die magischen Panzerwände, die lautlos und fugenlos, nachdem sie uns Durchgang gewährt, sich hinter uns zusammenschließen. Abermals den Aufzug empor, in die obere Welt; ein Banksaal zuerst wie alle Banksäle, mit knatternden Schreibmaschinen, Wechselschaltern und Kassen, und dann hinaus in den täglichen Tag. Nur daß diese wirkliche Welt nun irregulär scheint, chaotischer und geistig unbeherrschter als dieser sinnvolle Tiefbau, die Luft der Straße stickiger und verfärbter als die künstliche dieses Abgrundes. Die Häuser wirken auf einmal banal und klein, die Lichter blaß, das hastige Menschendurcheinander sinnlos neben dieser sinnvollen Leistung französischer und neutechnischer Ingenieurkunst, wo jede Schwierigkeit bewältigt, jedem Zufall entgegengedacht, jeder Gefahr im voraus getrotzt ist. Und ein großartiges Grauen erfüllt einen vor der schöpferischen Kraft unseres gegenwärtigen technischen Geistes, der alle Elemente sich hörig macht, der unter Erde, Keller und

Fluß unsichtbar und unbelauscht eine solche stählerne Stadt voll Wärme, Vorsorge und Licht einbaute und dem die Schwierigkeiten der Materie nur dienen, um noch großartiger und energischer daran seine erfinderische Kraft zu entzünden.

Und doch – von einem anderen Stern, von einem Sirius oder Mars oder Aldebaran herab gesehen, würden die Bewohner dort nicht lächeln über dies sonderbare zweibeinige Geschlecht dieser Erde, das trotz souveräner Kraft des Geistes an einer Stelle der Erde, in den kapstädtischen Gruben, die kunstvollsten Bergwerke anlegt und dort eines der unzähligen Metalle, und gerade das trägste, mühevoll aus der Erde gräbt, um dann tausende Meilen weit abermals in einem noch kunstvolleren Bergwerk das gleiche nutzlose Metall wieder nutzlos in die Erde hineinzugraben und zum Schutz mit ehernen Wällen aus Panzern zu umgürten? Auch die Klügsten von uns wüßten für diesen Kraftverbrauch wahrscheinlich keinen rechten Sinn. Aber dies gehört vielleicht zur geheimnisvoll unerklärlichen Wesenheit des irdischen Geistes, daß er immer sich einen Wahn schaffen muß, um in dessen Namen und Zeichen ein Wirkliches zu leisten, daß er sich immer von neuem wieder künstliche Maße normt, um an ihnen seine Unermeßlichkeit zu bewähren: dieses, das Gold, sein tausendjähriger und ältester Wahn, ist fast schon ein religiöser geworden. Aber die Götter wandeln und verändern sich mit den Generationen. Und ein kommendes Geschlecht wird an diesem Haus mit all seinen technischen Wundern und Vollendungen und seinem goldenen Bergwerk vielleicht schon ganz achtlos vorübergehen, aber noch immer ehrfürchtig staunen, drei Straßen weiter, vor den wahren und unvergänglichen Schatzkammern unserer Welt: der Nationalbibliothek mit ihren Millionen Büchern und dem Louvre mit den heiligen Tafeln Rembrandts und Lionardos.

Festliches Florenz

Eine leichte Düsternis umrandet die Reise. Innsbruck, der Bahnsteig, der nach dem Süden führt, liegt völlig verlassen. Eine Person, zwei Personen warten auf den Zug, der in andern Jahren um diese Zeit sonst Hunderte dem italienischen Frühling entgegenbrachte, nicht die Begüterten bloß, auch die Menschen der Mitte, Studenten und Landfahrer, ein buntes, hellaügiges, fröhliches Reisevolk. Endlich rasselt die Lokomotive heran, drei Waggons, dunkel, leer, verschlafen; die Grenzwachen, die sie durchforschen, sind gegen die Reisenden in der Überzahl. Man spürt, ein unsichtbarer Damm hält die Woge, die sonst hell und gierig von Norden nach Süden rollte, gewaltsam zurück, die Grenze, früher ein kaum fühlbares Dazwischen, ein bloß markiertes und nicht wirkliches Hindernis, ist plötzlich wieder chinesische Mauer geworden.

Man hat Raum im Zuge, nein, mehr: beinahe der ganze Zug gehört einem zu, und wer Verwegenheit und Freude am Hochmut besitzt, dürfte sich einbilden, diese fünfzig Räder roboteten und stampften für ihn allein; wer aber Gedächtnis des Herzens hat, erinnert sich unbehaglich an die vernagelten Grenzen des Krieges, statt sich der peinlichen Behaglichkeit leichtfertig zu freuen. Währenddessen rennen die Räder unter den dunkeln Gedanken eilfertig den Hang der Alpen nieder, und der erste Blick in den Morgen wäscht einem die Augen klar. Im verspäteten Frühling leuchtet mattgrün das toskanische Land, leicht gehügelt und von herben Weingärtenreihen zart durchstrichelt, lieblichstes Pastell der unsichtbaren Meisterhand, und schon atmet man das Linde dieser Südluft, die das Herz ohne Betäubung berauscht. Toskana, hier glänzte der ewige Morgen der Welt, der Anbruch der Kunst auf unsrer abendländischen Erde, und in jedem blau umleuchteten Profil eines Kirchturms, eines alten Kastells, einer einsamen Pinie, entsinnt sich Erinnerung unvergessener, weil unvergeßlicher Landschaften der frühen Florentiner Meister; man blickt in die Landschaft hinein, als hätte man sie nie gesehen, so neu ist ihr unverhofftes Blau und die morgendliche Reinheit ihrer Farben, und doch, als hätte man unabläßlich in all diesen verdüsterten Wintertagen von ihr geträumt. Immer vertrauter werden die Hügel, die Hänge im aufgeweckten Erinnern, und plötzlich leuchtet der Turm San Miniato, wir sind im festlichen Florenz.

Sein erstes, sein ewiges Fest ist der Frühling. Diese Stadt ist, als wäre sie, und nur sie, für den Mai bestimmt. Wer sie in andrer Jahreszeit gesehen, der meint, nur sie zu kennen, der hat sie nicht gekannt. Denn nur in diesen unbeschreiblichen Wochen hat der florentinische Himmel diese präraffaelitische Zartheit des Blau, nur jetzt der Arno, der im Sommer zu Lehm versickert, diese ungestüme Fülle, nur jetzt die Wolken jenes paradiesische Weiß, in dem man sich die Gewänder der Engel träumt. Nur jetzt die Luft jene süße Linde, die noch nicht Wärme ist und in der Atem unzähliger Blüten weich mitspricht; noch glühen die Häuser nicht in der Sonne, und leuchten nur in Gold, noch haben die Blumen nicht ihren ungestümen Überschwang, sondern jung und süß legt sich der Flieder über die Mauern. Die milde Flöte des Frühlings spielt jetzt ihre schönste, ihre herzausweitende Melodie; ein paar Tage noch und die schmetternde Fanfare des Sommers setzt ein, und dann beginnt jener fast schmerzhafte Tumult der brennenden Farben, des sengenden Lichtes.

In dieses, sein ewiges Fest, hat Florenz diesmal ein besonderes Fest gestellt, »Le feste della cultura«. Daß sie Unvergleichliches für unsre Kultur in Vergangenheit geleistet, weiß die Welt; nun aber will die Stadt erweisen, daß künstlerischer Sinn in ihr lebendig geblieben, und so hat sie die nationale und die internationale Kunst zu Gast geladen. Hier, wo im Humanismus kostbarste Handschriften illuminiert, prunkvollste Inkunabeln gedruckt wurden, eröffnet eine internationale Buchausstellung »La fiere del libro« ihre Schau, geschmackvollste Pavillons, die vor allem den Aufschwung zeigen, den die italienische Buchkunst in den letzten Jahren genommen, aber auch Frankreich, Spanien und einige andre Länder sind vertreten (nur Deutschland fehlt diesmal aus Sparsamkeit). Um diese Ausstellung reiht sich Fest an Fest. Auf der Piazza della Signoria in den alten Trachten des »Gioco di calcio« eine Art historischen Fußballs, in den alten Kostümen gespielt von den Abkömmlingen der alten Florentiner Familien, in der Oper kann man mit Toti dal Monte die bei uns unglückseligerweise verschollenen Opern Bellinis hören, die ›Sonnambula‹ und die ›Norma‹, im Theater gibt Max Reinhardt sein Gastspiel, die Berliner Philharmoniker feiern Triumphe. Und in den schönsten Saal der Stadt, in den Sala del argento des Palazzo Vecchio, hat die Universität aus einigen Ländern Gäste zu einer Vorlesung geladen; Giovanni Papini spricht über Florenz, Dimitri Mereskowski über Lionardo, Paul Morand über das Theater, Emil Ludwig über Goethe (und ich hatte zum Thema gewählt, was mir heute und gerade heute das Zweitwichtigste schien, ›L'idea Europea‹, die europäische Idee). Wer das Glück hat, hier Gast zu sein, genießt alles Vorrecht erlesenen Augenblicks und darf sich südländisch-herzlicher Gemeinschaft freuen, mit den Dichtern Italiens kameradschaftliche Stunden erleben, Sammlungen besehen, die sonst in ihren Palazzi abwehrend verschlossen sind, alles, auch die Herzen sind dem Österreicher aufgetan und mit der einzigen Landschaft – San Gimignano und Siena im Glanze eines Maimorgens –, genießt er die Musik der Sprache und die Harmonie des Menschlichen, die hier wie kaum irgendwo ihre Heimat hat.

Und man erkennt wieder: nur die althistorischen Städte, die Kunst und Landschaft schon in sich haben, sind berufen zu den Festen der Kultur; das Gegenwärtige wird tiefer verständlich, wo es an das Ewige rührt, ein kostbarer einmaliger Rahmen erhöht in unvermuteter Weise das gebotene Bild: die großen, die Millionenstädte, sie überströmen, sie überrauschen ihre eigenen Feste mit ihrer ständig ratternden Erregtheit: nur ein engster, ein erlesener Kreis weiß dort von ihnen, unberührt bleibt die eigentliche, die statische Masse; Städte aber, wie Florenz (und unser Salzburg) nehmen mit ihrem ganzen Wesen teil an solchen Festen, sie tun sich auf unter der Berührung des Neuen, und man spürt ihr Blut an solchen Tagen lebhafter und erregter rollen. Bild und Rahmen schmelzen zur Einheit zusammen, Bühne und Zuschauerraum, Hintergrund und Vordergrund und für ein paar Tage, eine Woche oder zwei wird wahrhaft die Kunst der eigentliche Sinn und bildnerische Gedanke einer solchen Stadt: Das Festliche entsteht, das Seltene, das Erhobene und Erhebende, das Kunstreligiöse, dessen wir mehr als je bedürftig sind in diesen Tagen der Verdüsterungen. Hier erlebt man's, wie Himmel und Musik, Bild und Stein und Buch und Wort und Spiel und aufgebreitete Landschaft einander gleichsam reflektieren in geistiger Helligkeit, wo nicht ein Sinn, sondern alle zugleich Festtag halten: welche Stadt Italiens wäre wie diese bestimmt, alljährlich für einige Wochen die Menschen zu sammeln, denen noch immer das geistige Gespräch und der leidenschaftliche Genuß des gestalteten Kunstwerks in allen seinen Formen die gesteigertste, die gleichzeitig anspannendste und entspannendste Form des Daseins bedeutet. Würden sie einander alljährlich da und dort bei solchen Festen begegnen, es entstünden wesentlich tiefere Bindungen von Land zu Land, von Nation zu Nation, von Kunst zu den Künsten, ein dehnbar weiter und erweiterungsfähiger Kreis, irgend etwas wie ein übernationales Publikum, das in freundwilligen Begegnungen sich gegenseitig bereichert und belehrt und die Kunst am seligsten dort genießt, wo sie dem Betrieb und Geschäft, ihrer heute schon unerträglichen Täglichkeit und Unentrinnbarkeit entflüchtet, um sich im Seltenen und Vollkommenen zu sammeln.

Aber heute, wie traumhaft fern ist dies für Unzählige geworden, was gestern noch möglich und selbstverständlich war! Unselige Zeit, die durch Widersinn jeden Sinn zerstört und die Menschen einhürdet in ihre Grenzen! Unselige, unsinnige Zeit, die Getreide in Schäffeln ins Meer schüttet, während Menschen hungern, die unablässig technische Beschleunigungen erfindet, um Land den Ländern zu nähern und gleichzeitig den Zugang verriegelt, die arm wird an ihrer eigenen Überfülle und eng inmitten der unseligsten Weite. Jenseits aller politischen Besessenheit und unberührbar von ihr leuchten mit ewigen Blicken die weißen Dome, die zärtlich geschwungenen Hügel Toskanas, wie seit Hunderten Jahren, kühl und farbig belebt die Schatzkammern der Bilder, gekelterte Seelenfreude und doch so weit jetzt wie auf fremdem Archipel, was nachbarlich unserm Land und heimatlich unserm Herzen ist; unselige, unsinnige Zeit, das Jahr Goethes genannt, des vereinendsten aller Dichter, und Bereitschaft ist da wie in seinen Tagen, von Menschen zu Menschen über allen Sprachen und Vaterländern, doch ein Dämon verwirrt uns heute dies Klare und Offenbare jedes Zusammenhanges. Vergebens und für zu wenige von uns war hier in Florenz in Buch und Bild, in Musik und Gespräch ein hohes Fest bereitet, und gerade wer es mitgenießen durfte, fühlt gleichzeitig die Beschämung in der Beglückung, sie nicht mit all seinen Freunden geteilt zu haben.

1933

Salzburg

Ich weiß, schon dies ist schwer, mittels des bloß schildernden Wortes die sinnliche Anschauung eines Bildes, eines Menschen, eines Kunstwerks geben zu wollen und noch unendlich schwieriger der Versuch, das Profil eines so komplexen Gebildes wie das einer Stadt, gleichsam in die leere Luft zu zeichnen. Dennoch möchte ich es versuchen, denn der Name der Stadt Salzburg ist ja in den letzten Jahren europäisch geworden dank des Erfolges der allsommerlich veranstalteten Festspiele, mancher mag Neugierde nach dem Wesen dieser vielbesprochenen Stadt haben, und so versuche ich für diejenigen, denen Reise und Anwesenheit nicht möglich ist, mit dem Wort eine flüchtige Anschauung von der Eigenart dieser österreichischen Stadt zu geben, die Humboldt, der große Weltfahrer, unter die drei schönsten der ganzen Welt einreihte.

Jede Art der Schönheit auf Erden hat nun ihr besonderes, ihr einmaliges Gesetz, sie ist gleichsam eine harmonisch gelöste Gleichung aus mehreren Faktoren. So beruht auch die Schönheit einer Stadt niemals einzig bloß auf ihrer Architektur, sondern immer zugleich auf einem besonderen Verbundensein mit der Natur, auf der gelungenen Vermählung des Menschlich-Schöpferischen mit dem Gottgegebenen, – sie muß in die Natur von dem anonymen Werkkünstler eingefügt werden wie das Bild in den Rahmen. Zu diesem völligen Eingehen in Natur braucht nun eine Stadt Verbundenheit nicht bloß mit einem Element, sondern mit *allen* Elementen, mit Wasser,

Erde und Luft. Wasser erhöht das Lebendige einer Stadt, und es gibt vielleicht keine vollkommen schöne Stadt ohne Gegenwart von Gewässern, sei es, daß sie als Strom Schiffe und Bewegung die harten Ufer entlang führen, sei es, daß sie als Meer das herrliche Bild der Unendlichkeit ihr spiegelnd entgegenhalten, Bewegung muß in jeder Landschaft sein, und auch die Erde, wenn sie sich zu Hügel und Bergen, zu Felsen und Schroffen ballt, gibt jeder Architektur erst Hintergrund und Übersicht – eine Stadt ganz im Flachland, ohne Wasser und Berge, kann nie völlig sich zur Schönheit entfalten. Und drittens braucht eine Stadt, um schön zu sein, Luft und Atem um sich, das heißt freien Zugang für den Blick, breite Plätze, schöne Prospekte, die ihre Formen voll und plastisch hervortreten lassen.

Diese Bindung mit den Elementen, mit Erde, Wasser und Luft ist in Salzburg geradezu vorbildlich erfüllt. Vom Süden her wirft sich das mächtigste Felsenmassiv Europas, werfen sich die Alpen mit einem drohenden Sturz heran. Aber gerade knapp vor Salzburg, ja innerhalb der Stadt selbst hält mit einem ungeheuren Ruck diese gebäumte Felsenwelle plötzlich inne. Gerade vor den letzten Häusern der Stadt sind die Alpen zu Ende. Der Untersberg, das Watzmannmassiv, der Göll, zweitausend Meter hohe Berge, umringen wie eine hochgetürmte Felsenwand den Horizont, aber sie drohen nicht schroff und feindselig hinab in die Tiefe, sondern klingen aus in ein paar milde kleine Hügel, deren zwei, der Mönchsberg und der Kapuzinerberg, selbst schon in der Stadt stehen, umsponnen von Grün, gezähmt und bewohnt, und hinter dieser letzten leise ausklingenden Welle beginnt das Flachland, wie ein ebener Teller liegt es dann bis weit gegen das Nordmeer hinauf. Diese Zwiefalt gibt einen besonderen Reiz. Zur rechten Hand muß sich der Blick aufheben zu schneebedeckten Gebirgen und Felsenschroffen, zur linken umfaßt er freie Horizonte bis ins Unendliche hinein – so steht diese Stadt haargenau in der Mitte zwischen zwei Lebenszonen, zwischen zwei Klimaformen, zwischen Bergland und Flachland. Sie kann ganz Nordstadt sein und ganz Südstadt. An schroffen Wintertagen leuchtet sie schneeblendend mit weißvermummten Bergen, kaltklarer eiskühler Luft, dann klirren Schlitten hinaus ins weiße Land und von den Bergen und Hügeln sausen die Skier; aber über Nacht wirft sich der Wind jählings um, ein föhniger Himmel blaut feucht und lau, und sofort wird Salzburg zur Südstadt, mit italienischen Farben, funkelnd mit weißen Häuserflächen und umbuscht von aufquellenden Gärten, eine üppige, eine warme und fast wollüstig weiche Landschaft – ein letzter Glanz vom Süden her rührt diese erzdeutsche Stadt in solchen Augenblicken an.

Aber auch dem zweiten Element der Schönheit, dem Wasser ist diese Stadt innig verbunden. Die Salzach, die meist rasch und schäumend unter ihren Brücken läuft, hat ein nordischer Dichter, J. Peter Jacobsen einmal zur Trägerin einer seiner bezauberndsten Novellen gemacht. (To Verdener, Zwei Welten). Es ist ein kleiner, aber ungebärdiger Alpenfluß, der zur Zeit der Schneeschmelze in plötzlichem Zorn aufbrausen kann, ungestüm die Brücken zerschlägt und zahllose Bäume als Beute mit sich schleppt; im Sommer geht er meist still und gelassen, selten aber duldet er mehr als ein Faltboot auf seinem unruhigen Rücken. Doch dieses Wasser ist nicht das einzige belebende Element; ringsum, bis weit ins Salzkammergut hinein und nach Berchtesgaden reihen sich Seen an Seen, flache und bergumrundete, grüne und blaue, große und kleine, nüchterne und romantische, es ist, als hätte die eitle Natur sich hier unzählige Spiegel ins Grün geworfen, um ihre Anmut in jedem anders zu betrachten. Und drittes Element der Schönheit, die Luft, der freie Raum. Salzburg ist verschwenderisch gebaut, mächtig die Türme, mächtig die Paläste, herausfordernd groß die Kirchen, aber auch die Plätze vor ihnen weiträumig, so daß ihre Höhe und Rundung voll zur Geltung kommen. Zwanzig, dreißig Kirchtürme steigen empor aus dem sonst enggewinkelten Häusergewühl, jeder anders in seiner Form, schmale und rund gekuppelte, viereckige und zwiebelig gewölbte, kleine und unscheinbare, die nur wie Mützen aus dem Häuserhaufen hervorlugen und breite, massive, die an die Peterskuppel und ihre marmorne Pracht bewußt erinnern wollen – und alle diese vielen Kirchen haben Glocken und alle diese Glocken läuten jede mit einem andern Ton, heller und dunkler, so daß zu manchen Stunden die Stadt wie überspannt ist von einem bronzenen Zelt. Aber hoch über all dem steht das wuchtige Wahrzeichen der Stadt, die Hohensalzburg, in wunderbarer und immer andersartiger Perspektive. Steigt man von den Höhen des Gaisbergs nieder zu Tal, oder kommt man vom bayrischen Flachland, blickt man nieder von den Höhen oder schaut empor aus der Tiefe, – von allen Seiten, von Nord und Süd und West und Ost, von nah und fern, immer sieht man zuerst das steinerne Schiff, die Hohensalzburg, über dem grünen Gewoge der Landschaft. Festgeankert seit den Tagen der Römer, eine zweitausendjährige Trireme aus hellen Quadern, fährt dieses Schiff durch die Zeit und steht doch ewig an gleicher Stelle, bald den Bug den scharfen, mit Mastturm und Wimpel dem Blicke blendend zugewandt, bald die Breitseite mit hundert Luken und Fenstern. Und um das leuchtende Schiff rauscht wie weißer Schaum inmitten einer grünen Flut die kleine uralte Stadt.

Dieses Bildnis der Stadt ist uralt, unverändert, Jahrhunderte kennen sie schon im gleichen Profil. Es hat sich wenig gewandelt in ihrem innern Kreis und heute sorgt schon bewußtes Interesse, daß dieses einzige historische

Bildnis einer mittelalterlichen Stadt mitten im modernen Leben möglichst unverändert erhalten bleibe. Denn während sonst das Vergangene der Ungeduld der Gegenwart zum Opfer fällt, hier ist das Historische sich treu geblieben. Ein Glücksfall hat es mit sich gebracht, daß diese Stadt fast als einzige im ewig streitbaren deutschen Reiche, seit Hunderten von Jahren keinen Krieg kannte, keinen Eroberer und Zerstörer, daß also, was von Vorvätern und Urvätern geschaffen wurde, sich deshalb in seiner traditionellen Form erhalten konnte. Und es gab hier viel zu erhalten, viel Altertümliches aus den Anfangstagen des Christentums – Salzburg ist eines der ältesten Erzbischofstümer der Welt – und viel langsam gehäuften Kunstreichtum. Der alte Reichtum dieser Stadt kam, der Name sagt es, vom Salz. Denn Salz war früher bei den Binnenländern Europas, die nicht vom Meer diese heilige Gabe empfingen, so kostbar wie Gold, von überall, wo damals in Europa Salz gefunden wurde, gingen Straßen und Wege, die Salzwege in die Welt und brachten Schätze für dieses weiße scharfe Gold. Auf Flößen die Salzach entlang und zu Wagen wurde das kostbare, das zur Ernährung unentbehrliche Material verfrachtet und seit undenklichen Zeiten ging dieser Handel. Daß dieses ganz seltene Material ganz nahe bei Salzburg, in Hallein, in Hallstadt – Hall meint immer Salz – aus dem Berg gefördert werden konnte, wußten schon die Römer, und sie erkannten mit ihrem ausgezeichneten strategischen Blick sofort die wunderbare geografische Lage Salzburgs und machten es zu ihrem Kastell Juvavum. Noch heute findet man fast bei jedem Hausumbruch römische Steine oder Vasentrümmer. Dann kamen die Erzbischöfe als Herren, milde, prunkfrohe, geistig geistliche Herren, die Kriege nicht liebten und deren eigentliche Neigung die Kunst war. Prächtige Kirchen zu bauen und weiträumige Paläste, schöne Gärten, Springbrunnen und Wasserspiele war ihre Leidenschaft, jeder wollte seinen Vorgänger durch neue und andere Pracht in Schatten stellen, sie bestellten italienische Baumeister, italienische Musiker und ließen sich, reich wie sie waren, in prächtiger Fülle ihren Lebensraum ausstatten; und dank ihrer klugen Politik, die der Stadt jedweden Krieg ersparte, ist ihr Werk eigentlich unverändert erhalten geblieben. In Salzburg ist so viel wie nichts seit fünf Jahrhunderten und länger zerstört. Wer, besonders abends, über die Straßen und Plätze geht, kann sich vollkommen und restlos der Illusion hingeben, im fünfzehnten oder sechzehnten Jahrhundert zu sein, denn im innern Kreise der eigentlichen Altstadt steht kein einziges modernes Haus und man kann ruhig sagen, auch kein einziges, das nicht künstlerische Tradition zumindest in irgendeiner Einzelheit aufweist, da eine kunstvoll gehauene Marmortür, da ein kleiner barocker Hof, da eine zierliche Stiege, dort ein eigenartiges Dach – das alte erlesene Handwerk des Mittelalters zeigt an tausend Beispielen seine Vielfalt und Tüchtigkeit.

All das macht die Stadt Salzburg zu einer geheimnisvollen und kaum vergleichbaren Doppelwelt. Denn die uralte, antiquarische kleine, monatelang in Schlaf schön hinträumende Stadt, wird im Sommer die lebendigste, kulturellste Metropolis von Europa. Da schwemmen zu den Festspielen die internationalen Luxuszüge die reichsten, die bekanntesten, die berühmtesten, die neugierigsten Menschen Europas heran, und Salzburg wird für zwei Monate unter dem Szepter Richard Strauß', Bruno Walters und Max Reinhardts die unbestreitbare Hauptstadt der Musik, des Theaters und der Literatur. Man trifft in den Cafés, im Festspielhaus fast vollzählig alles, was in Europa heute künstlerischen Namen hat, die Musiker, die Schauspieler, die Dichter, die Filmleute, die man sonst nur in den illustrierten Zeitungen sieht, die Luxusautos promenieren ihre erlesene Fracht, und fünfzig Schritte weiter liegt ein stiller Kirchhof, unberührt seit fünfhundert Jahren, schlafendes Mittelalter, und ohne daß man es weiß, gerät man aus der Landschaft in die Stadt und aus der Stadt in die Landschaft hinein. Alleen heben mitten an in Wiesen um ein uraltes Schloß, und plötzlich werden sie Straßen, und ihre Bäume erstarren zu steinernen Wänden. Und anderseits blühen mitten im Weichbild in Höfen breite Gärten auf, die niemand kennt, von oben nach unten, von den Bergen, von den Hügeln ins Tal schaffen Villen und kleine Schlösser den Übergang. Allerorten ist der harte Unterschied in Form und Zeit vermieden, die Landschaft dringt milde in die Stadt und die Stadt löst sich fächerhaft ins Freie; das Alte gliedert sich dem Neuen, das Großstädtische dem Antiquarischen, Norden und Süden, Gebirge und Tal söhnen sich in dieser Stadt freundlich aus. Ein Dichter, Franz Karl Ginzkey hat dafür die schöne Formel gefunden: »Salzburg ist Gebirgsstadt in einer merkwürdig unbedrängten, befreienden Art, was sonst das drohende Bedrückende an nahen Gebirgen ausmacht, das scheint hier alles ins Fernbeglänzte, ins hell und heiter Anmutende gerückt.«

Diese Kunst des harmonischen Übergangs ist das Wunderbare und gleichzeitig das eminent Musikalische der Stadt. Wie wenig andere Städte versteht Salzburg in Stein und Stimmung tönend zu lösen, was sich sonst in der Wirklichkeit grob widerspricht. Und dieses Geheimnis, diese Lösung von Dissonanzen in Harmonie hat sie von der Musik gelernt. Man muß nicht erst auf Mozarts Heimatshaus hindeuten, um zu bekräftigen, wie unerhört musikalisch sie anregt und wirkt, und es ist wahrhaftig kein Zufall, daß gerade der heiterste, der beweglichste, der anpassungsfähigste, der beschwingteste aller Musiker, daß Mozart hier geboren war. Die leichte Luft, die Anmut der Lustgärten, das verschnörkelte Barock der Bischofsbauten und gleichzeitig die ewige Großartigkeit der

Landschaft, Mozart hat sie zur ewigen Harmonie erhoben. Auf welche Art – das ist sein unnachahmliches Geheimnis, und es ist dasselbe der Stadt. Wie es innerhalb einer solchen Stadt zur schaffenden Erscheinung wird, das ist freilich so schwer zu erklären als die Geburt eines Kunstwerkes, und es bleibt gleichgültig zu fragen, wer eigentlich diese besondere künstlerische Tönung – die übrigens auch das dumpfste Ohr hier vernimmt – dieser Stadt zugedacht hat. Man könnte versuchen, einzelnes zu rühmen, könnte streiten, ob es die Erzbischöfe, die reichen, kunstfreudigen und kunstgelehrten, die hier nördlich der Alpen ein neues Rom schaffen wollten, waren, oder ob der Zauber der Landschaft, ob die italienischen Baumeister oder die besondere Konstellation der Zeit: das Letzte eines Zaubers bleibt immer unerklärbar. Wie manche Menschen überschwebt eben auch manche Städte auf Erden der Genius der Musik, sie sind gerundet wie ein steinernes Instrument, um besondere Schwingung in Blick und Gefühl zu geben. Salzburg, die Kirchenfürstenstadt, niemals eigentlich für Wehr und Krieg gebaut, wie die meisten deutschen Städte, die sich eng zusammendrücken mußten in einen Gürtel von Mauern, hat immer hellen Lebensraum gehabt für die Musik und Lebensmelodie ihrer Seele, immer konnte diese Stadt singen und sich voll ausschwingen, ein tönendes Instrument, das festliche und heitere Lebensstunden lobsingen wollte. Diese Plätze, man fühlt es, sie sind gebaut für Umgänge und Prozessionen, die Schlösser nicht als Kastelle, sondern als Lustparadiese für Heiterkeit und Spiel, und Kirchen mit wölbigen Räumen, um Gott mit Orgel und Gesang dröhnend zu loben – von allem Anfang war dieser seligen Stadt von ihren prunkfreudigen, kunstwilligen Herrn das Festhafte, das Spielfrohe wissend eingetan, das dann einer ihrer Bürger, ihr ewiger Sohn Mozart, aus Stein und Linien in Geist und Musik erhoben hat. In ihm hat sich die Form dieser Stadt im andern Element bis ins Ewige hinein gestaltet – unversehrt aber steht noch im Irdischen in ursprünglicher Form das alte Instrument, immer bereit, wieder zu erklingen, ein Rahmen für Festspiele und sommerliche Ferienfreudigkeit, wie er natürlicher und großartiger nicht gedacht werden könnte. Denn hier müssen nicht wie im künstlichen Theater Kulissen aus Pappe und Leinwand künstlich zusammengeschoben werden, um Stimmung und theatralischen Schein zu erwecken, sondern hier ist, wie etwa beim Jedermannspiel – oder in diesem Jahre beim Faust – die tagtägliche Gasse und der Hof, die Kirche und die Landschaft selbst schon unübertreffliche Kulisse und mitschaffende Stimmung. Es ist kein Wunder, daß die größten, die besten Künstler unserer Zeit, sich hier beschwingter fühlen als in ihren bretternen, nach Staub und Moder schmeckenden Kulissenräumen, es ist nicht erstaunlich, daß hier die größten Sänger ihre Stimmen lieber und voller erheben als sonst, daß in den Festspielen manchmal alles wahrhaft magisch zusammenklingt. Denn wenn hier Musik und Festspiele beginnen, so wird nichts Fremdes und Neues gewaltsam der Stimmung der Stadt aufgepropft, sondern der in Stein eingegrabene Gedanke der Festlichkeit wird erst wahrhaft erfüllt, die gleichsam eingefrorene Musik dieser Mauern gerät ins Tönen und weiß wunderbar in ihren Zauber mitzureißen. An solchen seltenen Tagen, wo Himmel und Landschaft und die erlesensten Künstler der Zeit in den erhabensten Werken wie ›Fidelio‹ oder der ›Zauberflöte‹ oder in ›Orpheus und Eurydike‹ zusammenwirken, erlebt man manchmal in dieser zerstückten Welt, in diesen zerstückten Zeiten den reinen und vollen Aufschwung der Festlichkeit, jenen Zustand der Gnade, der sich immer nur ergibt, wenn Natur und Kunst, wenn Kunst und Natur sich wie Lippe und Lippe berühren; und an solchen Tagen ist die Sendung dieser jahrtausendalten kleinen österreichischen Stadt nicht nur für ihre Heimat, sondern für die *ganze große* Welt erfüllt, und sie ist wahrhaftig würdig, die Stadt Wolfgang Amadeus Mozarts zu heißen.

1937

Das Haus der tausend Schicksale
Geschrieben zum fünfzigsten Jahrestag des
»Shelter« in London

Wenn Du heute reist von einem Lande zum anderen, im Schiff oder in der Bahn, und Du Zeit hast und die Kunst zu beobachten, so wird es Dir immer wieder auffallen, wie viele unter den reisenden Menschen sich plötzlich verändern, sobald sie sich der Grenze nähern. Sie werden unruhig, sie können nicht mehr sitzenbleiben, sie wandern auf und ab mit gespannten Mienen. Eine Angst hat sie überfallen, man sieht es ihnen an, eine geheimnisvolle Angst. Denn eine Stunde noch, eine halbe Stunde, dann beginnt die Fremdheit und damit die große Unsicherheit. Man ist losgelöst von allem Gewohnten, anders sind die Sitten, anders die Gesetze, anders die Sprache, und die Beunruhigung, die sie dort erwartet, ergreift schon jetzt von ihrem ganzen Wesen Besitz. Geradezu körperlich sieht man ihre Sorgen, denn immer tasten sie mit nervösen Fingern an die Brusttasche hin, wo sie ihren Paß, ihr bißchen Geld und ihre Papiere haben. Zu Hause hat man ihnen versichert, daß alles in Ordnung sei, sie haben bezahlt für Stempel und Gebühren. Aber doch, aber doch, wird es gelten? Wird man ihnen nicht noch im letzten Augenblick die Tür verriegeln zu dem fremden Land? Unruhiger und unruhiger wandern sie auf und nieder, je näher man der Grenze kommt. Und wenn Du sie ansiehst, mitleidig ergriffen, sehen sie scheu zurück. Man fühlt, sie möchten Dich fragen, mit Dir sprechen, sich beruhigen, sich trösten lassen in ihrer Unsicherheit, einen Freund, einen Helfer haben in dieser Fremde, die jetzt vor ihnen beginnt. Aber gleichzeitig ist man ihnen verdächtig, denn zu

Hause hat man sie gewarnt vor den Fremden, die sich andrängen und noch die Ärmsten in ihrer Armut berauben wollen. Und so ducken sie sich wieder scheu und ängstlich, bis dann der Augenblick kommt, wo sie vor den Grenzbeamten treten wie Angeklagte vor einen Richter.

Tausende und aber Tausende solcher Menschen sind heute unterwegs und viele Juden sind unter ihnen. Denn wieder einmal ist ein großer Sturm durch die Welt gefahren und reißt die Blätter vom tausendjährigen Stamm und wirbelt sie über die Straßen der Erde. Wieder, wie ihre Väter und Urväter, müssen unzählige Juden das Land verlassen und das Haus, in dem sie friedlich wohnten, und sich irgendwo – meist wissen sie selbst nicht, wo – eine neue Heimat suchen. Aber wenn es immer schwer war, Fremde zu bestehen, so nie schwerer als in unseren Tagen. Denn feindselig und eifersüchtig sperren sich die Länder gegeneinander ab. Es ist mehr Mißtrauen unter den Menschen als je zu einer Zeit, und wer heute heimatlos ist, der ist es mehr, als jemals ein Volk gewesen.

Sieh sie darum gut an, die Heimatlosen, Du Glücklicher, der Du weißt, wo Dein Haus ist und Deine Heimat, der Du, heimkehrend von der Reise, Dein Zimmer gerüstet findest und Dein Bett, und die Bücher stehen um Dich, die Du liebst, und die Geräte, die Du gewohnt bist. Sieh sie Dir gut an, die Ausgetriebenen, Du Glücklicher, der Du weißt, wovon Du lebst und für wen, damit Du demütig begreifst, wie Du durch Zufall bevorzugt bist vor den anderen. Sieh sie Dir gut an, die Menschen dort zusammengedrängt am Rande des Schiffes, und tritt zu ihnen, sprich zu ihnen, denn schon dies ist Tröstung, daß Du zu ihnen trittst, und indem Du sie ansprichst in ihrer Sprache, trinken sie unbewußt einen Atemzug der Heimat, die sie verlassen haben, und ihre Augen werden hell und beredt. Frag sie, wohin sie fahren! Die Gesichter werden dunkel. Nach Südamerika wanderten sie, dort hätten sie Verwandte. Aber würden sie dort ihren Unterhalt finden, würden sie dort arbeiten können und sich ein neues Leben bauen? Und weiter fragt man, wie lange sie in London blieben. Oh, nur drei Tage bis zum nächsten Schiff. Ob sie die Sprache sprächen? Nein. Ob sie dort Menschen kennten, die ihnen helfen könnten? Nein. Ob sie Geld genug hätten für die Unterkunft? Nein. Wie sie also es anfangen würden, um sich dort durchzuschlagen diese drei Tage und Nächte? Aber da lächeln sie zuversichtlich und getrost: »Dafür ist gesorgt. Wir gehen in den Shelter.«

Shelter? Ich weiß nicht, was das ist, obzwar ich ziemlich lange in London gewesen. Nie hat mir jemand von diesem Hause, von dieser Institution gesprochen. Aber sonderbar, alle diese Juden aus den fernsten und fremdesten Städten wissen davon. In Polen, in der Ukraine, in Lettland und Bulgarien, vom einen Ende Europas bis zum anderen wissen alle armen Juden vom Shelter in London. So wie ein einzelner Stern von unzähligen Menschen gesehen wird, die selbst einer vom anderen nichts wissen, so ist dieser Name für sie eine Gemeinschaft des Trostes, und vom einen bis zum anderen Ende der jüdischen Welt geht diese Saga weiter von Mund zu Mund, die Saga vom Shelter in London, daß es irgendwo ein Haus gibt, das den wandernden Juden – und wie viele müssen wandern! – Rast gibt für den ermüdeten Leib und Trost für die Seele, ein Haus, das ihnen Ruhe schenkt für ein paar Tage und ihnen noch weiterhilft auf ihrem Wege von Fremde zu Fremde. Daß gerade ich, der doch oft in London gelebt, der einzige war unter all diesen Juden am Schiff, der nicht wußte von diesem Hause, beschämte mich sehr. Denn so sind wir: von all dem Schlechten, was auf Erden geschieht, erfahren wir. Jeden Morgen schreit uns die Zeitung Krieg und Mord und Verbrechen ins Gesicht, der Wahnwitz der Politik überfüllt unsere Gedanken, aber von dem Guten, das im Stillen geschieht, erfahren wir selten. Und gerade dies täte not in einer Zeit wie der unsern, denn jede moralische Leistung erregt in uns durch ihr Beispiel die wahrhaft wertvollen Kräfte, und jeder Mensch wird besser, wenn er redlich das Gute zu bewundern weiß.

So ging ich, diesen Shelter zu sehen. Es ist ein Haus im East-End in einer unscheinbaren Gasse, aber jede Not hat noch immer den Weg zu ihm gefunden. Zweckdienlich eingerichtet, ohne jeden Luxus, aber von besonderer Reinlichkeit, wartet es mit immer geöffneter Tür auf den Wandernden, den Auswanderer, der hier rasten will. Ein Bett steht ihm bereit, ein Tisch ist ihm gerüstet und mehr noch: er kann Rat haben und Hilfe inmitten fremder Welt. Die Sorge, die ihn drängt, er kann sie endlich unbesorgt vor freundlichen Helfern aussprechen, man denkt, man schreibt für ihn und sucht ihm wenigstens ein Stück des schweren unbekannten Weges zu bahnen, der vor ihm liegt. Inmitten der ungeheuren Unsicherheit, die für Tausende jetzt das Leben wie eine frostige Nebelwolke umhüllt, fühlt er für ein paar Tage Wärme und Licht der Menschlichkeit und – wirklicher Trost in all seiner Trostlosigkeit – er sieht, er erlebt, daß er nicht einsam und verlassen ist in der Fremde, sondern der Gemeinschaft seines Volkes und der höheren Gemeinschaft des Menschlichen verbunden.

Lange Rast freilich ist keinem gegönnt, denn das jüdische Elend geht heute wie ein unaufhörlicher Strom durch die Welt. Eine andere Vertriebenheit als die seine wird morgen in diesem Bette ruhen, eine andere an dem Tische essen: Tausende und Tausende Menschen haben in den fünfzig Jahren seit seiner Gründung geruht und sich gekräftigt in diesem Shelter und sind dankbar weitergegangen; kein Dichter hätte Erfindungskraft genug, um die Vielfalt, die Tragik dieser tausend Schicksale zu schildern. Denn wo eine neue Welle des Unglücks sich erhebt in der

Welt, ob in Deutschland oder Polen oder Spanien, schwemmt sie zerbrochene, zertrümmerte Existenzen heran gegen dieses eine – den Glücklichen, den Reichen, den Sorglosen unbekannte – Haus, das bisher ruhmreich jedem Ansturm standgehalten und dessen Hüter mit bewundernswerter Hingabe ihrer Helferpflicht gedient. Wenn sie auch immer nur einen Tropfen abschöpfen können aus dem unerschöpflichen Meere des menschlichen, des jüdischen Elends, wie viel ist schon damit getan, einem Unglücklichen bloß einen Tag glücklich zu machen, einem Heimatlosen nur für Stunden das Gefühl der Heimat zu geben, einem schon völlig Verzagten neue Sicherheit! Wundervoll darum dieses Haus, das den Vertriebenen dient und den Heimatlosen! Dank allen, die es erschaffen und erhalten, dies unbekannte und unvergleichliche Denkmal menschlicher Solidarität!

1939

Bilder aus Amerika

Detroit

Ankunft Detroit morgens. Erster Blick auf die Stadt wenig erfreulich und deshalb später überrascht, zu hören, daß es zwei Millionen Einwohner hat. Vorlesung im bezaubernd schönen Fischer-Theater, das schönste Kino, das ich außer Radio-City bisher in Amerika gesehen, und besonders wohltuend dabei, was ich mir für alle Vorlesungen wünschte: starke Abdunkelung, die einem erspart, die andächtigen Gesichter der Zuhörer zu sehen – überhaupt starke Abdunkelung in allen Lokalen, Restaurants, Tanzsälen, Bars hier in Amerika die Mode.

Mittags großer Lunch, wenig Essen, viele Frauen, und bezahlt mit einer Rede, die ich schwingen mußte. Mir gegenüber der Rabbi, modern, bartlos, reformiert, der mir erzählte, daß er den Kindern in der Schule schon den ›Begrabenen Leuchter‹ als Legende erzählt und über ›Jeremias‹ wiederholt gepredigt habe. Wie überall ein paar versprengte Österreicher, dabei Baron Hatvany, und sehr nett die Tochter von Mark Twain, Mrs. Gabrilowitsch. Obligates Buchunterschreiben und nachher zur Fordfabrik auf breiter Landstraße, auf der ich nur eine Merkwürdigkeit entdecke – ein Wagen mit einem Pferd, das hier in Automobilstädten schon wie eine Kuriosität anmutet.

Die Fordfabrik keine Fabrik, sondern eine kleine Welt, eine Stadt für sich, mit eigenem Eisenbahnnetz (zwanzig Lokomotiven), einer Flotte von großen Schiffen, die direkt durch den Michigansee und die Kanäle die Ware transportieren. Eigene Kurzwellenstation, die zum Beispiel mit den brasilianischen Gummiplantagen in täglicher direkter Verbindung ist. Man geht nicht durch die Fabrik, sondern fährt – wir wurden in einem sehr schönen Auto, keinem Ford, durch einen der Leiter befördert – durch die Anlagen durch und sogar in die Fabriken hinein. Selbstverständlich ist nicht daran zu denken, in der verhältnismäßig kurzen Zeit von zwei bis drei Stunden auch nur einen Bruchteil der Produktion, Versendung und Organisation zu sehen. Man gewinnt nur einige Stichproben, allerdings solche interessantester Art.

Zunächst der Pavillon, der früher in der Weltausstellung war, rund und mit Photographien und Panoramen, heute als Empfangssaal dienend und Ausgang für die Führungen. Dann vorbei an den Fabriken in das Stahlwerk, wo man von Galerien aus den ganzen Prozeß beobachten kann. Erst wie der Stahl oder vielmehr noch das Eisen in riesigen Hochöfen, deren Hitze man nur ahnen kann aus der Grelle des Lichts aus den Luken, gekocht und geschmolzen wird. Immer ein Stück dieser glühenden Masse wird in riesige Zylinder gegossen. Man läßt sie erkalten, erhitzt sie wieder, nachdem sie schon starre Masse geworden sind. Diese riesigen Blöcke heben Krane mit gigantischen Zangenfingern aus Behältern heraus und legen sie auf das rollende Band. Nun beginnt der eigentliche Prozeß. Zwischen riesigen Pressen wird der ursprünglich viereckige Block rechteckig gepreßt und dann mit immer weiterem Vorstoß und Rückstoß auf den rollenden Bändern zischend ausgewalzt, bis er das Dreißig- oder Vierzigfache seiner ursprünglichen Ausdehnung erhält. Selbst von der Galerie oben spürt man jedesmal, wenn der glühende Stahl vorbeigleitet, einen Hieb Hitze im Gesicht und kann daraus ermessen, in welchen Temperaturen sich dieser Prozeß abspielt. Alles das beinahe völlig lautlos; die zwei oder drei Arbeiter, die das Vor und Zurück dirigieren, sitzen oben in einer schwebenden Kabine hinter Glas. Kein einziger Hammerschlag, nur das regelmäßige Sausen der rollenden Bänder. In dieser einen Abteilung Arbeit bei Tag und Nacht in verschiedenen Schichten, um die Hochöfen nicht auskühlen zu lassen.

Das Auto führt uns wieder aus dem Walzwerk heraus, vorbei an den riesigen Schiffen, welche die Frachten durch die großen Seen und die Kanäle bis ans Meer befördern, und an den verschiedensten Fabriken vorbei, die zu besichtigen wir keine Zeit haben, in die eigentliche ungeheure Halle, wo der Produktionsprozeß der Automobile beendigt wird. Ein riesiges laufendes Band, das sich ruckweise vorwärts bewegt, neben dem laufenden Band bewegt sich der Fußboden als zweites Band etwas langsamer mit, damit die Arbeiter, die dort stehen, leichter das werdende Automobil für das ihnen zugewiesene Stück begleiten können.

Als erstes kommt, von oben heruntergelassen, das fertige Innengerüst, sozusagen das stählerne Skelett, herab und wird auf das laufende Band gelegt. Von Schritt zu Schritt passen die Arbeiter mit Gebläsen und Schrauben ihm die einzelnen Stücke an, die in den entsprechenden Zeiträumen von oben herabgelassen werden. Erst die Räder, dann die Trittbretter, die Hörner, dann die eigentliche Maschine und die Schutzbleche und Rückenteile, die elektrischen Zündungen, die Lampen und schließlich auf einen Ruck das eigentliche Coupé. All das wird von vier oder fünf Arbeitern zugleich mit kleinen, kurzen, technisch geschickten Griffen vernietet und festgelegt. Jeder Arbeiter etwa zwei bis drei Minuten daran beschäftigt, wie überhaupt der ganze Prozeß vom Augenblick an, wo das Skelett herabgelassen wird, bis zur Fertigstellung des Wagens knapp eine Stunde dauert.

Das Merkwürdigste dabei, daß es den Eindruck macht, als ob diese kurzen Verschraubungen und Zusammenstellungen nur provisorisch wären und man einem wie bei einem Experiment bloß erläutern wollte, aus welchen einzelnen Stücken und mit welchen Griffen ein Auto zusammengesetzt wird. Und in der Tat glaubte ich, daß all diese so rapid zusammengeschachtelten Automobile nun wochenlang in jedem einzelnen Detail durchgeprüft, ausgeprobt und überholt würden, ehe sie zum Verkauf gestellt werden. Die erstaunliche Überraschung besteht nun darin, daß dieses selbe Auto, das man eben noch als Skelett gesehen, und an dem die Arbeiter scheinbar nur flüchtig herumbosselten, plötzlich mit einem Arbeiter, der rasch hineinspringt, das rollende Band verlassen und gleich munter losfahren [sic]. Jedes dieser Autos ist wirklich total fertig in diesen fünfundfünfzig Minuten, und wie unser Begleiter uns erzählt, bereits verkauft. Es fährt gerade noch eine Viertelstunde mit dem Arbeiter auf den eigens dazu bestimmten Feldern herum – morgen ist es schon mit Nummer und Garantieschein bei dem Besitzer und saust munter durch die Stadt.

Nur dieser letzte Moment ist darum der eigentlich überraschende. Alles andere wirkt etwa so, wie man ein Gewehr auseinandernimmt und wieder zusammensetzt. Und man muß sich, um das als Gesamtbild zu den richtigen Dimensionen zu steigern, vorstellen, daß jeden Tag, jede zwei Minuten ein neugeborenes Automobil aus dieser einen Tür hinaussteuert, um dann sofort in die Welt zu fahren.

Selbstverständlich hat man damit nicht die Herstellung der Einzelteile gesehen, sondern nur die Zusammenstellung. Aber es wird jetzt in der Fabrik von Gummireifen bis zur Uhr und dem Zähler jedes einzelne Stück, das sich im Automobil befindet, autonom erzeugt, und wahrscheinlich ist es dieser Prozeß der Zusammenlegung, welcher die Einheitlichkeit der Produktion so leicht und verhältnismäßig billig macht.

Von der Fordfabrik hinüber nach Greenwich Village, eigentlich mit sehr gemischten Gefühlen, weil man uns eine Schlittenfahrt in einer Postkutsche versprochen hat und erzählt, daß hier Mr. Ford, ganz nahe seinem Geburtsort, alle historisch interessanten Häuser Amerikas aufstellen will, soweit sie erreichbar sind, eine Idee, die bedenklich erinnert an die französischen Kirchen und englischen Schlösser, die sich amerikanische Millionäre Stein für Stein, womöglich noch mit dem ghost des Hauses, herübertransportieren ließen. Zur Überraschung erweist sich die Idee aber als äußerst hübsch und das Ensemble als sehr reizvoll. Man gewinnt einen unmittelbaren Eindruck des historischen Amerika, dessen eigentliche Historie doch nur hundert Jahre alt ist. Im kleinen Flüßchen liegt ein alter Raddampfer, der einen erinnert an die Schilderungen Gerstäckers und an die Stahlstiche aus unseren Kinderbüchern. Die einzelnen Häuser sind eine alte Schule, dieselbe, in die Ford ging, Lincolns Advokatenbüro, das er irgendwo in Illinois zusammengekauft hat, ein alter Krämerladen, ein Postamt, zu dem auch unser Schlitten gehört, und eine Blechschmiede, eine alte Mühle, alles in der ursprünglichen Erhaltung, ein Krämerladen, ein Gasthaus; primitiv alles und doch von einem starken persönlichen Stil. Ein bischen griechisch, ein bischen puritanisch, ein charmantes Gemenge – im Frühjahr muß das Ganze bezaubernd anmuten, umsomehr als täglich tausende Besucher kommen, und so ist wirklich etwas erstanden wie ein Freiluftmuseum des alten Amerika, das von Jahr zu Jahr mehr an Reiz gewinnen wird.

Ich erspare mir die Beschreibung der einzelnen Häuser und kleinen Sehenswürdigkeiten, weil sie ja in dem Büchlein über Greenwich Village ausführlich verzeichnet sind, und beschränke mich auf die größte Sehenswürdigkeit, die auf mich besonderen Eindruck macht, das Laboratorium Edisons aus seiner produktivsten Erfinderzeit, etwa 76–82, das Ford aus Newark (bei New York) tel quel herübertransportieren ließ. Ford war mit Edison persönlich befreundet. Der alte Mann hatte reges Interesse genommen, als der junge Ford ihm zum erstenmal die Idee seines Autos entwickelte, sich mit der Übertragung des Laboratoriums einverstanden erklärt.

Es ist ein zweistöckiger Holzbau, primitiv eingerichtet, mit tausenden von Glasfläschchen, Retorten, Chemikalien, die an den Wänden aufgereiht sind, gewöhnliche Tische, auf denen sich Apparate befinden, die uns heute lächerlich primitiv anmuten, die aber die wichtigsten Anfangsdokumente der großen Erfindungen der Neuzeit sind. Man sieht deutlich, daß in dieser ersten Epoche Edison individuell gearbeitet hat und nicht wie heute fast jede Erfindung ein Kollektivprodukt einer geschlossenen Organisation darstellt. Auf einem der Tische der Phonograph, eine Staniolwalze, die wie der Versuch aber zeigt, noch immer ziemlich deutlich den Schall aufnimmt und wiedergibt. Erste Ansätze für den Hörer am Telephon. Auf einem anderen Tisch – eines der größten Dokumente der Menschheit – die kleine Lampe, die nach dreijährigen Versuchen zum erstenmal elektrisches Licht gab (und die Edison übrigens bei seinem letzten Besuch noch einmal in Funktion setzte) und zahllose andere Objekte (Vervielfältigungsapparate etcetera) zeigen in wirklich sinnlicher Weise, daß Edison der geborene Erfinder war, nicht auf einer Linie sich konzentrierend, nicht bloß einer Idee nachfolgend, sondern mit allen Möglichkeiten spielend und sie immer dank seines besonderen Genies von der richtigen, entscheidenden Seite anfassend. Aus diesem Holzhaus sind die entscheidenden Taten ausgegangen, die unserer Welt von heute einen anderen Rhythmus und die größte Erweiterung des Weltgefühls gegeben haben.

Unter diesen Merkwürdigkeiten die merkwürdigste:

zwischen vergangenen, abgestorbenen, rein dokumentarischen und längst überholten Dingen ein lebendiges Zeugnis, Francis Jehl, der letzte lebende Mitarbeiter jener schöpferischen Zeit, der (alles Nähere in seinen Erinnerungen) als zwanzigjähriger Bursche zu Edison gekommen war und manche dieser welthistorischen Augenblicke wie den ersten Kohlenfaden in der Glasbirne aufleuchten sah. Heute achtzigjährig, ist er nicht nur voll bei Verstand, sondern auch bei gutem Humor und bietet einen uns etwas possierlichen Eindruck durch das Deutsch, das er leidenschaftlich spricht, ein nicht wiederzugebendes Melange aus ostjüdisch, wienerisch, ungarisch, wie er ja auch durch einen dreißigjährigen Aufenthalt in Budapest, wo er die Edisongesellschaft vertrat, ein magyarisches Aussehen bekommen hat. Man könnte ihn gut für einen pensionierten Gendarmeriewachtmeister aus Debreczin halten. Sehr herzlich, sehr nett, und wie er uns die ursprünglichen Versuche erneuert und mit Anekdoten belebt, hat man wirklich das Gefühl des Dabeiseins und Dabeigewesenseins. Im Ganzen einer der stärksten Eindrücke, den ich von einer historischen Stätte empfangen habe und wo das Technische dank seiner Primitivität einem noch verständlich ist und sinnlich wahrnehmbar.

Nachher nur noch rasch in dem Empfangshause, das Ford für die Schüler jener halben Hochschule gebaut hat, für die er sich jetzt besonders interessiert, wie ja überhaupt, seit das Automobil in gewissem Sinne »fertig« ist, dieser merkwürdige Mensch sich immer mehr abstrakten Theorien und Projekten hingibt. Immerhin dies beides, die Fordfabrik und dieser Park, zwei Leistungen eines einzelnen Mannes, der doch vor fünfzig Jahren als armer Farmersohn mit nackten Beinen in die kleine Landschule gegangen, und Sinnbild einer der größten amerikanischen Industriekarrieren, vielleicht der letzten.

Dann zurück nach Detroit, wohl zufrieden mit diesem

vollen Tag und nach Toledo, wo ich gleichfalls mir wenig erwartete und gleichfalls auf das Freudigste enttäuscht wurde.

Negerfrage

In Kansas City zum erstenmal an der Negergrenze. Da die eine Hälfte der Stadt in Missouri liegt, die andere in Kansas, eine völlig verschiedene Behandlung der Neger, ähnlich etwa beim Überschreiten von der holländischen oder schweizerischen zur deutschen Grenze. Hier beginnt die farbige Linie, und schon bei der ersten Station wird man dieser Vorkehrungen gewahr. Abgesonderte Warteräume für colored und white, in Eisenbahnwagen und Straßenbahnwagen die strengste Absonderung. Ich weiß nicht, ob man schon früher mit ähnlicher Vehemenz diese Maßregeln empfunden hätte oder nur erst jetzt, seit sie die eigene Herabsetzung stärker fühlbar macht. In New Orleans bekommt man durch den Augenschein und aus den Erzählungen von Bekannten näheren Einblick in die Verhältnisse. Die Lage ist natürlich völlig verschieden von der der Juden, weil die Neger hier wirklich nur eine völlig verarmte und beinahe sklavenhafte Unterschicht darstellen, deren Vermengung wirklich schwer denkbar ist. Der Unterschied ist, daß die Tragik hier im Gegensatz zu den Juden eigentlich gerade bei den Schichten beginnt, die sich entweder materiell oder geistig heraufgearbeitet haben. Während der reiche Jude oder der aktiv Intellektuelle immerhin sich durchzusetzen weiß, ist gerade jener Neger oder Halbneger, der studiert hat und die sogenannte Kultur aufgenommen hat, stärker betroffen. Denn für ihn ist es natürlich furchtbar, in den Negerhotels zu wohnen, die wahrscheinlich einen gräßlichen Tiefstand aufweisen, und er fühlt sich in seiner Lebenshaltung vermutlich den Weißen viel näher als seinen eigenen Landsleuten. Interessant und nachdenkenswert (vielleicht auch gültig für die Juden), daß sich bis zu einem gewissen Grade hier im Süden, wo die Abgrenzung eine totale ist, die Farbigen sicherer fühlen, weil sie wissen, was ihnen erlaubt ist und was nicht. Hier weiß jeder, daß er dieses Theater, dieses Kino, dieses Restaurant, diesen barbershop nicht betreten darf, während in den Nordstaaten und wohl auch England er sich in einer ewigen Unsicherheit befindet, ob er aus einem Restaurant, einem Hotel nicht jeden Augenblick ausgewiesen werden kann und er nie gewiß ist bei den einzelnen Weißen, ob er [von] ihnen als Mitmensch akzeptiert ist oder nicht. Sehr interessant darum der Besuch in einem Negerhospital und der Negeruniversität, den wir gemeinsam mit Edman machten. Das Negerhospital – zum größten Teil aus jüdischem Geld gegründet – (die Juden haben selbstverständlich besondere Sympathie für das Negerschicksal, dürfen es aber nur auf philanthropischem Wege zeigen, um sich nicht selbst im Süden unbeliebt zu machen) – ist geleitet von einem Mann, dem man den farbigen Ursprung kaum anmerkt und der in seinem Gehaben, seiner Intelligenz sicherlich neunundneunzig Hundertstel der weißen Bewohner von New Orleans überlegen ist. Dennoch ein gewisses Zögern, wie wir ihn dann in unserem Taxi mitnehmen wollen. Offenbar ist er nicht ganz sicher, ob der Chauffeur des Taxis nicht Protest erheben wird, und wie er dann allein zurückfahren soll, bezahlt Edman (ich verstand es nicht sofort) im vorhinein die Rückfahrt, um sich zu sichern, daß nicht etwa der Chauffeur sich weigern könnte, ihn allein heimzubringen. Unser Besuch und die Art unseres Umgangs ist sicherlich ein außerordentlicher Akt, der ihnen selten geschieht. In der Universität, die ganz noch in den Anfängen ist, ziemlich kläglich und ein wirkliches Niveau wohl kaum erreichend, geraten wir gerade in eine Theaterprobe hinein, die Edmonds, ein riesiger Buschneger, pechschwarz, mit sehr viel Leidenschaft und auch anscheinend guten Kenntnissen leitet. Er war in England, Irland, und weiß gut Bescheid. Aber wie soll er Schüler heranbilden können im Dramatischen, wenn ihnen nie erlaubt ist, ein wirkliches Theater zu sehen oder je hier im Süden einem wirklichen Konzert oder Gastspiel beizuwohnen? Sehr charakteristisch, wie er eine Schülerin dann hereinruft, weil ich sagte, daß ich gern mit einem der Studenten mich unterhalten wollte. Sie ist vollkommen befangen und man sieht ihr an, daß sie nur rasch auf und davon möchte, weil sie das Gefühl hat, als Schaustück oder Kuriosität von irgendeinem gnädigen Weißen ausgefragt zu werden. Und man legt sich selbst die Frage vor, ob ein solcher Aufstieg der Neger, wie er hier und überhaupt jetzt im ganzen Lande versucht und gefördert wird, nicht unvermeidlich ins Tragische führen muß, zum mindesten noch für die nächste und übernächste Generation. Denn eine Gleichberechtigung ist schon durch die Kraßheit des ethnologischen Unterschieds auf Jahrhunderte nicht zu erwarten, und man hat selbst beim allerbesten Willen eine gewisse Repulsion zu überwinden bei dem Gedanken, man sollte in einem Hotel mit diesen schmutzigbraunen, dickwulstigen, wollhaarigen und im Typus oft gorillamäßigen Wesen schlafen oder auch nur im barbershop mit demselben Pinsel eingeseift werden. Wenn man sich auch mit dem Verstand die Ungerechtigkeit klarmacht, so ist ein Instinkt hier schwer zu überwinden, und das Problem bleibt sicherlich in Amerika noch viel unlösbarer als das jüdische in der Welt. Ja, ich glaube, daß es sich in Hinkunft sogar noch stärker akzentuieren wird. Ein Zusammenleben und eine Vermischung mit den Farbigen dieser Art war natürlich viel leichter möglich vor zweihundert und hundert Jahren, solange die Einwanderer und meist doch Verbrecher und outcasts auf einer gleich niederen Stufe lebten. Je größer das kulturelle Niveau, desto schärfer und sichtbarer muß der Unterschied werden. Und dabei die Flucht aus diesem Fluch so viel schwieriger als bei den Juden, weil hier jeder als Farbiger gilt, der auch nur eine Spur afrikanischen Bluts in sich hat, sogar eine Vermischung von Jahrhunderten ausschließlich auf der weißen Linie vielleicht noch nicht ausreichen würde, um die Spuren zu verwischen, die ja merkwürdigerweise noch nach vielen Generationen plötzlich auftauchen – der Fall Puschkin, in dem der negroide Typus nach zweihundert Jahren plötzlich mit ungeheurer Stärke wieder zutage trat. Vielleicht wird das Projekt der Rückwanderung nach Afrika einmal tatsächlich aktuell werden. Die brasilianische Lösung, wo die Mischung eine viel buntere war, die merkwürdigsten Kreuzungen entstanden und die ersten Portugiesen viel gründlicher durchgemischt hatten, ist hier immer weniger denkbar. Ich muß zu meiner eigenen Beschämung gestehen, daß diese simple idealistische Lösung, wie sie unsere Leute von Europa her fordern, daß man die Neger in Amerika absolut gleichstellen und gleich behandeln solle, in dieser simplen Form wahrscheinlich nicht durchzuführen ist. Das amerikanische Gesetz ignoriert zwar total jeden Unterschied zwischen schwarz und weiß, Juden und Christen, und zum Beispiel in den Staatsgefängnissen gibt es keine Absonderung, und de jure könnte auch ein Neger Präsident der Vereinigten Staaten werden. Aber in der Praxis haben alle die Südstaaten die Grenze scharf gezogen und in den Nordstaaten besteht sie gleichfalls, wenn auch in etwas verschwommener Form. Im allgemeinen aber macht es nicht den Eindruck, als ob sich die Neger infolge ihres kulturellen und geistigen Tiefstandes dabei unglücklich fühlen würden. Wie man ja auch kein Gefühl einer absoluten Negersolidarität hat. Der Unterschied gegen die Juden ist doch ein unermeßlicher, die doch auch im Tiefstand ein geistiges Niveau oder zum mindesten den Willen zu einem kulturellen Aufstieg mit ungeheurer Kraft entäußern und schließlich doch eben einem Volk angehören, das vor zweitausend Jahren das weiseste und dichterischeste Buch der Welt geschaffen hat, während bei allen diesen Negern keine Geschichte, kein Zusammenhang, keine geistige Erinnerung besteht und sie nichts gemeinsam haben als eben die schwarze Farbe und die typischen Rassenmerkmale. Sozial scheint die Armut außerordentlich, aber eine Armut, an die die Menschen von allem Anfang an gewöhnt sind (ihre Urgroßväter waren Sklaven) und es scheint ja auch, daß ihnen der Sinn für einen Aufstieg völlig fehlt. Übereinstimmend berichten alle, daß sie nicht fähig sind zu sparen oder Vorkehrungen für die Zukunft zu treffen und alles erworbene Geld sofort ausgeben. Im ganzen ein Eindruck, daß die tragische Zeit für die Farbigen erst kommen wird, sobald sie vom Baum der Erkenntnis etwas mehr genascht haben werden, und daß gerade die Intellektuellen unter ihnen die Märtyrer sind, die das Armselige, im Schatten der weißen Kultur zu leben, mit den schmerzlichsten Erniedrigungen erkaufen.

Die Eisenbahnen

A. *Negatives*
Kein Fahrplan, der wirklich übersichtlich ist, weil die einzelnen Compagnien gegeneinander und nicht zusammen arbeiten. Wenig Orientierung auf den Bahnhöfen, auch auf den Zügen keine Aufschriften, im allgemeinen nicht für den Fremden gedacht. Nur sehr praktisch, daß ehe man den Nachtzug besteigt, nicht ein Angestellter stumpfsinnig die Karten abzwickt, sondern die Konduteure des Zugs in freundlichster Weise kontrollieren. Allerdings, ohne Englisch wäre man verloren. Eine gewisse

Enttäuschung über die Geschwindigkeit, die unter der europäischen liegt. Auch das Material der Durchschnittswagen dasselbe wie vor dreißig Jahren, der Unterbau mäßig, und schlechte Bremsen, die bei jedem Anziehen oder Haltmachen einen furchtbaren Ruck geben. Auch die große Neueinführung, die im Sommer wunderbar sein muß, nämlich daß der ganze Zug air-conditioned ist und man dadurch von der Außentemperatur völlig unabhängig ist, seelisch der Nachteil, daß man sich, ähnlich wie in einem Flugzeug, eingesperrt fühlt und keine Gelegenheit hat, ein einzigesmal während der Fahrt ein Fenster aufzumachen. In einigen Zügen, zum Beispiel in unserem, ähnlich wie im Flugzeug, kleine Öffnungen, durch die man sich frische Luft oder wenigstens die air-conditionierte heranlassen kann.

B. Positives
Die Breite und Bequemlichkeit, äußerste Reinlichkeit, bei Tag die Klubwagen, eine wandernde Bar, bequeme Fauteuils, Zeitungen, Magazine, Schreibtisch mit Briefpapier, Getränke, die das Gefühl des Eingesperrtseins wieder aufheben, in einigen Zügen sogar barbershop, Bad, Radio. Hervorragend die Bedienung durch die Neger. Man fühlt sich geborgen und hat ständig jemanden zur Hand, und für Leute, die Geselligkeit im Zuge suchen, ist durch die Klubwagen besondere Gelegenheit gegeben. Die Überlegenheit der amerikanischen Wagen wird erst fühlbar bei Nacht, denn schon der einfache Pullmansleeper ist breit und bequem wie nur irgendein Bett. Zum Beispiel ist bei den neuen Typen auch dafür gesorgt, daß man das Bett halb aufklappen kann und damit einen eigenen Ankleide- und Auskleideraum gewinnt, ohne zu turnerischen Exzessen genötigt zu sein. Noch bequemer natürlich die Kompartments, die einem Hotelzimmer in keiner Weise nachstehen, eigene Toilette, eingebaute Kästen,

Bügel, einer Vorkehrung, daß man die Schuhe zum Putzen hinausstellen kann. Während man in Europa gut angezogen und rein den Zug besteigt, um ihn zerknittert, berußt und abgespannt zu verlassen, kann man hier seine Kleider nachts bügeln und herrichten lassen. Kein Stäubchen Schmutz am Kragen, frisch und ausgebügelt und besser, als man gekommen ist, steigt man aus diesem wandernden Serviceflat. Ein weiterer Vorteil dieser Schlafwagen, daß man, wenn sie um elf Uhr abgehen, schon um neun Uhr sein »Zimmer« oder seinen Bettraum bewohnen kann und auch morgens nicht genötigt ist, vor acht Uhr aufzustehen, selbst wenn der Zug früher eintrifft.

Von Zug zu Zug immer andere neue kleine Erfindungen und Bequemlichkeiten, an denen sich der Nachteil der verschiedenen Eisenbahngesellschaften zum Vorteil auswirkt, weil sie genötigt sind, durch erhöhte Bequemlichkeit den Reisenden zu sich herüberzulocken. Überhaupt dies zu vermerken, daß nicht, wie man im allgemeinen in Europa die Vorstellung hat, der Sinn hier sosehr darauf gerichtet ist, die Geschwindigkeit zu erhöhen und Zeit zu ersparen, sondern ebenso wie in den Hotels alles so bequem wie möglich zu machen und jede überflüssige Anstrengung oder Strapaze auszuschalten.

Hotels

Meist überdimensional für unsere Begriffe. Zwei- bis dreitausend Zimmer, so daß, wie mir Herr Eifel vorrechnete, man acht Jahre brauchte, wenn man in jedem Zimmer eine Nacht schlafen wollte. Die Organisation außerordentlich, zum großen Teil dank der Fernschreiber, die jeden innerhalb des Stockwerks gegebenen Auftrag sofort schriftlich nach unten übermitteln. Absolute Konzentration aller Bedürfnisse dadurch, daß alle Arten Geschäfte sich im Hause befinden und ebenso Arzt und Schreibbüros. Preise für unsere Begriffe kräftig, aber doch durch die besondere Bequemlichkeit begründet. Der normale Reisende braucht hier das Hotel nicht zu verlassen und bekommt alles, was er innerhalb dieser Stadt braucht oder brauchen könnte, in der denkbar kürzesten Frist in sein Zimmer. Vorbildlich zum Beispiel die Wäsche, von morgens bis abends oder sogar in einigen Hotels von abends bis morgens blendend geliefert oder einem sogar nachgeschickt (im Zimmer fertig vorbereitete Adresszettel), so daß man mit einem Minimum von Wäsche auskommen kann, ebenso auch von Anzügen, weil sie entweder direkt oder durch den sogenannten »Servidor« dem Valet übergeben, in einer Stunde frisch gebügelt und tadellos gemacht sind. Dieser Gedanke hervorragend, die Reise als einen besonderen und außergewöhnlichen Zustand aufzuheben und in Zug oder Hotel das absolute Gefühl des Überall-zu-Hause-Seins, den Normalzustand, herzustellen. Überraschend da die einzelnen Komforterfindungen.

Eiswasserhahn im Zimmer
Fernschreiber für Hotel-Innendienst
im Bad:
    Schlitz in der Wand zum Wegwerfen der Rasierklingen
    Abschminktuch (im sleeper Kleenex)
    Waschlappen
    massenhaft Handtücher
    Badesalz (Netherland Plaza)
    Gläser in Zellophan, Toiletten desinfiziert und mit Papierstreifen
im Zimmer:
    Nadelkissen mit assortierten Knöpfen, Nadeln und Garn

Papplöffel in Cellophan
Radio in einem Tisch, Heizung oder in der Wand
Nadelbrief (Houston und Los Angeles)
Notizblock beim Telephon
Beim Briefpapier paper-clips und Gummibänder
Schilder zum Heraushängen »Nicht stören«, »Gleich aufräumen«
Servidor
Wäsche:
  Laundry bag und Liste
  gewaschen von morgens bis abends, in Detroit sogar von abends bis morgens
  free repair when pressing suits
  vorgedruckte Adresszettel zum Nachsenden d. Wäsche
Aufräumewagen mit allen Sachen für Zimmermädchen
bookends (Statler, Detroit)
Lichtsignal, wenn unten Post (Bismarck); wird gebracht, wenn man auf daneben angebrachten Knopf drückt
am Telephon: good morning, und immer Name
checkrooms fast in jedem Hotel
mail forwarding cards
Einzige Schwierigkeit, wenn man, wie es uns zweimal auf der Reise passierte, in ein solches Hotel gerät, wenn es bis zum Rande gefüllt ist, wenn also wirklich zwei- bis dreitausend Personen die Warteräume, die Kasse, die Auskunft bestürmen. Aber dieser Zustand wird ja wohl auch in europäischen Hotels vorkommen, und ist nur, wie alle Naturkatastrophen, überdimensional. Im ganzen verständlich, daß in New York und anderen Städten viele Leute, insbesondere junge Ehepaare, ständig im Hotel wohnen, weil es so erstaunliche Vereinfachung des Lebens und eine Konzentration aller Bedürfnisse auf eine

einzige Stelle bedeutet, die mit erstaunlicher Präzision funktioniert; während der ganzen Reise eigentlich kein einziger Irrtum in einer Rechnung, in einer Bestellung, in einer Nachsendung und dadurch das Gefühl der Verläßlichkeit, daß einen Gepäck und alle anderen Dinge auch im Zuge begleiten, während man in Europa immer mit einem halben Auge bei jeder Fahrtunterbrechung nach seinen Koffern schielt, bei jedem nachzusendenden Paket oder Brief ununterbrochen beschäftigt ist mit dem Gedanken, ob es richtig ankommt oder nicht. Das Gefühl der Ermüdung und Unsicherheit und des Abenteuerlichen, das sonst im Reisen liegt, ist hier in Amerika auf ein Minimum zurückgeschaltet und wirklich weder im Zug noch im Hotel eine einzige schlechte Erfahrung.

1940

Die Gärten im Kriege

Unter den vielen in Europa, die das triste Privileg haben, nun schon den Zweiten Weltkrieg mit wachen Sinnen mitzumachen, ist mir noch das Besondere vorbehalten gewesen, jeden dieser Kriege von einer anderen Front zu sehen. Den Ersten sah ich von Deutschland, von Österreich aus, den Zweiten von England. Darum wird mir Beobachten unwillkürlich zum ständigen Vergleich, einem Vergleich nicht nur der Konstellation beider Kriege, sondern auch der beiden Völker im Kriege.

Die immense Verschiedenheit empfand ich schon am ersten Tage. 1914 war die Kriegserklärung in Wien ein Rausch, eine Ekstase. Man hatte den Krieg nur aus Büchern gekannt, man hatte ihn nie mehr für möglich gehalten in einer zivilisierten Zeit. Nun war er plötzlich da, und weil man nicht wußte, wie grausam, wie mörderisch er sein würde, erregte sich die jäh aufgepeitschte Phantasie kindlich-neugierig daran wie an einem romantischen Abenteuer. Ungeheure Massen strömten aus den Häusern, den Geschäften auf die Straßen, formten sich zu begeisterten Kolonnen; plötzlich waren Fahnen da, man wußte nicht woher, und Musik, man sang in Chören, man jauchzte und jubelte, ohne recht zu wissen, warum. Die jungen Leute stauten sich vor den Ämtern, um sich zu melden; sie hatten nur die eine Angst, sie könnten zu spät aufgerufen werden und das große Abenteuer versäumen. Und vor allem: jeder hatte das Bedürfnis zu sprechen, über das zu sprechen, was alle gemeinsam erregte. Fremde redeten sich an auf den Straßen, in den Ämtern vergaß man das Amt, in den Geschäften das Geschäft, man telephonierte sich ununterbrochen, von Haus zu Haus, um die innere Spannung im Wort zu entladen, die Restaurants, die Kaffeehäuser Wiens waren wochenlang voll bis tief in die Nacht von diskutierenden, von exaltierten, nervösen, aber immer schwätzenden und schwätzenden Menschen, jeder einzelne ein Stratege, ein Nationalökonom, ein Prophet.

Dies blieb mir als Bild, als unvergeßliches, von Wien 1914. Und dann 1939 England, ein ebenso unvergeßlicher Kontrast. 1939 war der Krieg keine plötzliche Überraschung, sondern nur eine Wirklichkeit gewordene Befürchtung. In allen Ländern hatte man ihn seit Hitlers Machtübernahme kommen sehen, näher und näher, man hatte alles getan, um ihn wegzuhalten, weil man sein Grauen kannte. Man wußte aus Erfahrung, aus Beobachtung, daß er kein romantisches Fabeltier war, sondern eine gigantische, mit allen Teufelskünsten der Technik ausgerüstete Maschine, die in ihrem langen Umlauf tagtäglich ungeheure Massen an Menschen und Geld verbraucht. Man gab sich keinen Illusionen hin. Niemand jubelte, jeder erschrak, jeder wußte, daß für sein Land, für die Welt jetzt Jahre der Verdüsterung kommen würden. Man nahm den Krieg hin, weil man ihn hinnehmen mußte als etwas Unvermeidliches.

Das war 1939. Aber obwohl ich das wußte, ja diese stoische Haltung als die einzig natürliche erwartete, wurde mir England zur Überraschung, und ich lernte in den Tagen des Krieges mehr über dieses Volk als vordem in Jahren. Die erste Erfahrung war der erste Tag. Ich hatte zufällig in einem Amte zu tun, der Beamte stellte ein Dokument für mich aus, als die Tür sich öffnete und ein anderer Beamter eintrat und meldete: »Deutschland ist in Polen eingerückt. Das ist der Krieg. I have to leave at once.« Er sagte es mit völlig ruhiger Stimme, als machte er eine kleine amtliche Mitteilung. Und während mir das Herz stille stand und ich (warum mich schämen?) meine Finger zittern fühlte, schrieb der Beamte vor mir ruhig das Dokument zu Ende, reichte es mir mit dem leichten freundlichen englischen Lächeln. Hatte er nicht verstanden? Glaubte er es nicht? Aber ich trat auf die Straße. Sie war völlig still, die Menschen gingen weder schneller noch erregter. Sie wissen es noch nicht, dachte ich abermals. Sonst könnten sie nicht so ruhig, so gefaßt jeder seiner Beschäftigung nachgehen. Aber schon kamen die Zeitungen weiß flackernd herangeweht. Die Leute kauften sie, lasen sie und gingen weiter. Keine erregten Gruppen, selbst in den Geschäften kein nervöses Beieinanderstehen. Und so dann die ganzen Wochen hindurch, jeder still, gelassen seinen Dienst tuend, keiner sichtbar erregt, jeder ruhig entschlossen und schweigsam: wären nicht gewisse äußere Sichtbarkeiten wie der black-out oder die in England ungewohnte Häufigkeit der Uniformen, niemand könnte nach der bloßen Haltung der Menschen hier vermuten, dieses Land kämpfe einen der schwierigsten und entscheidendsten Kriege seiner Geschichte.

Diese Unerschütterlichkeit gerade in Augenblicken, wo Erregung, Leidenschaft, Nervosität bei allen anderen Nationen unaufhaltsam durchbricht, bleibt für uns Nichtengländer das Geheimnisvolle am englischen Charakter. Man hat es so oft versucht, dies An-sich-Halten psychologisch zu erklären: durch eine angeborene Straffheit der Nerven oder durch die Systematik der Erziehung, die schon das Kind daran gewöhnt, Gefühle oder zumindest ihren sichtlichen Ausdruck zu verbergen. Aber ich glaube, man unterschätzt ein tieferes Element: die ständige Verbundenheit mit der Natur, die etwas von ihrer großen Gelassenheit unsichtbar auf jeden Menschen überträgt, der in dauernder Zwiesprache mit ihr lebt. Lange glaubte ich – wie die meisten – des Engländers Liebe und

Vorliebe sei sein Haus. Aber in Wahrheit ist es sein Garten. Jemand hat in England jüngst gezählt, daß es hierzulande dreieinhalb Millionen Gärten gibt – fast jedes Haus, ja jedes Häuschen hat den seinen, und von den Großstädtern, die in den Flats Londons wohnen, besitzen viele ein Weekendhaus, in das sie sich die ganze Woche lang sehnen um des Gartens und seiner Blumen willen. So arbeiten Millionen von Engländern, diesen angeblich so unromantischen Engländern, im Weekend oder nach ihrer eigentlichen Arbeit in ihrem Garten oder Gärtchen: abends oder morgens nimmt der Arbeiter, der Beamte, der Minister, der Clerk und der Reverend sein Gartenwerkzeug zur Hand, gräbt die Erde um oder schneidet die Sträucher und pflegt seine Blumen. In dieser täglichen Beschäftigung des »gardening«, das nicht Sport ist und nicht Arbeit und nicht Spiel, sondern all dies in Übergängen ineinander schattiert, sind alle Engländer solidarisch, alle sozialen Unterschiede verschwunden, die Distanzen zwischen Arm und Reich aufgehoben: selbst der Earl und der Duke, der sein Dutzend Gärtner beschäftigt, ist seinem Garten nicht minder persönlich verbunden als der Lokomotivführer den armen paar Squares Grün hinter seinem Häuschen. Und diese eine Stunde täglich oder diese halbe Stunde mit Blumen, mit Bäumen, mit Früchten, mit den ewigen und naturhaften Dingen, diese Stunde oder halbe Stunde völliger Abgelöstheit von den Geschehnissen und Geschäften scheint mir durch ihre entspannende Kraft – ihr »relaxing« – jene wunderbare, uns unbegreifliche oder zumindest unerreichbare Ruhe der englischen Menschen zu bewirken. Inmitten einer veränderlichen und zerstörbaren Welt werden sie täglich daran erinnert, daß das Wesentliche unserer Erde, daß ihre Schönheit unberührbar bleibt von dem Wahnwitz der Kriege und den Torheiten der Politik; wenn sie den Tag beginnen oder den Tag enden, haben sie durch diese Berührung eine Festigung und

Beruhigung erfahren, die, auf Millionen Menschen summiert, in einer ganzen Nation dann als Charakter in Erscheinung tritt; diese unzählbaren kleinen bescheidenen Gärtchen, die auch an das ärmlichste Haus sich anschmiegen mit ihren paar Sträuchern, ihrem Kranz von Blumen und ihrem nutzhaften Grün, sie sind das große Palliativ dieses Volkes gegen Nervosität, gegen Unsicherheit und laute Schwatzhaftigkeit. Aus ihnen erneuert sich Tag für Tag die für uns Nichtengländer fast unbegreiflich stetige Ruhe und Gelassenheit des Einzelnen wie die Kraft der ganzen Nation, und sie schaffen uns damit ein großartiges Schauspiel seelischer Beständigkeit, fast ebenso großartig wie jenes der Natur.

Das Wien von Gestern

Wenn ich zu Ihnen über das Wien von Gestern spreche, soll dies kein Nekrolog, keine oraison funèbre sein. Wir haben Wien in unseren Herzen noch nicht begraben, wir weigern uns zu glauben, daß zeitweilige Unterordnung gleichbedeutend ist mit völliger Unterwerfung. Ich denke an Wien, so wie Sie an Brüder, an Freunde denken, die jetzt an der Front sind. Sie haben mit ihnen Ihre Kindheit verbracht, Sie haben Jahre mit ihnen gelebt, Sie danken ihnen glückliche gemeinsame Stunden. Nun sind sie fern von Ihnen und Sie wissen sie in Gefahr, ohne ihnen beistehen, ohne diese Gefahr teilen zu können. Gerade in solchen Stunden erzwungener Ferne fühlt man sich den Nächsten am meisten verbunden. So will ich zu Ihnen von Wien sprechen, meiner Vaterstadt und einer der Hauptstädte unserer gemeinsamen europäischen Kultur.

Sie haben in der Schule gelernt, daß Wien von je die Hauptstadt von Österreich war. Das ist nun richtig, aber die Stadt Wien ist älter als Österreich, älter als die habsburgische Monarchie, älter als das frühere und das heutige deutsche Reich. Als Vindobona von den Römern gegründet wurde, die als bewährte Städtegründer einen wunderbaren Blick für geographische Lage hatten, gab es nichts, was man Österreich nennen konnte. Von keinem österreichischen Stamm ist jemals bei Tacitus oder bei den anderen römischen Geschichtsschreibern berichtet. Die Römer legten nur an den günstigsten Stellen der Donau ein castrum, eine militärische Siedlung an, um die Einfälle wilder Völkerschaften gegen ihr Imperium abzuwehren.

Von dieser Stunde an war für Wien seine historische Aufgabe umschrieben, eine Verteidigungsstätte überlegener Kultur, damals der lateinischen, zu sein. Inmitten eines noch nicht zivilisierten und eigentlich niemandem gehörenden Landes werden die römischen Grundmauern gelegt, auf denen sich in späterer Zeit die Hofburg der Habsburger erheben wird. Und zu einer Zeit, wo rund um die Donau die deutschen und slawischen Völkerschaften noch ungesittet und nomadisch schwärmen, schreibt in unserem Wien der weise Kaiser Marc Aurel seine unsterblichen Meditationen, eines der Meisterwerke der lateinischen Philosophie.

Die erste literarische, die erste kulturelle Urkunde Wiens ist also nahezu achtzehnhundert Jahre alt. Sie gibt Wien unter allen Städten deutscher Sprache den Rang geistiger Ancienität, und in diesen achtzehnhundert Jahren ist Wien seiner Aufgabe treugeblieben, der höchsten, die eine Stadt zu erfüllen hat: Kultur zu schaffen und diese Kultur zu verteidigen. Wien hat als Vorposten der lateinischen Zivilisation standgehalten bis zum Untergang des römischen Reiches, um dann wieder aufzuerstehen als das Bollwerk der römisch-katholischen Kirche. Hier war, als die Reformation die geistige Einheit Europas zerriß, das Hauptquartier der Gegenreformation. An Wiens Mauern ist zweimal der Vorstoß der Osmanen gescheitert. Und als in unseren Tagen abermals das Barbarentum vorbrach, härter und herrschwilliger als je, hat Wien und das kleine Österreich verzweifelt festgehalten an seiner europäischen Gesinnung. Fünf Jahre lang hat es standgehalten mit allen Kräften; und erst als sie verlassen wurde in der entscheidenden Stunde, ist diese kaiserliche Residenz, diese »capitale« unserer altösterreichischen Kultur, zu einer Provinzstadt Deutschlands degradiert worden, dem es nie zugehört hatte. Denn wenn auch eine Stadt deutscher Sprache – nie ist Wien eine Stadt oder die Hauptstadt eines nationalen Deutschland gewesen. Es war Hauptstadt eines Weltreiches, das weit über die Grenzen Deutschlands nach Osten und Westen, Süden und Norden reichte bis nach Belgien empor, bis nach Venedig und Florenz hinab, Böhmen und Ungarn und den halben Balkan umfassend. Seine Größe und seine Geschichte war nie gebunden an das deutsche Volk und nationale Grenzen, sondern an die Dynastie der Habsburger, die mächtigste Europas, und je weiter das Habsburgerreich sich entfaltete, um so mehr wuchs die Größe und Schönheit dieser Stadt. Von der Hofburg aus, ihrem Herzen, und nicht von München, nicht von Berlin, die damals belanglose Städtchen waren, wurde durch Hunderte von Jahren die Geschichte bestimmt. In ihr ist immer wieder der alte Traum eines geeinten Europas geträumt worden; ein übernationales Reich, ein »heiliges römisches Reich«, schwebte den Habsburgern vor – und nicht etwa eine Weltherrschaft des Germanentums. All diese Kaiser dachten, planten, sprachen kosmopolitisch. Aus Spanien hatten sie sich die Etikette mitgebracht, Italien, Frankreich fühlten sie sich durch die Kunst verbunden, und durch Heirat allen Nationen Europas. Durch zwei Jahrhunderte ist am österreichischen Hofe mehr Spanisch, mehr Italienisch und Französisch gesprochen worden als Deutsch. Ebenso war der Adel, der sich rings um das Kaiserhaus scharte, vollkommen international; da waren die ungarischen Magnaten und die polnischen Großherren, da waren die alteingesessenen ungarischen, böhmischen, italienischen, belgischen, toscanischen, brabantischen Familien. Kaum einen deutschen Namen findet man unter all den prächtigen Barockpalästen, die sich um den Eugen von Savoyen reihen; diese Aristokraten heirateten untereinander und heirateten in ausländische Adelshäuser. Immer kam von außen neues fremdes Blut in diesen kulturellen Kreis, und ebenso mischte sich in ständigem Zustrom die Bürgerschaft. Aus Mähren, aus Böhmen, aus dem tirolerischen Gebirgsland, aus Ungarn, aus Italien kamen die Handwerker und Kaufleute: Slawen, Magyaren und Italiener, Polen und Juden strömten ein in den immer weiteren Kreis der Stadt. Ihre Kinder, ihre Enkel sprachen dann Deutsch, aber die Ursprünge waren nicht völlig verwischt. Die Gegensätze verloren nur durch die ständige Mischung ihre Schärfe, alles wurde hier weicher, verbindlicher, konzilianter, entgegenkommender, liebenswürdiger – also österreichischer, wienerischer.

Weil aus sovielen fremden Elementen bestehend, wurde Wien der ideale Nährboden für eine gemeinsame Kultur. Fremdes galt nicht als feindlich, als antinational, wurde nicht überheblich als undeutsch, als unösterreichisch abgelehnt, sondern geehrt und gesucht. Jede Anregung von außen wurde aufgenommen und ihr die spezielle wienerische Färbung gegeben. Mag diese Stadt, dieses Volk wie jedes andere Fehler gehabt haben, einen Vorzug hat Wien besessen: daß es nicht hochmütig war, daß es nicht seine Sitten, seine Denkart diktatorisch der Welt aufzwingen wollte. Die wienerische Kultur war keine erobernde Kultur, und gerade deshalb ließ sich jeder Gast von ihr so gerne gewinnen. Gegensätze zu mischen und aus dieser ständigen Harmonisierung ein neues Element europäischer Kultur zu schaffen, das war das eigentliche Genie dieser Stadt. Darum hatte man in Wien ständig das Gefühl, Weltluft zu atmen und nicht eingesperrt zu sein in einer Sprache, einer Rasse, einer Nation, einer Idee. In jeder Minute wurde man in Wien daran erinnert, daß man im Mittelpunkt eines kaiserlichen, eines übernationalen Reiches stand. Man brauchte nur die Namen auf den Schildern der Geschäfte zu lesen, der eine klang italienisch, der andere tschechisch, der dritte ungarisch, überall war noch ein besonderer Vermerk, daß man hier auch Französisch und Englisch spreche. Kein Ausländer, der nicht deutsch verstand, war hier verloren. Überall spürte man dank der Nationaltrachten, die frei und unbekümmert getragen wurden, die farbige Gegenwart der Nachbarländer. Da waren die ungarischen Leibgarden mit ihren Pallaschen und ihren verbrämten Pelzen, da waren die Ammen aus Böhmen mit ihren weiten bunten Röcken, die burgenländischen Bäuerinnen mit ihren gestickten Miedern und Hauben, genau denselben, mit denen sie im Dorf zum Kirchgang gingen, da waren die Marktweiber mit ihren grellen Schürzen und Kopftüchern, da waren die Bosniaken mit ihren kurzen Hosen und rotem Fes, die als Hausierer Tschibuks und Dolche verkauften, die Alpenländler mit ihren nackten Knien und dem Federhut, die galizischen Juden mit ihren Ringellocken und langen Kaftanen, die Ruthenen mit ihren Schafspelzen, die Weinbauern mit ihren blauen Schürzen, und inmitten all dessen als Symbol der Einheit die bunten Uniformen des Militärs und die Soutanen des katholischen Klerus. All das ging in seiner heimischen Tracht in Wien herum, genau so wie in der Heimat; keiner empfand es als ungehörig, denn sie fühlten sich hier zu Hause, es war ihre Hauptstadt, sie waren darin nicht fremd, und man betrachtete sie nicht als Fremde. Der erbeingesessene Wiener spottete gutmütig über sie, in den Couplets der Volkssänger war immer eine Strophe über den Böhmen, den Ungarn und den Juden, aber es war ein gutmütiger Spott zwischen Brüdern. Man haßte sich nicht, das gehörte nicht zur Wiener Mentalität.

Und es wäre auch sinnlos gewesen; jeder Wiener hatte einen Ungarn, einen Polen, einen Tschechen, einen Juden zum Großvater oder Schwager; die Offiziere, die Beamten hatten jeder ein paar Jahre in den Garnisonen der Provinz verbracht, sie hatten dort die Sprache erlernt, dort geheiratet; so waren aus den ältesten Wiener Familien immer wieder Kinder in Polen oder Böhmen oder im Trentino geboren worden; in jedem Hause waren tschechische oder ungarische Dienstmädchen und Köchinnen. So verstand jeder von uns von der Kindheit her ein paar Scherzworte der fremden Sprache, kannte die slawischen, die ungarischen Volkslieder, die die Mädchen in der Küche sangen, und der wienerische Dialekt war durchfärbt von Vokabeln, die sich allmählich dem Deutschen angeschliffen hatten. Unser Deutsch wurde dadurch nicht so hart, nicht so akzentuiert, nicht so eckig und präzis wie das der Norddeutschen, es war weicher, nachlässiger, musikalischer, und so wurde es uns auch leichter, fremde Sprachen zu lernen. Wir hatten keine Feindseligkeit zu überwinden, keinen Widerstand, es war in den besseren Kreisen üblich, Französisch, Italienisch sich auszudrücken, und auch von diesen Sprachen nahm man die Musik in die unsere hinein. Wir alle in Wien waren genährt von den Eigenarten der nachbarlichen Völker – genährt, ich meine es auch im wörtlichsten, im materiellen Sinne, denn auch die berühmte Wiener Küche war ein Mixtum compositum. Sie hatte aus Böhmen die berühmten Mehlspeisen, aus Ungarn das Gulasch und die anderen Zaubereien aus Paprika mitgebracht, Gerichte aus Italien, aus dem Salzburgischen und vom Süddeutschen her; all das mengte sich und ging durcheinander, bis es eben das Neue war, das Österreichische, das Wienerische.

Alles wurde durch dieses ständige Miteinanderleben harmonischer, weicher, abgeschliffener, inoffensiver, und diese Konzilianz, die ein Geheimnis des wienerischen Wesens war, findet man auch in unserer Literatur. In Grillparzer, unserem größten Dramatiker, ist viel von der gestaltenden Kraft Schillers, aber das Pathetische fehlt glücklicherweise darin. Der Wiener ist zu selbstbeobachtend, um jemals pathetisch zu sein. In Adalbert Stifter ist das Kontemplative Goethes gewissermaßen ins Österreichische übersetzt, linder, weicher, harmonischer, malerischer. Und Hofmannsthal, ein Viertel Oberösterreicher, ein Viertel Wiener, ein Viertel Jude, ein Viertel Italiener, zeigt geradezu symbolisch, welche neuen Werte, welche Feinheiten und glücklichen Überraschungen sich durch solche Mischungen ergeben können. In seiner Sprache ist sowohl in Vers als auch in Prosa vielleicht die höchste Musikalität, die die deutsche Sprache erreicht hat, eine Harmonisation des deutschen Genius mit dem lateinischen, wie sie nur in Österreich, in diesem Lande zwischen den beiden, gelingen konnte. Aber dies ist ja immer das wahre Geheimnis Wiens gewesen: annehmen, aufnehmen, durch geistige Konzilianz verbinden und das Dissonierende lösen in Harmonie.

Deshalb und nicht durch einen bloßen Zufall ist Wien die klassische Stadt der Musik geworden. So wie Florenz die Gnade und den Ruhm hat, da die Malerei ihren Höhepunkt erreicht, in seinen Mauern alle die schöpferischen Gestalten im Raum eines Jahrhunderts zu versammeln, Giotto und Cimabue, Donatello und Brunelleschi, Lionardo und Michelangelo, so vereint Wien in seinem Bannkreis in dem einen Jahrhundert der klassischen Musik beinahe alle Namen. Metastasio, der König der Oper, läßt sich gegenüber der kaiserlichen Hofburg nieder, Haydn lebt im gleichen Hause, Gluck unterrichtet die Kinder Maria Theresias, und zu Haydn kommt Mozart, zu Mozart Beethoven, und neben ihnen sind Salieri und Schubert, und nach ihnen Brahms und Bruckner, Johann Strauß und Lanner, Hugo Wolf und Gustav Mahler. Keine einzige Pause durch hundert und hundertfünfzig Jahre, kein Jahrzehnt, kein Jahr, wo nicht irgendein unvergängliches Werk der Musik in Wien entstanden wäre. Nie ist eine Stadt gesegneter gewesen vom Genius der Musik als Wien im 18., im 19. Jahrhundert.

Nun können Sie einwenden: von all diesen Meistern sei kein einziger außer Schubert ein wirklicher Wiener gewesen. Das denke ich nicht zu bestreiten. Gewiß, Gluck kommt aus Böhmen, Haydn aus Ungarn, Caldara und Salieri aus Italien, Beethoven aus dem Rheinland, Mozart aus Salzburg, Brahms aus Hamburg, Bruckner aus Oberösterreich, Hugo Wolf aus der Steiermark. Aber warum kommen sie aus allen Himmelsrichtungen gerade nach Wien, warum bleiben sie gerade dort und machen es zur Stätte ihrer Arbeit? Weil sie mehr verdienen? Durchaus nicht. Mit Geld ist weder Mozart noch Schubert besonders verwöhnt worden, und Joseph Haydn hat in London in einem Jahr mehr verdient als in Österreich in sechzig Jahren. Der wahre Grund, daß die Musiker nach Wien kamen und in Wien blieben, war: sie spürten, daß hier das kulturelle Klima der Entfaltung ihrer Kunst am günstigsten war. Wie eine Pflanze den gesättigten Boden, so braucht produktive Kunst zu ihrer Entfaltung das aufnehmende Element, die Kennerschaft weiter Kreise, sie braucht, wie jene Sonne und Licht, die fördernde Wärme einer weiten Anteilnahme – immer wird die höchste Stufe der Kunst dort erreicht, wo sie Passion eines ganzen Volkes ist. Wenn alle Bildhauer und Maler Italiens im 16. Jahrhundert sich in Florenz versammeln, so geschieht es nicht nur, weil dort die Medicäer sind, die sie mit Geld und Aufträgen fördern, sondern weil das ganze Volk seinen Stolz in der Gegenwart der Künstler sieht, weil jedes neue Bild zum Ereignis wurde, wichtiger als Politik und Geschäft, und weil so ein Künstler den andern ständig zu überholen und zu übertreffen genötigt war.

So konnten auch die großen Musiker keine idealere Stadt für Schaffen und Wirken finden als Wien, weil Wien das ideale Publikum hatte, weil die Kennerschaft, weil der Fanatismus für die Musik dort alle Gesellschaftsschichten gleichmäßig durchdrang. Die Liebe zur Musik wohnte im Kaiserhause; Kaiser Leopold komponierte selbst, Maria Theresia überwachte die musikalische Erziehung ihrer

Kinder, Mozart und Gluck spielten in ihrem Hause, Kaiser Joseph kennt jede Note der Opern, die er an seinem Theater aufführen läßt. Sie versäumen sogar ihre Politik über ihrer Liebe zur Kultur. Ihre Hofkapelle, ihr Hoftheater sind ihr Stolz, und nichts auf dem weiten Gebiet der Verwaltung erledigen sie so persönlich wie diese Angelegenheiten. Welche Oper gespielt wird, welcher Kapellmeister, welcher Sänger engagiert werden soll, ist die Lieblingssorge ihrer Sorgen.

In dieser Liebe für die Musik will der hohe Adel das Kaiserhaus womöglich noch übertreffen. Die Esterhazys, die Lobkowitz, die Waldsteins, die Rasumowskys, die Kinskys, alle verewigt in den Biographien Mozarts, Haydns, Beethovens, haben ihre eigene Kapelle oder zum mindesten ihre eigenen Streichquartette. All diese stolzen Aristokraten, deren Häuser sich sonst Bürgerlichen nie öffnen, subordinieren sich dem Musiker. Sie betrachten ihn nicht als ihren Angestellten, er ist nicht nur Gast, sondern der Ehrengast in ihrem Hause, und sie unterwerfen sich seinen Launen und Ansprüchen. Dutzende Male läßt Beethoven seinen kaiserlichen Schüler Erzherzog Rudolf vergeblich auf die Stunde warten, und der Erzherzog wagt nie, sich zu beschweren. Als Beethoven den ›Fidelio‹ vor der Aufführung zurückziehen will, wirft sich die Fürstin Lichnowsky vor ihm auf die Knie, und man kann sich heute nicht mehr vorstellen, was dies bedeutet, wenn damals eine Fürstin sich auf die Knie wirft vor dem Sohn eines trunksüchtigen Provinzkapellmeisters. Wie Beethoven sich einmal geärgert fühlt vom Fürsten Lobkowitz, geht er zur Tür seines Hauses und brüllt vor allen Lakaien hinein: Lobkowitzscher Esel! Der Fürst erfährt es, duldet es und trägt es ihm nicht nach. Als Beethoven Wien verlassen will, tun sich die Aristokraten zusammen, um ihm eine für die damalige Zeit enorme Lebensrente zu sichern ohne jede andere Verpflichtung, als in Wien zu bleiben und frei seinem Schaffen nachzugehen. Sie alle, sonst mittlere Leute, wissen, was große Musik ist und wie kostbar, wie verehrungswürdig ein großes Genie. Sie fördern die Musik nicht nur aus Snobismus, sondern, weil sie in Musik leben, fördern sie die Musik und geben ihr einen Rang über dem eigenen Rang.

Derselben Kennerschaft, derselben Leidenschaft begegnet im 18., im 19. Jahrhundert der Musiker im Wiener Bürgertum. Fast in jedem Hause wird einmal in der Woche Kammermusik abgehalten, jeder Gebildete spielt irgendein Instrument, jedes Mädchen aus gutem Hause kann ein Lied vom Blatt singen und wirkt mit in den Chören und Kapellen. Wenn der Wiener Bürger die Zeitung öffnet, ist sein erster Blick nicht, was in der Welt der Politik vorgeht; er schlägt das Repertoire der Oper und des Burgtheaters nach, welcher Sänger singt, welcher Kapellmeister dirigiert, welcher Schauspieler spielt. Ein neues Werk wird zum Ereignis, eine Premiere, das Engagement eines neuen Kapellmeisters, eines neuen Sängers an der Oper ruft endlose Diskussionen hervor, und der Kulissentratsch über die Hoftheater erfüllt die ganze Stadt. Denn das Theater, insbesondere das Burgtheater, bedeutet den Wienern mehr als eben bloß ein Theater; es ist der Mikrokosmos, der den Makrokosmos spiegelt, ein sublimiertes konzentriertes Wien innerhalb Wiens, eine Gesellschaft innerhalb der Gesellschaft. Das Hoftheater zeigt der Gesellschaft vorbildlich, wie man sich in Gesellschaft benimmt, wie man Konversation macht in einem Salon, wie man sich anzieht, wie man spricht und sich gebärdet, wie man eine Tasse Tee nimmt und wie man eintritt und wie man sich verabschiedet. Es ist eine Art Cortigiano, ein Sittenspiegel des guten Benehmens, denn im Burgtheater darf so wenig ein unpassendes Wort gesagt werden wie in der Comédie Française, in der Oper kein falscher Ton gesungen werden: es wäre eine nationale Schande. Wie in einen Salon geht man nach italienischem Vorbild in die Oper, in das Burgtheater. Man trifft sich, man kennt sich, man begrüßt sich, man ist bei sich, man ist zu Hause. Im Burgtheater und in der Oper fließen alle Stände zusammen, Aristokratie und Bürgertum und die neue Jugend. Sie sind das große Gemeinsame, und alles, was dort geschieht, gehört der ganzen Stadt an. Als das alte Gebäude des Burgtheaters abgerissen wird, dasselbe, in dem die ›Hochzeit des Figaro‹ zum erstenmal erklang, ist ein Trauertag in ganz Wien. Um sechs Uhr morgens stellen sich die Enthusiasten vor den Türen an und stehen dreizehn Stunden bis abends, ohne zu essen, ohne zu trinken, nur um der letzten Vorstellung in diesem Hause beiwohnen zu können. Von der Bühne brechen sie sich Holzsplitter heraus und bewahren sie genau so wie einstmals Fromme die Splitter vom heiligen Kreuz. Nicht nur der Dirigent, der große Schauspieler, der gute Sänger wird wie ein Gott vergöttert, diese Leidenschaft geht über auf den unbeseelten Raum. Ich war selbst beim letzten Konzert in dem alten Bösendorfer-Saal. Es war gar kein besonders schöner Saal, der da abgerissen wurde, eine frühere Reitschule des Fürsten Liechtenstein, einfach in Holz getäfelt. Aber er hatte die Resonanz einer alten Geige, und Chopin und Brahms hatten noch darin gespielt und Rubinstein und das Rosé-Quartett. Viele Meisterwerke waren dort zum erstenmal für die Welt erklungen, es war der Ort gewesen, wo alle Liebhaber von Kammermusik durch Jahre und Jahre Woche für Woche einander begegnet waren, eine einzige Familie. Und da standen wir nun nach dem letzten Beethoven-Quartett in dem alten Raum und wollten nicht, daß es zu Ende war. Man tobte, man schrie, einige weinten. Im Saal wurden die Lichter gelöscht. Es half nichts. Alle blieben im Dunkel, als wollten sie es erzwingen, daß auch dieser Saal bliebe, der alte Saal. So fanatisch empfand man in Wien nicht nur für die Kunst, die

Musik, sondern sogar für die bloßen Gebäude, die mit ihr verbunden waren.

Übertreibung, werden Sie sagen, lächerliche Überschätzung! Und so haben wir selbst manchmal diesen geradezu irrwitzigen Enthusiasmus der Wiener für Musik und Theater empfunden. Ja, er war manchmal lächerlich, ich weiß es, wie zum Beispiel damals, als die guten Wiener sich als Kostbarkeit Haare von den Pferden aufhoben, die den Wagen von Fanny Elssler gezogen, und ich weiß auch, daß wir diesen Enthusiasmus gebüßt haben. Während sich Wien und Österreich in seine Theater, seine Kunst vernarrte, haben die deutschen Städte uns überholt in Technik und Tüchtigkeit und sind uns in manchen praktischen Dingen des Lebens vorausgekommen. Aber vergessen wir nicht: solche Überwertung schafft auch Werte. Nur wo wahrer Enthusiasmus für die Kunst besteht, fühlt sich der Künstler wohl, nur wo man viel fordert von der Kunst, gibt sie viel. Ich glaube, es gab kaum eine Stadt, wo der Musiker, der Sänger, der Schauspieler, der Dirigent, der Regisseur strenger kontrolliert und zu größerer Anspannung gezwungen war als in Wien. Denn hier gab es nicht nur die Kritik bei der Premiere, sondern eine ständige und unbeugsame Kritik durch das gesamte Publikum. In Wien wurde kein Fehler übersehen bei einem Konzert, jede einzelne Aufführung und auch die zwanzigste und hundertste war immer überwacht von einer geschulten Aufmerksamkeit von jedem Sitzplatz aus: wir waren ein hohes Niveau gewohnt und nicht bereit, einen Zoll davon nachzugeben. Diese Kennerschaft bildete sich in jedem einzelnen von uns schon früh heraus. Als ich noch auf das Gymnasium ging, war ich nicht einer, sondern einer aus zwei Dutzend, die bei keiner wichtigen Vorstellung im Burgtheater oder in der Oper fehlten. Wir jungen Menschen kümmerten uns als rechte Wiener nicht um Politik und nicht um Nationalökonomie, und wir hätten uns geschämt, etwas von Sport zu wissen. Noch heute kann ich Kricket nicht von Golf unterscheiden, und die Seite Fußballbericht in den Zeitungen ist für mich chinesisch. Aber mit vierzehn, mit fünfzehn Jahren merkte ich schon jede Kürzung und jede Flüchtigkeit bei einer Aufführung; wir wußten genau, wie dieser Kapellmeister das Tempo nahm und wie jener. Wir bildeten Parteien für einen Künstler und für den andern, wir vergötterten sie und haßten sie, wir zwei Dutzend in unserer Klasse. Aber nun denken Sie sich uns, diese zwei Dutzend einer einzigen Schulklasse multipliziert mit fünfzig Schulen, mit einer Universität, einer Bürgerschaft, einer ganzen Stadt, und Sie werden verstehen, welche Spannung bei uns in allen musikalischen und theatralischen Dingen entstehen mußte, wie stimulierend diese unermüdliche, unerbittliche Kontrolle auf das Gesamtniveau des Musikalischen, des Theatralischen wirkte. Jeder Musiker, jeder Künstler wußte, daß er in Wien nicht nachlassen durfte, daß er das Äußerste bieten müsse, um zu bestehen.

Diese Kontrolle aber ging tief hinab bis ins unterste Volk. Die Militärkapellen jedes einzelnen Regiments wetteiferten miteinander, und unsere Armee hatte – ich erinnere nur an die Anfänge Lehárs – bessere Kapellmeister als Generäle. Jede kleine Damenkapelle im Prater, jeder Klavierspieler beim Heurigen stand unter dieser unerbittlichen Kontrolle, denn daß die Kapelle beim Heurigen gut war, war dem durchschnittlichen Wiener ebenso wichtig, wie die Güte des Weins, und so mußte der Musikant gut spielen, sonst war er verloren, sonst wurde er entlassen.

Ja, es war sonderbar: in der Verwaltung, im öffentlichen Leben, in den Sitten, überall gab es in Wien viel Nonchalance, viel Indifferenz, viel Weichheit, viel »Schlamperei«, wie wir sagen. Aber in dieser einen Sphäre der Kunst wurde keine Nachlässigkeit entschuldigt, keine Trägheit geduldet. Vielleicht hat diese Überschätzung der Musik, des Theaters, der Kunst, der Kultur Wien und Habsburg und Österreich viel politische Erfolge entgehen lassen. Aber ihr ist unser Imperium in der Musik zu danken.

In einer Stadt, die dermaßen in Musik lebte, die so wache Nerven für Rhythmus und Takt hatte, mußte auch der Tanz aus einer geselligen Angelegenheit zur Kunst werden. Die Wiener tanzten leidenschaftlich gern; sie waren Tanznarren, und das ging vom Hofball und Opernball bis hinab in die Vorstadtlokale und Gesindebälle. Aber man begnügte sich nicht damit, gern zu tanzen. Es war gesellschaftliche Verpflichtung in Wien, gut zu tanzen, und wenn man von einem ganz unbedeutenden jungen Burschen sagen konnte, er ist ein famoser Tänzer, so hatte er damit schon eine gewisse gesellschaftliche Qualifikation. Er war in eine Sphäre der Kultur aufgerückt, weil man eben Tanz zur Kunst erhob. Und wieder umgekehrt, weil man Tanz als Kunst betrachtete, stieg er auf in eine höher Sphäre, und die sogenannte leichte Musik, die Tanzmusik, wurde zur vollkommenen Musik. Das Publikum tanzte viel und wollte nicht immer dieselben Walzer hören. Darum waren die Musiker genötigt, immer Neues zu bieten und sich gegenseitig zu überbieten. So formte sich neben der Reihe der hohen Musiker Gluck und Haydn und Mozart, Beethoven und Brahms eine andere Linie von Schubert und Lanner und Johann Strauß Vater und Johann Strauß Sohn zu Lehár und den andern großen und kleinen Meistern der Wiener Operette. Eine Kunst, die das Leben leichter, belebter, farbiger, übermütiger machen wollte, die ideale Musik für die leichten Herzen der Wiener.

Aber ich sehe, ich gerate in Gefahr, ein Bild von unserem Wien zu geben, das gefährlich jenem süßlichen und sentimentalen nahekommt, wie man es aus der Operette kennt. Eine Stadt, theaternärrisch und leichtsinnig, wo immer getanzt, gesungen, gegessen und geliebt wird, wo sich niemand Sorgen macht und niemand arbeitet. Ein gewisses Stück Wahrheit ist, wie in jeder Legende, darin. Gewiß, man hat in Wien gut gelebt, man hat leicht gelebt, man suchte mit einem Witz alles Unangenehme und Drückende abzutun. Man liebte Feste und Vergnügungen. Wenn die Militärmusik vorübermarschierte, ließen die Leute ihre Geschäfte und liefen auf die Straße ihr nach. Wenn im Prater der Blumenkorso war, waren dreimalhunderttausend Menschen auf den Beinen, und selbst ein Begräbnis wurde zu Pomp und Fest. Es wehte eine leichte Luft die Donau herunter, und die Deutschen sahen mit einer gewissen Verachtung auf uns herab wie auf Kinder, die durchaus nicht den Ernst des Lebens begreifen wollen. Wien war für sie der Falstaff unter den Städten, der grobe, witzige, lustige Genießer, und Schiller nannte uns Phäaken, das Volk, wo es immer Sonntag ist, wo sich immer am Herde der Spieß dreht. Sie alle fanden, daß man in Wien das Leben zu locker und leichtsinnig liebte. Sie warfen uns unsere »jouissance« vor und tadelten zwei Jahrhunderte lang, daß wir Wiener uns zu viel der guten Dinge des Lebens freuten.

Nun, ich leugne diese Wiener »jouissance« nicht, ich verteidige sie sogar. Ich glaube, daß die guten Dinge des Lebens dazu bestimmt sind, genossen zu werden und daß es das höchste Recht des Menschen ist, unbekümmert zu leben, frei, neidlos und gutwillig, wie wir in Österreich gelebt haben. Ich glaube, daß ein Übermaß an Ambition in der Seele eines Menschen wie in der Seele eines Volkes kostbare Werte zerstört, und daß der alte Wahlspruch Wiens »Leben und leben lassen« nicht nur humaner, sondern auch weiser ist als alle strengen Maximen und kategorischen Imperative. Hier ist der Punkt, wo wir Österreicher, die wir immer Nicht-Imperialisten waren, uns mit den Deutschen nie verständigen konnten – und selbst nicht mit den Besten unter ihnen. Für das deutsche Volk ist der Begriff »joissance« verbunden mit Leistung, mit Tätigkeit, mit Erfolg, mit Sieg. Um sich selbst zu empfinden, muß jeder den anderen übertreffen und womöglich niederdrücken. Selbst Goethe, dessen Größe und Weisheit wir ohne Grenzen verehren, hat in einem Gedicht dieses Dogma aufgestellt, das mir von meiner frühesten Kindheit an unnatürlich schien. Er ruft den Menschen an:

»Du mußt herrschen und gewinnen,
Oder dienen und verlieren,
Leiden oder triumphieren,
Amboß oder Hammer sein.«

Nun, ich hoffe, man wird es nicht impertinent finden, wenn ich dieser Alternative Goethes, »Du mußt herrschen oder dienen«, widerspreche. Ich glaube, ein Mensch – wie auch ein Volk – soll *weder* herrschen *noch* dienen. Er soll vor allem frei bleiben und jedem anderen die Freiheit lassen, er soll, wie wir es in Wien lernten, leben und leben lassen und sich seiner Freude an allen Dingen des Lebens nicht schämen. »Jouissance« scheint mir ein Recht und sogar eine Tugend des Menschen, solange sie ihn nicht verdummt oder schwächt. Und ich habe immer gesehen, daß gerade die Menschen, die, solange sie konnten, frei und ehrlich sich des Lebens freuten, in der Not und in der Gefahr dann die Tapfersten waren, so wie auch immer die Völker und Menschen, die nicht aus Lust am Militarismus kämpfen, sondern nur, wenn sie dazu gezwungen sind, schließlich die besten Kämpfer sind.

Wien hat das gezeigt in der Zeit seiner schwersten Prüfung. Es hat gezeigt, daß es arbeiten kann, wenn es arbeiten muß, und dieselben angeblich so Leichtsinnigen wußten, sobald es das Wesentliche galt, wunderbar ernst und entschlossen zu sein. Keine Stadt nach dem Weltkriege war durch den Frieden von 1919 so tief getroffen worden wie Wien. Denken Sie es sich aus: die Hauptstadt einer Monarchie von vierundfünfzig Millionen hat plötzlich nur noch vier Millionen um sich. Es ist nicht die Kaiserstadt mehr, der Kaiser ist vertrieben und mit ihm all der Glanz von Festlichkeit. Alle Arterien zu den Provinzen, aus denen die Hauptstadt Nahrung zog, sind abgeschnitten, die Bahnen haben keine Waggons, die Lokomotiven keine Kohle, die Läden sind ausgeräumt, es ist kein Brot, kein Obst, kein Fleisch, kein Gemüse da, das Geld entwertet sich von Stunde zu Stunde. Überall prophezeit man, daß es mit Wien endgültig zu Ende ist. Gras werde in den Straßen wachsen, Zehntausende, Hunderttausende müßten wegziehen, um nicht Hungers zu sterben; und man erwägt ernstlich, ob man nicht die Kunstsammlungen verkaufen solle, um Brot zu schaffen, und einen Teil der Häuser niederreißen angesichts der drohenden Veröden.

Aber in dieser alten Stadt war eine Lebenskraft verborgen, die niemand vermutet hatte. Sie war eigentlich immer dagewesen, diese Kraft des Lebens, diese Kraft der Arbeit. Wir hatten uns ihrer nur nicht so laut und prahlerisch gerühmt wie die Deutschen, wir hatten uns selbst durch unseren Schein der Leichtlebigkeit täuschen lassen über die Leistungen, die im Handwerk, in den Künsten im stillen immer getan worden waren. Genau wie die Fremden gern Frankreich sehen als das Land der Verschwendung und des Luxus, weil sie nicht weit über die Läden der Juweliere in der Rue de la Paix und die internationalen Nachtlokale des Montmartre hinauskommen, weil sie nie Belleville betreten, nie die Arbeiter, nie die Bürgerschaft, nie die Provinz bei ihrer stillen zähen sparsamen Tätigkeit gesehen haben, so hatte man sich über Wien getäuscht. Jetzt aber war Wien herausgefordert, alles zu leisten, und wir vergeudeten nicht unsere Zeit. Wir verschwendeten nicht unsere seelischen Kräfte damit, wie drüben in

Deutschland ununterbrochen die Niederlage zu leugnen und zu erklären, wir seien verraten worden und niemals besiegt. Wir sagten ehrlich: der Krieg ist zu Ende. Fangen wir von neuem an! Bauen wir Wien, bauen wir Österreich noch einmal auf!

Und da geschah das Wunder. Drei Jahre, und alles war wiederhergestellt, fünf Jahre, und es wuchsen jene prachtvollen Gemeindehäuser auf, die ein soziales Vorbild für ganz Europa wurden. Die Galerien, die Gärten erneuerten sich, Wien wurde schöner als je. Der ganze Handel strömte wieder zurück, die Künste blühten, es entstanden neue Industrien, und bald waren wir auf hundert Gebieten voran. Wir waren leichtlebig, leichtfertig gewesen, solange wir vom alten Kapital zehrten; jetzt, da alles verloren war, kam eine Energie zutage, die uns selbst überraschte. An die Universität dieser verarmten Stadt drängten Studenten aus aller Welt; um unseren großen Meister, Sigmund Freud, den wir eben im Exil begraben haben, bildete sich eine Schule, die in Europa und Amerika alle Formen geistiger Tätigkeit beeinflußte. Während wir früher im Buchhandel von Deutschland völlig abhängig gewesen waren, entstanden jetzt in Wien große Verlagshäuser; Kommissionen kamen aus England und Amerika, um die vorbildliche soziale Fürsorge der Gemeinde Wien zu studieren, das Kunstgewerbe schuf sich durch seine Eigenart und seinen Geschmack eine dominierende Stellung. Alles war plötzlich Aktivität und Intensität. Max Reinhardt verließ Berlin und organisierte das Wiener Theater. Toscanini kam aus Mailand, Bruno Walter aus München an die Wiener Oper, und Salzburg, wo Österreich all seine künstlerischen Kräfte repräsentativ zusammenfaßte, wurde die internationale Metropole der Musik und ein Triumph ohnegleichen. Vergeblich suchten die Kunstkammern Deutschlands mit ihren unbeschränkten Mitteln in München und anderen Städten diesen begeisterten Zustrom aus allen Ländern uns abzugraben. Es gelang nicht. Denn wir wußten, wofür wir kämpften, über Nacht war noch einmal Österreich eine historische Aufgabe zugefallen: die Freiheit des deutschen Worts, das in Deutschland schon geknechtet war, noch einmal vor der Welt zu bewähren, die europäische Kultur, unser altes Erbe, zu verteidigen. Das gab dieser Stadt, der angeblich so verspielten, eine wunderbare Kraft. Es war nicht ein einzelner, der dieses Wunder der Auferstehung vollbrachte, nicht Seipel, der Katholik, nicht die Sozialdemokraten, nicht die Monarchisten; es waren alle zusammen, es war der Lebenswille einer zweitausendjährigen Stadt, und ich darf es wohl sagen ohne kleinlichen Patriotismus: nie hat Wien seine kulturelle Eigenart so glorreich bekundet, nie hat es dermaßen die Sympathie der ganzen Welt errungen wie eine Stunde vor dem großen Anschlag auf seine Unabhängigkeit.

Es war der schönste und ruhmreichste Tag seiner Geschichte. Dies war sein letzter Kampf. Wir hatten willig in allem resigniert, was Macht war, Reichtum und Besitz. Wir hatten die Provinzen geopfert, niemand trachtete danach, von einem Nachbarlande, von Böhmen, von Ungarn, von Italien, von Deutschland auch nur einen Zoll zurückzuerobern. Wir waren vielleicht immer schlechte Patrioten im politischen Sinne gewesen, aber nun fühlten wir: unsere wahre Heimat war unsere Kultur, unsere Kunst. Hier wollten wir nicht nachgeben, hier uns von niemandem übertreffen lassen, und ich wiederhole, es ist das ehrenvollste Blatt in der Geschichte Wiens, wie es diese seine Kultur verteidigt hat. Nur ein Beispiel dafür: ich bin viel gereist, ich habe viele wunderbare Aufführungen gesehen, in der Metropolitan Opera unter Toscanini und die Ballette von Leningrad und Mailand, ich habe die größten Sänger gehört, aber ich muß bekennen, daß ich niemals von einer Leistung innerhalb der Kunst so erschüttert war wie von der Wiener Oper in den Monaten unmittelbar nach dem Zusammenbruch 1919. Man tappte hin durch dunkle Gassen – die Beleuchtung der Straßen war eingeschränkt wegen der Kohlennot –, man zahlte sein Billett mit ganzen Stößen wertloser Banknoten, man trat endlich ein in das vertraute Haus und erschrak. Grau war der Raum mit seinen wenigen Lichtern und eiskalt; keine Farbe, kein Glanz, keine Uniformen, kein Abendanzug. Nur dicht aneinander gedrängt in der Kälte in alten zerschlissenen Winterröcken und umgeschneiderten Uniformen die Menschen, eine graue fahle Masse von Schatten und Lemuren. Dann kamen die Musiker und setzten sich an ihre Plätze im Orchester. Wir kannten jeden einzelnen von ihnen, und man erkannte sie doch kaum. Abgemagert, gealtert, ergraut saßen sie da in ihren alten Fräcken. Wir wußten, diese großen Künstler waren zur Zeit schlechter bezahlt als jeder Kellner, jeder Arbeiter. Ein Schauer fiel einem auf das Herz, es war soviel Armut und Sorge und Jammer in diesem Raum, eine Luft von Hades und Vergängnis. Dann hob der Dirigent den Taktstock, die Musik begann, das Dunkel fiel, und mit einmal war der alte Glanz wieder da. Nie wurde besser gespielt, nie wurde besser gesungen in unserer Oper als in jenen Tagen, da man nicht wußte, ob am nächsten Tage das Haus nicht schon geschlossen werden müßte. Keiner von den Sängern, keiner von unseren wunderbaren Musikern hatte sich weglocken lassen von den besseren Honoraren in anderen Städten, jeder hatte gespürt, daß es seine Pflicht war, gerade jetzt das Höchste, das Beste zu geben und das Gemeinsame zu bewahren, das uns das wichtigste war: unsere große Tradition. Das Reich war dahin, die Straßen waren verfallen, die Häuser sahen aus wie nach einer Beschießung, die Menschen wie nach schwerer Krankheit. Alles war vernachlässigt und halb schon verloren; aber dies eine, die Kunst, unsere Ehre, unseren Ruhm, die verteidigten wir in Wien, jeder einzelne, tausend und tausend Einzelne. Jeder arbeitete doppelt und zehnfach, und auf einmal spürten wir, daß die Welt auf uns blickte; daß man uns erkannte, so wie wir uns selbst erkannt hatten.

So haben wir durch diesen Fanatismus für die Kunst, durch diese so oft verspottete Leidenschaft Wien noch einmal gerettet. Weggestoßen aus der Reihe der großen Nationen, haben wir doch unseren altbestimmten Platz innerhalb der Kultur Europas bewahrt. Die Aufgabe, eine überlegene Kultur zu verteidigen gegen jeden Einbruch der Barbarei, diese Aufgabe, die die Römer uns in die Mauern unserer Stadt eingemeißelt, wir haben sie bis zur letzten Stunde erfüllt.

Wir haben sie erfüllt in dem Wien von Gestern, und wir wollen, wir werden sie weiter erfüllen auch in der Fremde und überall. Ich habe von dem Wien von Gestern gesprochen, dem Wien, in dem ich geboren bin, in dem ich gelebt habe und das ich vielleicht jetzt mehr liebe als je, seit es uns verloren ist. Von dem Wien von heute vermag ich nichts zu sagen. Wir wissen alle nicht genau, was dort geschieht, wir haben sogar Angst, es allzu genau uns vorzustellen. Ich habe in den Zeitungen gelesen, daß man Furtwängler berufen hat, das Wiener Musikleben zu reorganisieren, und sicher ist Furtwängler ein Musiker, an dessen Autorität niemand zweifelt. Aber schon daß das kulturelle Leben Wiens reorganisiert werden muß, zeigt, daß der alte wunderbare Organismus schwer gefährdet ist. Denn man ruft keinen Arzt zu einem Gesunden. Kunst wie Kultur kann nicht gedeihen ohne Freiheit, und gerade die Kultur Wiens kann ihr Bestes nicht entfalten, wenn sie abgeschnitten ist von dem lebendigen Quell europäischer Zivilisation. In dem ungeheuren Kampfe, der heute unsere alte Erde erschüttert, wird auch das Schicksal dieser Kultur entschieden, und ich brauche nicht zu sagen, auf welcher Seite unsere glühendsten Wünsche sind.

Nachbemerkung des Herausgebers

»Und das Reisen? Haben Sie es verlernt? Ich nicht, wahrhaftig nicht, ich habe so eine Unrast überallhin zu fahren, alles zu sehen und zu genießen, habe Angst vor dem Alter, daß ich dies – meinen liebsten Besitz – einmal verlieren könnte in Mattigkeit und Faulheit.« Acht Tage vor seinem dreiundzwanzigsten Geburtstag nannte Stefan Zweig in einem Brief an Hermann Hesse dies Grundmotiv für sein »Ausbrechen« aus dem Alltag, aus dem Zuhause. Man kann dieses Bedürfnis, »in der Luft« zu leben (ein von Zweig zitiertes Wort Beethovens), möglicherweise auf eine Kindheitserfahrung zurückführen: Zweig ist in einer Zeit und in einer Welt geboren, in der die Erwachsenen in erster Linie ein gesellschaftliches Leben führten, während sie für die Kinder Gouvernanten beschäftigten. Auf Reisen im Sommer mit der ganzen Familie wurden Stephan und sein um zwei Jahre älterer Bruder Alfred mit ihrer Erzieherin zum Essen in einfache Gasthöfe geschickt, die Eltern speisten in ihnen angemessen erscheinenden großen Hotels. Die beiden Buben blieben – wie von vielem anderen – dabei ausgeschlossen. So war es in Pörtschach am Wörthersee und in Marienbad. Vermutlich ist Stefan Zweigs Impuls – später vor allem in den Briefen, gelegentlich auch in Erzählungen –, Hotels zu charakterisieren, ihre Hallen zu beschreiben, eine Kompensation für damals fremd Gebliebenes, so wie es ihm überhaupt galt, in früher Zeit allzu Verschlossenes und Verschwiegenes aufzuspüren und nachzuholen. Diese ersten negativen Eindrücke von Reisen verband er später durchaus nicht mit bestimmten Orten oder Landschaften; Marienbad z. B. blieb ihm vertraut, er fühlte sich wohl »in den böhmischen Wäldern, deren Tannenrauschen mir immer etwas besonders Schönes zu sagen scheint, etwas Tiefsinnigeres als das sonstige Blättergeschwätz weiter Wälder« (An Hermann Hesse, Juli 1904); noch 1935 hielt er sich dort zu einer Kur auf.

In ›Eros matutinus‹, einem Kapitel seiner Autobiographie ›Die Welt von Gestern‹, hat er über die pädagogische Einstellung der Jahre vor der Jahrhundertwende eindringlich berichtet. Erst etwa mit dem Abitur begann eine relative Freiheit: Stefan Zweig fuhr 1900 zum ersten Mal allein nach Frankreich. Im Laufe seines Lebens zog er sich häufig dorthin, vor allem nach Paris, zurück; es wurde ihm für lange Zeit zur geistigen Heimat. Der Vater hatte ihm diese Fahrt geschenkt und erwartete, daß der Sohn nach der Rückkehr mit dem Studium in Wien begann. Stefan Zweig entschloß sich zu Philosophie und Literaturgeschichte. Fürs zweite Semester 1901/02 wechselte er nach Berlin. Im Sommer 1902 unternahm er, soweit wir wissen, seine erste Reise aus »Unrast«, »dem Zufall Freund und der ewigen Begegnung« (wie er seine Wanderschaft Hermann Hesse gegenüber 1920 einmal bezeichnete); er wollte – erklärtes Ziel – in Belgien Emile Verhaeren, den er seit seiner Schulzeit verehrte, und andere Dichter persönlich kennenlernen. Städte und Landschaften dort im Nordwesten Europas entwickelten für Stefan Zweig einen so großen Reiz, daß er sich entschloß, seine über Gedichte und kleine Prosatexte gewonnenen Kontakte zu Zeitungs- und Zeitschriftenredaktionen sogleich zu nutzen, um sich als Feuilletonist zu versuchen. Den schwungvoll belebenden und zugleich informierenden Ton dieses »Blättern wir um!« fand er mühelos; das Bedürfnis, Gesehenes und Erlebtes möglichst weithin zu übermitteln, gehörte zu den grundlegenden Impulsen seines Schreibens.

Stefan Zweigs »Wanderlust« wurzelte tief in dem Wunsch, möglichst anderes, ihm noch Unbekanntes zu entdecken und zu erobern – er wußte um »alle Wollust, die darin liegt«. Aber er hatte nicht zuletzt auch stets das unbestimmte Gefühl, nicht zu Hause bleiben zu können, wo alles Alltägliche ihn zu »verschütten« drohte. »Von meiner Wanderschaft retour freue ich mich fürs erste wieder der Ruhe und Stille, die man im Heimischen immer beglückt empfindet (allerdings nur für den Anfang, dann bringt Reiselust und Unrast ein hübsches Quantum Unzufriedenheit in diese Stunden der Gemächlichkeit).« (An Hermann Hesse, 9. September 1904) Jahreszeiten und Klima bestimmten auf diesen Reisen durch Europa in den Jahren bis zum Exil 1934 nicht selten die Ziele: »Mit dem Frühling, dem holden Geleiter zusammen« durch die Provence oder nach Italien, mit dem Sommer in die Bretagne oder an die Nordsee – »Das Meer ist herrlicher denn je. Nach einer Stunde fühlte ich mich schon befreit. Tote windstille Luft, selbst an der Adria, ist mir unerträglich« – mit dem Übergang des »Herbstwinters« nach Meran, mit den Vorboten des März nach Spanien – »es muß das schönste Land Europas sein, ich *fühle* das« – und auf die Balearen. Die Dauer der jeweiligen Aufenthalte hingen von Stefan Zweigs Spontaneität ab; Berichte nach Hause und an Freunde waren ihm selbstverständlich, aber er erwartete keine Antwort, im Gegenteil: »Post ist eine Kette, es gibt nur Freiheit des Reisens ohne Briefe.« Unabhängigkeit ging ihm über alles. »Ich habe jetzt schon ganz sonniges Wetter, bei scharfem kaltem Wind, ganz wie ich es gern habe, und wenig Menschen hier. Man muß sich sein eigenes Leben erhalten.« (An Friderike Zweig, Juni 1923)

»Warum fahren Sie nicht einmal nach Indien und nach Amerika?« hatte ihn Walther Rathenau in einem Gespräch – vermutlich 1908 – gefragt, wie Stefan Zweig in seinen Lebenserinnerungen erzählt. Die »Sehnsucht«, seinen Horizont über Europa hinaus zu erweitern, war geweckt, denn weiter als bis nach Nordafrika, 1905 nach Algerien, war er bisher nicht gekommen. Ende November 1908 reiste er nach Indien, Anfang April 1909 war er voller starker Eindrücke aus dem »Land der Wunder« und der Gegensätze zurück – er verstand Indien »als eine Mahnung« zu politischem Bewußtsein, vorbereitet durch Gespräche auf dem Schiff mit Karl Haushofer, der als Militärattaché nach Tokio fuhr.

Im Februar 1911 – »Meine Koffer gähnen mich leer an: ich muß ihnen jetzt das Maul stopfen« (An Raoul Auernheimer) – brach Stefan Zweig zu seiner ersten, etwa zweimonatigen Reise durch Nord- und Mittelamerika auf. Seinem Freund Paul Zech bekannte er im Juni 1911: »Eine reine Erinnerung bleibt mir dafür [nach einer Rippenfelloperation] Amerika, besonders das spanische. Hier ist wirklich ein grandioses Bild, wie wirs uns in Europa vorläufig gar nicht denken können, ein großer Rytmus, der durch die Menschen und Dinge gleich stark strömt. Dazu die Landschaften der Tropen, Cuba, Jamaica, Portorico! Das löscht in einem nie mehr aus, die Sonne brennt es einem ins Blut.«

Hatten Stefan Zweigs Feuilletons nach der Fernost- und nach der Amerika-Reise bereits einen anderen, einen zeitbewußteren Ton gewonnen, so werden die Berichte über die belgischen Städte im August und Oktober 1914 vom Aspekt des Augenblicks noch stärker geprägt: der Ausbruch des Ersten Weltkriegs hatte ihn am 28. Juli 1914 bei seinem Freund Verhaeren überrascht; mit dem letzten Zug war er nach Wien zurückgekehrt; sein Situationsbericht ›Heimfahrt nach Österreich‹ wurde innerhalb dieser

Edition der Gesammelten Werke in den Band ›Die schlaflose Welt‹ aufgenommen. Am 12. November wurde er »freiwillig auf Kriegsdauer« assentiert, am 1. Dezember begann er im Kriegsarchiv zu arbeiten. Reisen war ihm in der nächsten Zeit nur einmal erlaubt: 1915 zu einer Informationsfahrt durch Galizien – ein Feuilleton für die ›Neue Freie Presse‹ und ein Artikel für die ›Kriegszeitung der 4. Armee‹, deren Leitung der Verleger Anton Kippenberg übernommen hatte, konnte er hierüber veröffentlichen. »Zensurschwierigkeiten halte ich für ausgeschlossen, da ja eigentlich militärische Angelegenheiten nicht erwähnt sind und es sich ausschließlich um ein Stimmungsbild handelt.« (Stefan Zweig an den Insel-Verlag, 17. September 1915)

»Was gäbe ich darum wieder in einem Schnellzug zu sitzen und das rasche Rattern der Räder unter mir zu hören (meine liebste Musik).« (An Raoul Auernheimer, August 1916) Erst im November 1917 wurde dieser Wunsch Wirklichkeit: Stefan Zweig wurde – zunächst befristet, dann offiziell verlängert bis zum Ende des Krieges – vom Militärdienst freigestellt: er durfte zur Uraufführung seines Dramas ›Jeremias‹ nach Zürich reisen, mußte sich aber anschließend verpflichten, der ›Neuen Freien Presse‹ in Wien monatlich ein Feuilleton aus der Schweiz zu liefern.

Wie es nach dem Ende des Krieges bis in die zwanziger Jahre hinein in Europa aussah, wie Italiener und Franzosen zu Deutschen und Österreichern standen, wollte Stefan Zweig, der durch die schrecklichen Ereignisse der letzten Jahre immer stärker zu einem bewußten, einem überzeugten Europäer geworden war, aufzeigen und so zusammen mit seinen Freunden in den Nachbarländern zu alle Grenzen überschreitender Verständigung und Sympathie aufrufen. Auch seine Reisebilder sollten dazu beitragen. »... ich habe mir geschworen, nicht mehr lange stillzuliegen, solange die Beine noch tragen.« (An Hermann Hesse, Herbst 1922)

Stefan Zweigs Blick ging auch nach Rußland – es interessierte ihn, weil er sich unterdessen in Essays intensiv mit den Werken Tolstois und Dostojewskis auseinandergesetzt hatte, und – in russischer Sprache – die erste Gesamtausgabe seiner Werke ab 1928 im Verlag Wremja in Moskau erscheinen sollte, vor allem aber hielt er es für »notwendig, daß jeder geistige Mensch, der unsere Gegenwart und Zukunft wissen will, einmal persönlich nach Rußland kommt« (An den Verlag Wremja, 29. 9. 1927). Gelegenheit bot sich zur Hundertjahr-Feier für Tolstoi im September 1928: als Vertreter der österreichischen Schriftsteller nahm Stefan Zweig die Einladung an. Als Vertreter der französischen Kollegen war Romain Rolland gebeten worden zu kommen; er lehnte es ab und erklärte – 2. September 1928 – seinem Freund Stefan Zweig: »Mir scheint es genauso frevelhaft, Tolstoi vom Bolschewismus feiern zu lassen als Franz von Assisi vom Fascismus.«

Im Herbst 1922 hatte Stefan Zweig noch, andere aufmunternd, schreiben können: »Und lernen Sie dies eine wieder von Ihrer Jugend zurück: Wanderschaft! Sie erneut den Menschen von unten auf.« (An Hermann Hesse) Zwölf Jahre später ging er von Salzburg aus ins Exil: zunächst nach England, dann in die Vereinigten Staaten, schließlich nach Brasilien. Aus der Lust zu reisen, aus Stefan Zweigs innerer Notwendigkeit wurde durch das Anschwellen rechtsextremer Ideologien und des Antisemitismus immer mehr eine äußere; seine Unrast wurde allmählich zur Unruhe.

»Ich habe mich ein wenig in Amerika herumgetrieben«, berichtete er am 20. September 1935, »nun da die Welt wacklig wird, tut man gut, sie sich noch einmal von allen Seiten zu betrachten. Es war großartig und ermüdend und tröstlich sogar, aber wunderbarerweise hat man auf dem Schiff dann Ruhe und Zeit.« Auch dieser Brief ist an Hermann Hesse gerichtet, dem er offensichtlich – die Familie ausgenommen – am meisten von seinen Reisen berichtet hat. »Ich glaube, Sie hatten genau in meinen jetzigen Jahren eine ähnliche Ausbruchsneigung, und sie scheint wohl zu einem richtigen Leben zu gehören, organisch zu sein für einen normalen Organismus und keine Abnormität. Jedesfalls lasse ich mich laufen, solange ich inneren Auslauf habe, und frage nicht lange, wohin. Ich weiß, wie wild auch der Kreisel tanzt, einmal fällt er doch hin.« (4. Mai 1935)

Von England aus fuhr Stefan Zweig gelegentlich nach Österreich zurück, nach Wien, wo seine Mutter lebte, nach Salzburg, bis sein Haus auf dem Kapuzinerberg verkauft war, in die Schweiz, wo er, wie er hoffte, »in der Nähe von Zürich die zwei Elemente angenehm verbinden werde, die einen Wandernden beglücken, eine schöne Landschaft mit einer guten Bibliothek« (An Hermann Hesse, 4. Mai 1935). 1939 unternahm er mit seiner späteren zweiten Frau Lotte Altmann, wie zur Orientierung, eine weitere Reise in die Vereinigten Staaten und fixierte die dort empfangenen Eindrücke in Bildern aus Amerika. Vor allem aber scheint er während dieser Zeit in Erinnerungen an die »Welt von Gestern«, wie er die endgültig verlorene Heimat schließlich nannte, gelebt zu haben. Im Winter 1940 ließ er seinen Freund Felix Braun wissen: »Außerdem bereite ich eine Reise nach Paris, ich soll im Théâtre Marigny einen großen Vortrag halten über Wien und habe allerhand Notizen gesammelt.« Das »Wienersein« war Stefan Zweig allezeit vertraut geblieben, Lebenselement war ihm jedoch das Reisen. Seine Freunde mußten verstehen, was er ausdrücken wollte, als er – wie am 25. Dezember 1941 an Paul Zech – schrieb: »Es ist jetzt nicht die Zeit und die Möglichkeit zu reisen...« Am 22. Februar 1942 schied er mit seiner Frau Lotte in Petropolis freiwillig aus dem Leben.

                                                        Knut Beck

Bibliographischer Nachweis

1902
Saisontage in Ostende. Erstmals in ›Vom Fels zum Meer. (Die weite Welt). Illustrierte Zeitschrift für das deutsche Haus‹, Stuttgart, 22. Jg., H. 2, September 1902
Das nordische Venedig. Erstmals in ›Vom Fels zum Meer. (Die weite Welt). Illustrierte Zeitschrift für das deutsche Haus‹, Stuttgart, 22. Jg., H. 3, Oktober 1902

1904
Brügge. Erstmals in ›Neue Freie Presse‹, Wien, 24. August 1904. Aufgenommen in ›Zeit und Welt. Gesammelte Aufsätze und Vorträge 1904–1940‹, hrsg. von Richard Friedenthal, Stockholm, Bermann-Fischer Verlag 1943

1905
Frühlingsfahrt durch die Provence. Erstmals in ›Berliner Tageblatt‹, 1. März 1905. Erstdruck nicht ermittelt. Zeitungsausschnitt im Nachlaß von fremder Hand datiert »1905, März«. Aufgenommen in ›Fahrten. Landschaften und Städte‹, Leipzig – Wien – Zürich, E. P. Tal & Co Verlag 1919
In König Titurels Schloß. Erstmals in ›Berliner Tageblatt‹, 29. März 1905
Die Stadt der Päpste. Erstmals in ›Vom Fels zum Meer. (Die weite Welt). Illustrierte Zeitschrift für das deutsche Haus‹, Stuttgart, 24. Jg., H. 22, Juni 1905
Arles. Erstmals u. d. T. ›Zwei provenzalische Städte. II. Arles‹ in ›Vom Fels zum Meer. (Die weite Welt). Illustrierte Zeitschrift für das deutsche Haus‹, Stuttgart, 24. Jg., H. 24. Juli 1905
Frühling in Sevilla. Erstdruck nicht ermittelt. Aufgenommen in ›Fahrten. Landschaften und Städte‹, Leipzig – Wien – Zürich, E. P. Tal & Co Verlag 1919
Abendaquarelle aus Algier. Erstmals in ›Neue Freie Presse‹, Wien,

27. April 1905. Aufgenommen in ›Fahrten. Landschaften und Städte‹, Leipzig – Wien – Zürich, E. P. Tal & Co Verlag 1919, und in ›Zeit und Welt. Gesammelte Aufsätze und Vorträge 1904–1940‹, hrsg. von Richard Friedenthal, Stockholm, Bermann-Fischer Verlag 1943

Stilfserjoch-Straße. Erstmals in ›Berliner Tageblatt‹, 31. August 1905

1906

Hydepark. Erstmals in ›Neue Freie Presse‹, Wien, 8. Juni 1906. Aufgenommen in ›Fahrten. Landschaften und Städte‹, Leipzig – Wien – Zürich, E. P. Tal & Co Verlag 1919

1907

Oxford. Erstmals in ›Neue Freie Presse‹, Wien, 13. April 1907. Aufgenommen in ›Zeit und Welt. Gesammelte Aufsätze und Vorträge 1904–1940‹, hrsg. von Richard Friedenthal, Stockholm, Bermann-Fischer Verlag 1943

1908

Sehnsucht nach Indien. Erstmals in ›Leipziger Tageblatt‹, 28. Juli 1908

1909

Gwalior, die indische Residenz. Erstmals in ›Berliner Tageblatt‹, 20. März 1909. Aufgenommen in ›Fahrten. Landschaften und Städte‹, Leipzig – Wien – Zürich, E. P. Tal & Co Verlag 1919

Die Stadt der tausend Tempel. Erstmals in ›Neue Freie Presse‹, Wien, 23. März 1909. Abdruck unter Berücksichtigung von SZs handschriftlichen Korrekturen. Aufgenommen in ›Fahrten. Landschaften und Städte‹, Leipzig – Wien – Zürich, E. P. Tal & Co Verlag 1919, und u. d. T. ›Benares, die Stadt der tausend Tempel‹ in ›Begegnungen mit Menschen, Büchern, Städten‹, Wien – Leipzig – Zürich, Herbert Reichner Verlag 1937; Frankfurt am Main, S. Fischer Verlag 1955

Montmartrefest. Erstmals in ›Leipziger Tageblatt‹, 3. Mai 1909

1911

Bei den Franzosen in Canada. Erstmals in ›Frankfurter Zeitung‹, 25. März 1911

Der Rhythmus von New York. Erstmals in ›Neue Freie Presse‹, Wien, 3. Mai 1911. Aufgenommen in ›Fahrten. Landschaften und

Städte‹, Leipzig – Wien – Zürich, E. P. Tal & Co Verlag 1919, und in ›Begegnungen mit Menschen, Büchern, Städten‹, Wien – Leipzig – Zürich, Herbert Reichner Verlag 1937; Frankfurt am Main, S. Fischer Verlag 1955
Parsifal in New York. Erstmals in ›Der Merker. Österreichische Zeitschrift für Musik und Theater‹, Wien, Jg. 2, H. 20, 10. Juli 1911
Die Stunde zwischen zwei Ozeanen. Der Panamakanal. Erstmals in ›Neue Freie Presse‹, Wien, 6. Juli 1911. Aufgenommen in ›Fahrten. Landschaften und Städte‹, Leipzig – Wien – Zürich, E. P. Tal & Co Verlag 1919, und in ›Begegnungen mit Menschen, Büchern, Städten‹, Wien – Leipzig – Zürich, Herbert Reichner Verlag 1937; Frankfurt am Main, S. Fischer Verlag 1955

1913
Herbstwinter in Meran. Erstmals in ›Neue Freie Presse‹, Wien, 11. Dezember 1913. Aufgenommen in ›Fahrten. Landschaften und Städte‹, Leipzig – Wien – Zürich, E. P. Tal & Co Verlag 1919

1914
Lüttich. Erstmals in ›Neue Freie Presse‹, Wien, 11. August 1914
Löwen. Erstmals in ›Neue Freie Presse‹, Wien, 30. August 1914
Antwerpen. Erstmals in ›Neue Freie Presse‹, Wien, 9. Oktober 1914

1915
Galiziens Genesung. Erstmals in ›Neue Freie Presse‹, Wien, 31. August 1915
Aus den Tagen des deutschen Vormarsches in Galizien. Erstmals in ›Kriegszeitung der 4. Armee‹, Stuttgart, 1. Oktober 1915

1917
Donaufahrt vor zweihundert Jahren. Erstmals in ›Donauland‹, Wien, 1. Jg., H. 1, März 1917

1918
Die Schweiz als Hilfsland Europas. Erstmals in ›Donauland‹, Wien, 2. Jg., H. 7, September 1918
Nekrolog auf ein Hotel. Erstmals in ›Nationalzeitung‹, Basel, 13. Juli 1918

1921

Wiedersehen mit Italien. Erstmals in ›Neue Freie Presse‹, Wien, 13. April 1921

1924

Die Kathedrale von Chartres. Erstmals in ›Neue Freie Presse‹, Wien, 4. März 1924. Aufgenommen in ›Zeit und Welt. Gesammelte Aufsätze und Vorträge 1904–1940‹, hrsg. von Richard Friedenthal, Stockholm, Bermann-Fischer Verlag 1943

1925

Die Kirchweih des guten Essens. Erstmals in ›Berliner Tageblatt‹, 24. November 1925

1926

Reisen oder Gereist-Werden. Erstmals in ›Reclams Universum. Moderne illustrierte Wochenschrift‹, Stuttgart, Jg. 42, H. 40, 1. Juli 1926

1928

Ypern. Erstmals in ›Berliner Tageblatt‹, 16. September 1928. Aufgenommen in ›Begegnungen mit Menschen, Büchern, Städten‹, Wien – Leipzig – Zürich, Herbert Reichner Verlag 1937; Frankfurt am Main, S. Fischer Verlag 1955

Reise nach Rußland. Erstmals in ›Neue Freie Presse‹, Wien, 21., 23., 26., 28. Oktober, 1. und 6. November 1928. Der Abschnitt ›Das schönste Grab der Welt‹ wurde als Teildruck aufgenommen in ›Begegnungen mit Menschen, Büchern, Städten‹, Wien – Leipzig – Zürich, Herbert Reichner Verlag 1937; Frankfurt am Main, S. Fischer Verlag 1955. Ohne den Abschnitt ›Das schönste Grab der Welt‹ wurde ›Reise nach Rußland‹, vom Herausgeber redigiert, aufgenommen in ›Zeit und Welt. Gesammelte Aufsätze und Vorträge 1904–1940‹, hrsg. von Richard Friedenthal, Stockholm, Bermann-Fischer Verlag 1943

1932

Besuch bei den Milliarden. Erstmals in ›Neue Freie Presse‹, Wien, 25. Februar 1932. Aufgenommen in ›Begegnungen mit Menschen, Büchern, Städten‹, Wien – Leipzig – Zürich, Herbert Reichner Verlag 1937; Frankfurt am Main, S. Fischer Verlag 1955

Festliches Florenz. Erstmals in ›Neues Wiener Journal‹, 26. Mai 1932

1933
Salzburg. Typoskript aus dem Nachlaß mit handschriftlichen Korrekturen. Bisher unveröffentlicht. Textvariante als Teildruck aufgenommen in ›Begegnungen mit Menschen, Büchern, Städten‹, Wien – Leipzig – Zürich, Herbert Reichner Verlag 1937; Frankfurt am Main, S. Fischer Verlag 1955. – Unter dem Titel ›Die Stadt als Rahmen‹ erschien eine Vorstufe dieses Textes bereits in ›Salzburger Festspiel-Almanach 1925‹, hrsg. von K. Pavel, Salzburg 1925

1937
Das Haus der tausend Schicksale. Erstmals in ›Mitteilungsblatt (Hilfsverein deutschsprechender Juden/Asociación filantrópica israelita)‹, Buenos Aires, Jg. 4, 1. März 1937. Erste Buchausgabe: London 1937. Aufgenommen in ›Begegnungen mit Menschen, Büchern, Städten‹, Wien – Leipzig – Zürich, Herbert Reichner Verlag 1937; Frankfurt am Main, S. Fischer Verlag 1955

1939
Bilder aus Amerika. Typoskript ohne Titel aus dem Nachlaß. Teildruck – ›Detroit‹ und ›Negerfrage‹ – u. d. T. ›Zwei Bilder aus Amerika 1939‹ erstmals in ›Monatshefte für den deutschen Unterricht, deutsche Sprache und Literatur‹, The University of Wisconsin Press, vol. LXXVI, no. 4, Winter 1984. ›Die Eisenbahnen‹ und ›Hotels‹ bisher unveröffentlicht.

1940
Die Gärten im Kriege. Aufgenommen in ›Zeit und Welt. Gesammelte Aufsätze und Vorträge 1904–1940‹, hrsg. von Richard Friedenthal, Stockholm, Bermann-Fischer Verlag 1943
Das Wien von Gestern. Vortrag im Théâtre Marigny, Paris. Aufgenommen in ›Zeit und Welt. Gesammelte Aufsätze und Vorträge 1904–1940‹, hrsg. von Richard Friedenthal, Stockholm, Bermann-Fischer Verlag 1943

Für Hinweise auf verstreut veröffentlichte Texte und ihre bibliographische Präzision vor allem dieses Bandes danke ich Herrn Klaus Gräbner (Bamberg) und Herrn Prof. Randolph J. Klawiter (Notre Dame, Indiana, USA) auf das herzlichste.

K. B.

Stefan Zweig

Amerigo
Die Geschichte
eines historischen
Irrtums
Band 9241

Der Amokläufer
Erzählungen
Herausgegeben
von Knut Beck
Band 9239

Angst
Novelle
Band 10494

Auf Reisen
Feuilletons
und Berichte
Herausgegeben
von Knut Beck
Band 10164

Balzac
Herausgegeben von
Richard Friedenthal
Band 2183

**Begegnungen
mit Büchern**
Aufsätze und Einleitungen aus den
Jahren 1902-1939
Herausgegeben
von Knut Beck
Band 2292

**Ben Jonsons
»Volpone«**
Band 2293

**Brennendes
Geheimnis**
Erzählung
Band 9311

**Brief einer
Unbekannten**
Erzählung
Band 9323

Briefe an Freunde
Herausgegeben von
Richard Friedenthal
Band 5362

Buchmendel
Erzählungen
Herausgegeben
von Knut Beck
Band 11416

**Castellio gegen
Calvin oder Ein
Gewissen gegen
die Gewalt**
Herausgegeben
von Knut Beck
Band 2295

Clarissa
Ein Romanentwurf
Herausgegeben
von Knut Beck
Band 11150

**Der Kampf
mit dem Dämon**
Hölderlin, Kleist,
Nietzsche
Herausgegeben
von Knut Beck
Band 12186

Fischer Taschenbuch Verlag

Stefan Zweig

Drei Dichter ihres Lebens
Casanova, Stendhal, Tolstoi
Herausgegeben von Knut Beck
Band 12187

Drei Meister
Balzac, Dickens, Dostojewski
Band 2289

Europäisches Erbe
Herausgegeben von Richard Friedenthal
Band 2284

Das Geheimnis des künstlerischen Schaffens
Essays
Herausgegeben von Knut Beck

Die Heilung durch den Geist
Mesmer, Mary Baker-Eddy, Freud
Herausgegeben von Knut Beck
Band 2300

Die Hochzeit von Lyon
und andere Erzählungen. Band 2281

Joseph Fouché
Bildnis eines politischen Menschen
Band 1915

Magellan
Der Mann und seine Tat
Herausgegeben von Knut Beck
Band 5356

Maria Stuart
Band 1714

Marie Antoinette
Bildnis eines mittleren Charakters
Band 2220

Menschen und Schicksale
Band 2285

Phantastische Nacht
Erzählungen
Herausgegeben von Knut Beck
Band 5703

Praterfrühling
Erzählungen
Herausgegeben von Knut Beck
Band 9242

Fischer Taschenbuch Verlag

Stefan Zweig

**Rausch der
Verwandlung**
Roman aus
dem Nachlaß
Herausgegeben
von Knut Beck
Band 5874

Schachnovelle
Band 1522

Die schlaflose Welt
Aufsätze und
Vorträge aus den
Jahren 1909-1941
Herausgegeben
von Knut Beck
Band 9243

**Sternstunden
der Menschheit**
Zwölf historische
Miniaturen
Band 595

Tagebücher
Herausgegeben
von Knut Beck
Band 9238

**Triumph und
Tragik des Erasmus
von Rotterdam**
Band 2279

**Über
Sigmund Freud**
Porträt/
Briefwechsel/
Gedenkworte
Band 9240

**Ungeduld
des Herzens**
Roman. Band 1679

**Verwirrung
der Gefühle**
Erzählungen
Herausgegeben
von Knut Beck
Band 5790

**Die Welt
von Gestern**
Erinnerungen
eines Europäers
Band 1152

**Stefan Zweig
Paul Zech
Briefe 1910-1942**
Herausgegeben von
Donald G. Daviau
Band 5911

**Stefan Zweig -
Triumph
und Tragik**
Aufsätze, Tage-
buchnotizen,
Briefe
Herausgegeben von
Ulrich Weinzierl
Band 10961

Fischer Taschenbuch Verlag

fi 191 / 1 c

Arthur Schnitzler

**Abenteurer-
novellen**
Band 11408

Sterben
Erzählungen
1880-1892
Band 9401

Komödiantinnen
Erzählungen
1893-1898
Band 9402

Frau Berta Garlan
Erzählungen
1899-1900
Band 9403

**Der blinde
Geronimo und
sein Bruder**
Erzählungen
1900-1907
Band 9404

Die Hirtenflöte
Erzählungen
1909-1912
Band 9406

**Doktor Gräsler,
Badearzt**
Erzählung 1914
Band 9407

**Flucht in
die Finsternis**
Erzählungen 1917
Band 9408

**Die Frau
des Richters**
Erzählungen
1923-1924
Band 9409

Traumnovelle
1925
Band 9410

Ich
Erzählungen
1926-1931
Band 9411

Fräulein Else
und andere
Erzählungen
Band 9102

**Spiel im
Morgengrauen**
Erzählung
Band 9101

**Casanovas
Heimfahrt**
Novelle
Band 11597

**Frau Beate
und ihr Sohn**
Novelle
Band 9318

Fischer Taschenbuch Verlag

fi 297 / 13 a